CLAUDIA SCHMID

Mörderische Bergstraße

11 Krimis und 125 Freizeittipps

Personen und Handlung sind frei erfunden.
Ähnlichkeiten mit lebenden oder toten Personen
sind rein zufällig und nicht beabsichtigt.

Da Freizeiteinrichtungen einem ständigen Wandel unterliegen und Irrtümer vorbehalten sind, besteht keine Gewähr für die Richtigkeit der Angaben. Die Tipps sind eine persönliche Auswahl aus der Vielzahl dessen, was die Bergstraße zu bieten hat. Ausführliche Informationen erhalten Sie beim Tourismus Service Bergstraße e. V., Großer Markt 9, 64646 Heppenheim und in der Außenstelle Weinheim, Marktplatz 1, 69469 Weinheim www.diebergstrasse.de

Immer informiert

Spannung pur – mit unserem Newsletter informieren wir Sie regelmäßig über Wissenswertes aus unserer Bücherwelt.

Gefällt mir!

Facebook: @Gmeiner.Verlag
Instagram: @gmeinerverlag
Twitter: @GmeinerVerlag

Besuchen Sie uns im Internet:
www.gmeiner-verlag.de

© 2019 – Gmeiner-Verlag GmbH
Im Ehnried 5, 88605 Meßkirch
Telefon 0 75 75 / 20 95 - 0
info@gmeiner-verlag.de
Alle Rechte vorbehalten
1. Auflage 2019

Lektorat: Susanne Tachlinski
Herstellung: Julia Franze
Umschlaggestaltung: U.O.R.G. Lutz Eberle, Stuttgart
unter Verwendung eines Fotos von: © nnattalli / shutterstock.com
Druck: CPI books GmbH, Leck
Printed in Germany
ISBN 978-3-8392-2416-8

Gute Freunde (Darmstadt)	7
Die Nacht so kalt (Zwingenberg)	30
Kriemhilds Erbe (Lorsch)	56
Auf das Wohl der Tante (Bensheim)	79
Alla dann, Herr Pfarrer (Heppenheim)	95
Die alte Villa (Weinheim)	120
Moniques bestes Menü (Hirschberg)	135
Ruhe sanft (Schriesheim)	147
Speed-Dating (Ladenburg)	178
Eine Schifffahrt, die macht froh (Heidelberg)	193
Alles im Lot (Wiesloch)	219
Danksagung	248

GUTE FREUNDE (DARMSTADT)

»Eeedelgard!«

Ich hasse die Art, wie er meinen Namen ausspricht, mit dieser völlig übertriebenen Betonung auf der ersten Silbe. Keine Ahnung, was meine Mutter geschluckt hatte, als sie sich diesen Namen für mich überlegte. Alle anderen Mädchen in der Klasse hießen Monika, Helga, Sabine, Andrea oder Angelika. Aber Edelgard! Vielleicht war auch Mutters Tante der Grund dafür, die jüngste Schwester meiner Großmutter. Obwohl unverehelicht, hatte sie es beizeiten verstanden, das gesamte elterliche Erbe an sich zu ziehen und den Rest der Familie leer ausgehen zu lassen. Mutters Plan war, sie als meine Patentante einzusetzen und sich damit zugleich nach einem bald fälligen Ableben sozusagen über mich einen Zugang zu dem Erbe zu ermöglichen. Aber Tante Edelgard erwies sich als äußerst zäh. Hochbetagt lebt sie quietschfidel in einer Seniorenresidenz und sendet mir zu meinen Geburtstagen handgestickte Deckchen, die bereits ein ganzes Regal in meinem Schrank füllen. Sogar unserem mittlerweile erwachsenen Sohn hatte sie eines zur Konfirmation gefertigt.

Und ausgerechnet ich blieb dann an Norbert kleben, an dem Sitzenbleiber, der erst im letzten Schuljahr von einer anderen Schule zu uns kam.

Seit so vielen Jahren ertrage ich ihn nun schon. Das muss ein Ende haben! Seit unser Sohn aus dem Haus ist, vertritt er nämlich die Meinung, meine Fürsorge, die bis dahin »meinen beiden Männern« galt, habe sich jetzt ganz und gar auf ihn zu richten. Wir sind am Beginn unseres Urlaubs, und da wird etwas passieren, denn ich kann einfach nicht mehr länger. Wir bereisen die Bergstraße, wo es sehr hügelig sein soll. Es gibt hier viele Burgen. Könnte ja sein, dass da mal jemand runterfällt von so einem Hügel oder einer Burg. Wieso also nicht Norbert? Dann bin ich ihn endlich los, und zwar für immer. Alles wird nach einem Unfall aussehen. Soll es ja hin und wieder geben, so einen tragischen Unfall im Urlaub. Und ich werde dann als trauernde Witwe zurück nach Hause reisen. Die Lebensversicherung auf Norbert ist ganz ordentlich ausgestattet, sie wird dazu beitragen, mein gebrochenes Herz schnell zu heilen. Ich bin als Begünstigte eingetragen und werde danach als vermögende Witwe ganz neue Möglichkeiten auf dem Single-Markt haben. Ich werde endlich unseren Sohn auf Malta so oft und so lange besuchen können, wie ich will. Julian wird sich bestimmt sehr darüber freuen. Wenn ich schon mal dort bin, kann ich gleich bei ihm nach dem Rechten sehen und mich in seinem Haushalt nützlich machen. Bei dem Gedanken an Julian fällt mir ein, dass ich ihm gleich eine Nachricht senden muss, dass wir hier gut angekommen sind. Nicht, dass sich der Junge womöglich Sorgen macht, ob wir den Zug wirklich erreicht haben.

Norbert trägt wie üblich seinen beigefarbenen Breitcordanzug, obwohl er genau weiß, dass ich den nicht ausstehen kann. Und zu allem Überfluss hat er zusätzlich hellbraune Schuhe an! Mit Lochmuster! Norbert hat ziemlich zugelegt seit unserer Hochzeit. Das ist ja kein Wunder, denn das Einzige, was er stemmt, ist abends im Fernsehsessel sein Weißbierglas. Ich würde viel lieber einen trockenen Weißwein mit ihm trinken, aber davon versteht er leider nichts.

In dem hellen, etwas zu engen Anzug könnte Norbert gut als Michelin-Männchen auftreten, das Werbung für Traktorreifen macht.

Nur eine kurze Weile muss ich ihn also noch ertragen, bevor ich nach einer günstigen Gelegenheit Ausschau halten kann. Und ich bin wild entschlossen, sie zu nutzen, sobald sie sich bietet! Ich beende diese Reise an der Bergstraße [1] ohne ihn, das steht für mich fest.

Ich blicke mich nach Norbert um. Er sitzt bereits in einem der Taxis. Wir sind nämlich mit dem Zug gereist und in Darmstadt ausgestiegen. Der große Koffer steht daneben, Norbert erwartet wohl, dass der Fahrer sich seiner annimmt. Der steigt nun aus, hievt das schwere Stück ins Auto und lächelt mich an.

»Mann nicht sehr nett. Dame muss zuerst einsteigen«, raunt er mir zu, während er mir die Tür aufhält.

Wie recht er damit hat! Die Manieren meines Mannes befinden sich wie so oft auf einem Tiefpunkt. Kaum habe ich auf der Rückbank Platz genommen, fragt Norbert mich über seine Schulter gewandt nach der Adresse unserer Unterkunft. Dabei hat *er* doch zu Hause darauf bestanden, die Unterlagen an sich zu nehmen! Ich kann mich genau daran erinnern, dass er sie zuunterst in den Koffer gelegt hat. In den, der nun hinter uns im Auto liegt.

Dem Taxifahrer steht die Erleichterung ins Gesicht geschrieben, als er uns an der Zieladresse entlässt. Die erste Station unserer Reise liegt am Rande von Darmstadt, so werden wir es nicht weit zu unseren Ausflügen haben. Vielleicht kann ich Norbert dazu bringen, ein paar Stationen des Burgenwegs [2] zu wandern? Unsere Wirtin, Edna Buttner, betreibt eine kleine Pension. Sie begrüßt uns mit einer leichten Suppe, die wir im Salon einnehmen.

»Hier serviere ich Ihnen das Essen, Sie können sich obendrein jederzeit gerne hier aufhalten, wenn Sie Gesellschaft mit meinen anderen Gästen suchen.« Edna trägt ihr volles, von grauen Strähnen durchzogenes Haar hochgesteckt. Ihr blaues Kleid ist mit weißen Punkten übersät. Die Frau wirkt auf mich sehr sympathisch. Ihre offene Art, ihr Gegenüber direkt anzublicken, wenn sie mit ihm spricht, gefällt mir sehr.

»Reizend, reizend.« Norbert ist begeistert von der Suppe und dem beigelegten Graubrot. »Haben Sie vielleicht etwas Griebenschmalz dazu?«

Was muss Edna bloß von uns denken? Kaum sind wir angekommen, hat mein Mann bereits Sonderwünsche. Das ist mal wieder typisch für ihn und mir wirklich peinlich. Am liebsten würde ich mich für meinen Mann entschuldigen. Aber wie würde das denn wirken? Also sage ich jetzt nichts.

»Selbstverständlich.« Edna verschwindet kurz in ihrer Vorratskammer und kommt mit einem freundlichen Lächeln zurück. Sie hält ein kleines Glas in der Hand und stellt es vor Norbert auf den Tisch.

»Wissen Sie, das hat es bei meiner Oma immer gegeben.« Zufrieden streicht er das Schmalz auf sein Brot und streut mit einer beinahe schon zärtlichen Geste sorgfältig Salz darüber. Mit entrücktem Gesichtsausdruck beißt er hinein. Es knirscht, als er mit seinen Backenzähnen die Grieben zermalmt. »Köstlich!« Seine Augen leuchten, von seinem Kinn tropft etwas Fett. »Schmeckt wie bei meiner Oma. Machen Sie das selbst?«

Edna schüttelt den Kopf. »Nein, aber mein Metzger. Es riecht etwas gewöhnungsbedürftig, wenn man Schweinebauch auskocht.«

»Wie ausgekochte alte Socken.« Norbert kichert.

Ich frage mich, woher mein Mann wissen will, wie ausgekochte alte Socken riechen? Von mir jedenfalls nicht. Mein Haushalt ist immer tadellos in Ordnung. Socken werden selbstverständlich umgehend entsorgt, wenn sie nicht mehr in Ordnung sind. Nicht auszudenken, wenn man etwa einen Unfall hat, ins Krankenhaus kommt, dort die Schuhe auszieht und die Füße stecken in löchrigen Socken! So etwas kommt bei mir ganz bestimmt nicht vor. Was entwirft er da bloß für ein Bild von den Zuständen bei uns zu Hause?

Ich nehme nur wenig von der Suppe und greife nach meiner Serviette, was meinen Mann zu dem Ausruf veranlasst: »Edelgard, schmeckt es dir nicht?« Und an Edna gewandt: »Was soll denn unsere Gastgeberin denken, wenn du nicht ordentlich zulangst?« An einem seiner Schneidezähne klebt eine Griebe.

Doch die zauberhafte Edna lächelt, als ob nichts wäre. »Sagen Sie es ruhig, wenn Sie einen Wunsch haben. Mir liegt schließlich ihr Wohlergehen am Herzen.«

Als ich Edna um eine Tasse Tee bitte, betritt ein weiterer Gast den Speiseraum. Norbert, der bereits aus seinen Schuhen geschlüpft ist, schiebt flugs seine Füße wieder hinein. Denn es ist eine ausgesprochen hübsche junge Frau, die sich ganz unbekümmert zu uns an den Tisch setzt. Sie ist ungewöhnlich angezogen, aber so etwas tragen die jungen Leute wohl heutzutage. Über einer Leggings trägt sie eine kurze Jeans mit aufgestickten Blüten, ihre dunkle Bluse hat sie nur vorne in den Hosenbund gestopft, während sie hinten heraushängt. Dazu trägt sie Turnschuhe. Socken sind nicht zu erkennen, dafür ihre blanken Knöchel.

»Sind Sie heute angekommen?«

Norbert schenkt ihr das bezauberndste Lächeln, zu dem er in der Lage ist, und nickt. Am liebsten würde ich ihn jetzt unterm Tisch gegen das Schienbein treten. Doch ich habe mich im Griff. Zeugenaussagen sollen schließlich später belegen, ich habe meinen Mann abgöttisch geliebt.

»Und Sie? Weshalb sind Sie hier?« Um davon abzulenken,

dass Norbert die junge Frau anstarrt, ohne ein Wort hervorzubringen, reiße ich die Konversation an mich.

Sie streift ihr langes, honigblondes Haar zurück. »Ich bin Journalistin und arbeite an einem Reiseführer über die Bergstraße. Sie können sich meinen Namen notieren, wenn Sie sich für mein Buch interessieren. Marja Schnitter.«

»Das passt ja wunderbar!« Norbert scheint seine Sprache wiedergefunden zu haben. »Da können Sie uns sicher gute Ausflugstipps geben. Besser wäre natürlich, Sie begleiten uns.«

Irgendetwas ist seltsam an der Art, wie sie Norbert anblickt, beinahe lauernd. Besonders fiel mir das auf, als sie ihm verriet, wie sie hieß. Da hatte ich den Eindruck, sie erwarte, dass ihm der Name irgendetwas sage, dass er sich an etwas erinnere. Aber Norbert zeigte keinerlei ungewöhnliche Regung bei der Nennung des Namens. Wie sollte er denn? Selbst ich habe ihn nie gehört.

Marja scheint sich besonders für Norbert zu interessieren, das merke ich an der leichten Anspannung, mit der sie hier sitzt. Sie wendet sich fast ausschließlich ihm zu. Das erscheint mir ungewöhnlich, denn normalerweise wenden sich Menschen, die wir gemeinsam kennenlernen, eher an mich. Was hat die bloß Faszinierendes an meinem Mann entdeckt, was mir bislang verborgen blieb?

»Und Ihr Name?«, fragt sie ihn.

»Norbert.« Er strahlt.

Ich tippe, diese Marja wollte eher seinen Nachnamen wissen. Deshalb schiebe ich nach: »Buchmann. Wir heißen Buchmann.«

»Verstehe, Sie sind ein Ehepaar.«

Bingo, die Frau kann kombinieren! Irgendwie habe ich den Eindruck, dass sie, besonders wenn sie sich unbeobachtet fühlt, Norbert neugierig anstarrt. Vor allem scheint sie sich für sein linkes Handgelenk zu interessieren. Dort hat er einen besonderen Hautflecken, den er erst vor ein paar Jahren bekam. Ich sage immer scherzhaft zu ihm, er beginne zu rosten.

Nun wendet Marja sich an Edna. »Ich habe schon in Darmstadt gegessen. Ich war davor auf der Mathildenhöhe.«

»Können Sie uns den Besuch empfehlen?« Norbert strahlt sie an, als ob der Weihnachtsmann persönlich vor ihm säße.

»Unbedingt sollten Sie diese Künstlerkolonie besuchen.«

»Da wohnen Künstler?«

Marja lächelt nachsichtig. »Um 1900 wurde die Mathildenhöhe vom hessischen Großherzog Ludwig für Künstler gegründet, die dort lebten und arbeiteten. Heute hat sie musealen Charakter. Aber im Großen Glückert-Haus **3** befindet sich die Deutsche Akademie für Sprache und Dichtung. Ich werde dort in den nächsten Tagen an einem Vortrag über Lyrik teilnehmen.«

»Lyrik.« Norbert nickt beeindruckt.

Zuweilen dichtet er selbst unter der Dusche. Ich hoffe innig, er gibt jetzt keinen seiner Ergüsse, die nach dem Motto »Reim dich oder ich fress dich« entstehen, von sich. Als er ansetzt zu sprechen, halte ich beinahe die Luft an.

»Ich lese hin und wieder Lyrik.«

Zu Norberts großem Bedauern sitzt die Journalistin am nächsten Morgen nicht mit uns am Frühstückstisch. Dabei entgeht ihr wirklich etwas! Zum Beispiel die Kapazität des Magens meines Mannes. Selbst ich bin immer wieder von den Mengen überrascht, die er sich einzuverleiben vermag. Aber dem Korb mit frischen, verführerisch duftenden Brötchen, zartgelber Rahmbutter und der imposanten Aufschnittplatte kann er wohl nicht widerstehen.

Danach beherzigen wir Marjas Tipp von gestern und fahren mit dem Taxi zur Mathildenhöhe. Ich bin bereits nach dem ersten Blick begeistert von dieser Anlage. Jugendstil, so weit das Auge reicht. Das Wetter heute ist fantastisch, seit langer Zeit ist es mal wieder so richtig warm. Meine Jacke habe ich abgestreift, sie liegt locker über meinem Arm. Ich muss an die Secession in Wien denken, wo ich vor vielen Jahren eine Ausstellung besuchte. Wie verzaubert bewege ich mich beschwingt zwischen den Gebäuden. Die Architektur des Jugendstils verleiht den Gebäuden eine spielerische Leichtigkeit. Der Hochzeitsturm **4** neben dem Ausstellungsgebäude überragt alles. Sein Dach sieht ungewöhnlich aus, denn es ist in fünf schmuckvolle Bogen unterteilt. Wie auf einer Plakette am Eingang steht, kann man darin heiraten. Das erinnert mich an meine eigene Hochzeit, bei der 80 Gäste zu Besuch waren. Die Feier war wirklich außerordentlich. Mein Kleid war apricotfarben, ich trug alten Schmuck von meiner Großmutter, rote Granatsteine in schweres Silber gefasst. Tante Edelgard hatte mir die Kette für die Feier geliehen. Sogar eine Friseurin war gleich am Morgen zu mir ins Haus gekommen, um mein Haar zurechtzumachen und mich perfekt zu schminken. Die Hochzeitstorte war dreistöckig gewesen. Obenauf saß ein kleines Pärchen aus Marzipan. Das verwahrte ich, bis es schimmelte. Vor der Kirche hatten meine Freundinnen aus meinem Sportverein Spalier gestanden. Norberts Kumpane aus seiner Verbindung waren gekommen und ließen uns hochleben.

Ich blinzelte ins Sonnenlicht. War ich damals glücklich gewesen? Na ja, meinen Traumprinzen hatte ich nicht zum Mann genommen, so viel war mir auch zu diesem Zeitpunkt klar gewesen. Dass der Alltag uns jedoch derart schnell einholen würde, überraschte mich dann doch. Norberts Interessen verlagerten sich mehr und mehr auf Kulinarik und Biersorten, was sich deutlich auf sein Äußeres niederschlug. An manchen Tagen fühle ich mich wie ein antiquarischer Schrank in unserer Wohnung, den er stolz seinen Gästen zeigt, dem er selbst im Alltag aber keine Beachtung schenkt.

Ich blicke hoch zum Giebel. 48,5 Meter hoch ist der Turm, das steht ebenfalls auf der Tafel. Ob ich es schaffe, Norbert dazu zu bringen, die 212 Stufen hochzusteigen? Immerhin gibt es da oben eine Aussichtsplattform auf Ebene sieben. Das fügt sich vorzüglich in meinen Plan. Seitlich am Turm ist eine große Sonnenuhr angebracht. Meine Großmutter trällerte so gerne »Mach es wie die Sonnenuhr, zähl die schönen Stunden nur« vor sich hin. Da hätte ich wenig zu zählen. Die Stunden und Tage an Norberts Seite tropfen vor sich hin und sammeln sich in einem See voller Belanglosigkeiten. Ich blicke mich nach ihm um. Doch er sitzt schon wieder. Auf einer weiß lackierten Parkbank hat er Platz genommen und seine Breitcordjacke abgelegt. Im Sitzen sind die Knöpfe seines hellen Hemdes einer enormen Belastung ausgesetzt, vor allem die auf Höhe der Bauchpartie. Er wischt sich mit seinem Taschentuch die Stirn ab. »Edelgard, schau du dich ruhig um. Ich bleibe hier sitzen. Ich glaube, mein Blutdruck ist zu hoch. Es ist wohl besser, wenn ich mich schone.«

Nicht nur dein Blutdruck, mein Lieber, vermutlich explodiert auch dein Cholesterinwert. Zumindest könnte ich mir das gut vorstellen. »Alles klar«, flöte ich und lasse mir meinen Unmut über die verpasste Chance nicht anmerken. Denn vor mir liegt eine wunderhübsche russische Kapelle **5** mit kleinen Türmchen. Ihr Anblick verzaubert mich regelrecht. Die drei Türmchen tragen goldene Kuppeln, das Gebäude ist mit reichhaltigen Mosaiken verziert. Ich umrunde das kostbare Kleinod mit Staunen.

Hinter der Kapelle entdecke ich eine großzügige Brunnenanlage **6** und winke Norbert zu mir. »Schau mal, hier können wir gemeinsam sitzen.« Mir geht durch den Kopf, dass schon Leute in Wasserpfützen ertrunken sein sollen. Zumindest habe ich davon gehört.

Aber kaum hat Norbert neben mir Platz genommen, stürmen zwei oder drei Schulklassen herbei. Ihre Lehrer verteilen Aufgabenzettel an die Schüler, die sie ausfüllen sollen. Rasch sehe ich ein, dass es unmöglich ist, Norbert vor so vielen Zeugen in den Brunnen zu schubsen und anschließend zu behaupten, es wäre ein Unfall gewesen.

Nachdem wir ausgiebig gerastet haben, verspürt Norbert schon wieder Hunger und wir verlassen die Mathildenhöhe. Die Ausstellung über die Künstler **7** werde ich ein anderes Mal besuchen. Am besten wäre es, dafür ohne den quengelnden Norbert herzukommen!

Als wir abends vor unserer Pension ankommen, sehe ich eine junge Frau auf das modern umgebaute Haus nebenan zugehen. Ich nicke ihr freundlich zu, doch sie senkt ihren Blick und huscht wie ein Reh davon.

Zum Glück hat uns Edna einen Schlüssel mitgegeben, denn sie ist noch nicht wieder zu Hause. Auf dem Tisch im Salon stehen ein Kuchen und Tee in einer Isolierkanne für uns bereit. Wie aufmerksam unsere Gastgeberin doch ist! Während wir am Essen sind, klopft es an der Tür. Ich erhebe mich und öffne, neugierig darauf, wer das sein könnte, denn die anderen Gäste haben sicherlich ebenfalls Schlüssel erhalten.

Zu meinem Erstaunen ist es die junge Frau von vorhin. »Bitte, ich muss hierbleiben.« Sie drückt sich an mir vorbei und sieht sich hektisch um. »Ist Edna nicht da?« Sie zittert, mit der Hand reibt sie an ihrem Kinn.

Nachdem ich verneine, bricht sie in Tränen aus. Ich führe sie in den Salon und gieße ihr Tee ein. »Trinken Sie erst mal. Wir warten gemeinsam auf Edna. Währenddessen können Sie uns erzählen, wie wir Ihnen helfen können.«

»Ich weiß nicht, wo ich anfangen soll. Mit Edna wäre es leichter, Sie weiß Bescheid.« Sie zupft nicht vorhandene Flusen von ihrem langen Rock.

»Worüber weiß Edna Bescheid?«, Norbert vergisst für einen Moment, von seinem Brot abzubeißen.

Die junge Frau scheint ihm auf Anhieb zu trauen, denn die Worte sprudeln nun regelrecht aus ihr heraus. »Edna ist immer so freundlich, aber die da drüben reden nicht mit mir. Ich mache ihr Haus sauber, wenn sie nicht da sind. Ich wasche ihre Wäsche und bereite das Essen zu. Wenn sie nach Hause kommen, gehe ich in den Anbau. Sie wollen nicht, dass ich bei ihnen sitze.«

»Sie sprechen von Ihren Arbeitgebern?«

»Ja, also« sie zögert. »Wie soll ich Ihnen das erklären? Das ist nicht so einfach.« Skepsis liegt in ihrem Blick.

Ich lege meine Hand auf ihren Arm. Ich habe eine Vermutung, die ich nun äußere. »Sie arbeiten schwarz für die?«

Sie nickt ausweichend. »Mir ist vorhin beim Einkaufen jemand aufgefallen. Den hatte ich gestern schon gesehen! Als ich ihn erneut bemerkte, bin ich in Panik nach Haus gelaufen, statt irgendwo anders hin, um ihn in die Irre zu führen. Nun weiß der, wo ich wohne, er ist mir nämlich gefolgt! Wenn das so eine Art Kontrolleur war? Vielleicht hat mich jemand gemeldet? Ich gehe immer in denselben Läden einkaufen. Erst als ich die Haustür hinter mir zumachte, war mir klar, dass ich verraten habe, wo ich wohne. Wieso habe ich bloß nicht früher daran gedacht, dass es ein Fehler ist, ins Haus zu laufen? Als der Mann endlich weg war, bin ich gleich hierhergekommen. Vielleicht weiß Edna Rat.«

Ich stehe auf und ziehe die Vorhänge zu. Sicher ist sicher. Als ich mich wieder setze, frage ich: »Wie heißen Sie eigentlich?«

»Minea.«

Ein Geräusch an der Haustür lässt uns alle drei aufschrecken. Minea wird eine Spur blasser. Norbert erhebt sich und schleicht zur Tür. Da er wie üblich während des Essens seine Schuhe abgestreift hat, kann er dies auf seinen dicken Socken beinahe geräuschlos. Ein kurzer Aufschrei, gleich darauf kommt Edna aufgelöst in den Salon.

»Du lieber Himmel, was haben Sie mich erschreckt!« Sie greift sich auf Höhe des Herzens an die Brust.

Norbert steht mit hochrotem Kopf hinter ihr und stammelt: »Das tut mir leid.«

»Dachten Sie, ich breche in mein eigenes Haus ein?« Als sie Minea entdeckt, eilt sie zu ihr und legt den Arm um sie. »Ist etwas passiert? Hast du Nachricht von deinen Geschwistern?«

Minea schüttelt traurig den Kopf und erzählt Edna nun ebenfalls, dass sie sich beobachtet fühlt.

»Danke schön, dass Sie Minea hereingelassen haben.« Sie nickt Norbert und mir zu. »Die Nachbarn …«, sie beendet den Satz nicht, aber ihr Gesichtsausdruck zeigt deutlich, was sie von ihnen hält.

»Sie arbeiten hart in einer großen Frankfurter Firma, irgendwas mit Chemie«, bringt Minea vor.

»Die könnten es sich leisten, offiziell jemanden einzustellen, der ihnen die Hausarbeit abnimmt.«

»Das geht doch nicht, mich anzumelden …« Nun laufen wieder Tränen über Mineas Wangen.

»Das weiß ich doch.«

»Wo liegt das Problem?« Nun bin ich neugierig, weshalb diese Leute Minea nicht ordentlich beschäftigen können.

Edna strafft ihre Schultern. »Es liegt an Mineas Aufenthaltserlaubnis.«

Ich habe vor einer Weile einen Zeitungsartikel darüber gelesen, dass es gut situierte Familien gibt, die Illegale bei sich aufnehmen und sie den Haushalt für einen eher symbolisch zu nennenden Lohn erledigen lassen. Eine Form moderner Sklavenarbeit. Und ich hatte gedacht, so etwas gäbe es nur in Saudiarabien, wo philippinische Putzfrauen in engen Kammern unter Treppen hausen. »Kann man denn da gar nichts machen?«

»Was denn? Wenn die Behörden Wind davon bekommen, dass Minea hier ist, sitzt sie morgen im Flieger.«

»Und wie kam sie hierher?« Norbert hat, seit er an der Tür war, nicht wieder zu essen angefangen. Das ist für seine Verhältnisse wirklich ungewöhnlich. Äußerst ungewöhnlich sogar.

Mineas Stimme klingt traurig. »Das ist eine lange Geschichte. Ich bin heute zu müde, um sie zu erzählen.«

»Wie kommt es, dass Sie unsere Sprache so gut sprechen?«

»Ich habe sie in der Schule gelernt. Mein Vater war Professor an der Universität. Bei uns wohnten oft Studenten aus Deutschland.« Sie senkt ihren Blick. »Aber das ist vorbei. Alles ist vorbei. Es wird nie wieder so sein, wie es war.«

Edna nimmt sie in ihre Arme. »Du bleibst heute Nacht hier. Ich habe ein freies Zimmer, das ist erst nächste Woche besetzt. Komm mit, wir beziehen das Bett.«

Als Edna zu uns zurückkommt, überfalle ich sie mit einem Vorschlag. »Wäre das nicht etwas für Marja? Sie könnte doch eine Reportage schreiben über Menschen wie die nebenan, die die Notlage von Leuten ausnutzen, indem sie sie billig für sich schuften lassen.«

»Journalistin?« Die Art, wie Edna das Wort gedehnt ausspricht, zeugt von einer gewissen Skepsis. »Ich weiß nicht so recht, ob ich das wirklich glauben soll. Ich habe eher den Verdacht, die ist hinter etwas ganz anderem her.«

»Verdacht?« Norbert gibt das Echo.

»Na ja, womöglich spielt sie uns allen etwas vor?«

Mir selbst war ja gleich Marjas merkwürdiges Interesse an meinem Mann aufgefallen. »Und wer, glauben Sie, ist sie wirklich?«

Norberts Gesichtsfarbe verändert sich. Hat er die junge Frau falsch eingeschätzt?

»Ich habe vor drei Tagen ihre Bettwäsche gewechselt. Dabei habe ich in ihrem Schrank etwas Komisches gefunden.«

»Gefunden?«, echot Norbert schon wieder. Er blickt mich an.

Offenbar müssen wir hier gar nicht von der CIA abgehört werden, Edna scheint über ihre ganz eigenen Methoden zur Überwachung der Gäste zu verfügen. Hoffentlich kann sie nicht zusätzlich Gedanken lesen, denke ich bei mir.

Unsere Vermieterin erhebt sich. »Ich zeige es Ihnen.«

Kurz darauf kehrt sie mit einem Schnellhefter zu uns zurück. Sie legt ihn auf den Tisch und schlägt ihn auf.

Die Schlagzeilen »Serienmörder« und »Killer an der Bergstraße« stehen in großen Lettern auf abgegriffenen Illustriertenblättern.

»Was hat das zu bedeuten?« Ich stehe angesichts der morbiden Sammelleidenschaft der jungen Frau vor einem Rätsel.

»Vor einigen Jahren hat es hier in der Nähe mehrere Morde an jungen Frauen gegeben. Ich kann mich gut daran erinnern. Die Taten wurden nie aufgeklärt. Damals hat man gemunkelt, der Täter käme aus dem nahen Frankfurt und sei dort abgetaucht. Vielleicht ein Banker, der seinen Frust an wehrlosen Opfern entlädt.«

»Wieso Frust? Worüber denn?« Norberts Interesse ist geweckt.

Edna guckt bedeutungsvoll. »Die Bankenkrise. Das hat in Frankfurt einige Köpfe gekostet.«

»Ich dachte, nur die Kleinen hängt man …«, murmele ich.

»Sprichwörter. Manchmal haben sie schon einen wahren Kern. Aber wenn das Vertrauen der Anleger nachhaltig erschüttert ist, rollen schon mal vereinzelt auch größere Köpfe. Damit man vordergründig reinen Tisch macht.«

»Und so ein Typ soll aus lauter Frust durch die Gegend gefahren sein und Frauen ermordet haben?«

»Solchen Männern geht es um Macht. Sie wollen andere beherrschen, indem sie sie erniedrigen und töten.«

»Seltsames Faible für eine junge Frau, sich für solch schreckliche Taten zu interessieren.« Norbert schüttelt seinen Kopf. »Dabei hat sie doch ganz andere Möglichkeiten.«

»Einen Reiseführer zu schreiben, nicht wahr?« Beinahe muss ich lachen, denn mein Mann spielt sicherlich auf ihr tolles Aussehen an. Ein Blick auf die Blätter mit dem makabren Inhalt lässt mich jedoch verstummen.

»Sie könnte ehrlich sein. Sie könnte doch sagen, weshalb sie eigentlich hier ist und in alten Sachen stochert.« Edna rümpft die Nase. »Diese …«, sie unterbricht sich und lauscht, dann springt sie vom Stuhl auf. »Ich habe soeben ihr Auto gehört. Sie wird gleich reinkommen. Ich lege das schnell zurück.«

»Guten Abend! Begrüßungskomitee?« Marja lächelt unbefangen in die Runde. Als sie Minea sieht, die wieder in den Salon gekommen ist, überlegt sie einen Moment.

»Ein neuer Gast?« Sie streckt ihr die Hand hin.

»Sozusagen, ja. Ich darf Sie allerdings bitten, Stillschweigen darüber zu bewahren.« Edna, die rechtzeitig aus Marjas Zimmer zurück ist, kommt Minea mit einer Antwort zuvor.

»Ah. Geheimnis. Verstehe.« Marja grinst breit.

»Sie sind doch Journalistin«, wage ich einen Versuch.

»Reisejournalistin.«

Das kommt für mich eine Spur zu schnell. »Sie recherchieren ...« Edna blickt mich an, als wolle sie mich damit zum Schweigen bringen. Aber ich fahre unbeirrt fort: »... doch gerne. Es geht um einen sicheren Platz für den neuen Gast.«

»Und jetzt meinen Sie, ich hätte bei meinen Recherchen zu meinem Reiseführer ein Versteck aufgetan? Eines, das keiner findet?«

»Auf keinen Fall kann ich hierbleiben! Das ist viel zu nahe dran.« Minea ist schon wieder kurz davor, in Tränen auszubrechen.

»Uns fällt schon was ein. Gib uns etwas Zeit.« Edna versucht, sie zu beschwichtigen, und klärt Marja mit knappen Worten auf. »Minea ist illegal im Land. Sie kann aber nicht zurück in ihre Heimat, weil ihr Leben dort in Gefahr ist. Heute gab es einen Vorfall, der darauf hindeutet, dass man ihr auf der Spur ist, ich tippe auf die Ausländerbehörde. Wenn die sie finden, wird sie in den Flieger gesetzt, obwohl sie in ihrem Herkunftsland nicht sicher ist.«

Marja hört aufmerksam zu, denkt nach und greift zu ihrem Smartphone. »Ich habe da so eine Idee. Aber ich muss erst telefonieren. Mit einem alten Freund.« Mit diesen Worten verschwindet sie in ihrem Zimmer.

Als sie kurz darauf zurückkommt, nimmt sie sich ein Stück Kuchen vom Tablett und sagt zu Minea: »Wir müssen gleich los. Mein Kumpel wohnt in einer WG in Frankfurt in einem

Hochhaus. Der Vermieter kümmert sich nicht um die Bewohner, Hauptsache, er erhält seine Miete regelmäßig. Ist dem völlig egal, wer sich da aufhält. Dort kannst du fürs Erste unterkommen. Felix kennt jemanden, der schon öfter Leuten wie dir geholfen hat.« Auf Mineas skeptischen Blick hin erklärt sie: »Menschen ohne Papiere. Die eigentlich offiziell gar nicht hier sind. Mehr kann ich dir dazu nicht sagen. Er will seine Kontakte nicht preisgeben, sonst ist es mit der Hilfe vorbei. Aber er hat mir versprochen, dir zu helfen. Den Kuchen esse ich unterwegs.«

Edna ist nicht ganz wohl dabei, ihren Schützling mit der ominösen Journalistin ziehen zu lassen. »Ist das wirklich sicher?«

»Glauben Sie mir, der hat schon vielen Leuten geholfen. Er hat Ahnung davon.«

»Und woher kennen Sie diesen Felix?«

»Wir haben zusammen studiert. Dann war er eine Weile in der Hausbesetzer-Szene unterwegs, und was er jetzt so ganz genau macht, weiß ich nicht. Irgendwas mit Design oder so, auf jeden Fall etwas Lukratives. Ich weiß, dass er Menschen wie Ihrer Bekannten hilft und über ein entsprechendes Netzwerk verfügt. Man kann sich da voll auf ihn verlassen.« Und mit einem Blick zu Minea: »Wir sollten jetzt aber wirklich los!«

Edna nimmt Minea zum Abschied ganz fest in den Arm. Man merkt ihr an, wie schwer es ihr fällt, sie gehen zu lassen.

»Wo bringen Sie sie genau hin?«

»Tut mir leid. Je weniger Sie wissen, desto besser. Wenn Sie die Adresse nicht kennen, können Sie sich nicht verplappern.«

Als Edna Marjas Auto anspringen hört, geht sie an die große Kommode in ihrem Salon. Sie nimmt drei Gläser und eine Karaffe heraus, die sie auf den Tisch stellt.

»Birnenlikör«, erläutert sie, als sie sich zu uns setzt. »Selbst gemacht. Den haben wir jetzt alle nötig, nicht wahr?«

Es ist weit nach Mitternacht, als Marja endlich zu uns zurückkommt. Norbert liegt längst auf unserem Bett. Ich habe mit Edna Filme im Fernsehen angeschaut, denn ich wollte sie nicht alleine lassen. Über den seltsamen Fund in Marjas Zimmer haben wir nicht weiter gesprochen.
 Marja sieht ziemlich müde aus. Ihre Gesichtshaut ist fahl und sie hat tiefe Ringe unter den Augen. Edna reicht ihr ein Glas mit Birnenlikör.

Am nächsten Morgen werden wir früh von Lärm geweckt. Vor dem Nachbarhaus steht ein dunkles Auto. Jemand drischt nebenan sehr laut an die Haustür und ruft mehrmals, man solle unverzüglich aufmachen. Ein Blick auf den Wecker zeigt mir, dass es 6.15 Uhr ist. Ich streife eine Jacke über und gehe in den Salon. Dort treffe ich auf Edna. »Was ist denn da drüben los? Wer macht da so einen Radau?«
 Bevor sie antworten kann, klopft es schon bei uns an der Haustür.
 »Machen Sie sofort auf!«
 Edna rafft ihren Morgenmantel zusammen und öffnet. »Worum geht es denn?
 »Personenkontrolle, wir sind von der Ausländerbehörde. Ist Ihnen im Nachbarhaus etwas aufgefallen? Geht da jemand ein und aus, der da gar nicht offiziell wohnt?«
 Edna gibt sich einen nachdenklichen Gesichtsausdruck, bevor sie scheinbar gleichmütig antwortet: »Da drüben? Da wohnt doch ein Ehepaar. Da habe ich sonst niemanden gesehen.«

Als der Mann weg ist, gähne ich ausgiebig: »Na, da haben wir ja großes Glück gehabt.«

»*Minea* hat das Glück gehabt. Und diese Marja scheint doch ganz in Ordnung zu sein. Worüber auch immer sie in Wirklichkeit recherchiert. Sie hat Minea ja wirklich im letzten Moment in Sicherheit gebracht. Das hoffe ich zumindest. Auf keinen Fall darf sie in ihre Heimat zurückgeschickt werden – das wäre ihr Untergang. Schade, ich habe mich so an die junge Frau gewöhnt, wir haben öfter eine Tasse Tee gemeinsam getrunken. So ein schreckliches Schicksal. Wissen Sie, meine Mutter war ebenfalls ein Flüchtling. Sie hat Danzig mit einem der letzten Schiffe verlassen, als dies noch möglich war. Das war in derselben Nacht, als die Gustloff sank. Sie war aber mit ihren Eltern und ihrer Schwester auf einem anderen Schiff gewesen. Erst später erfuhren sie, dass zur selben Zeit, während sie ebenfalls auf der Ostsee waren, die Gustloff torpediert wurde und einige Tausend Menschen ertranken. Eigentlich hatten sie auf dieses Schiff gewollt, aber die Abfahrt verpasst. So hatten Sie sich auf das andere gedrängt. Glauben Sie mir, meine Mutter hat mir wirklich beigebracht, Menschen in Not zu helfen.« Sie hält inne und blickt aus dem Fenster. »Obwohl Marja Minea geholfen hat, wäre es mir trotzdem lieber, sie würde mir sagen, weshalb sie eigentlich hier ist.«

Und weshalb Sie meinen Mann so neugierig anguckt, füge ich in Gedanken hinzu, sage jedoch laut: »Vielleicht schreibt sie einen Kriminalroman über wahre Fälle?«

Mit der Bemerkung schaffe ich es, Edna aus den Erinnerungen zu lösen, die ihre Mutter an sie weitergegeben hat.

»Das kann natürlich gut sein. Wollen Sie einen Kaffee?«

Während sie den zubereitet, blicke ich aus dem Fenster. Dabei sehe ich das Paar von gegenüber, wie es auf zwei Männer einredet. Ich ziehe das Fenster auf Kippstellung.

»Das ist doch bloß unser Gästezimmer, was sie da gesehen haben«, höre ich, wie die Frau sich herausredet.

»Voll mit Kleidern?« Der Mann, der vorhin bei uns war, wirkt sehr skeptisch.

Die Frau lacht. »Die sind von unserer Nichte, die uns öfter besucht. Deshalb hat sie hier bei uns Kleider. Das ist praktischer für sie, dann muss sie die nicht immerzu hin und her schleppen.«

Durch das gekippte Fenster erkenne ich die Lüge, denn ich weiß es besser.

Ich höre einen der Männer sagen: »Wir sind gestern einer Frau gefolgt, die seit einiger Zeit immer in denselben Geschäften einkauft. Einer der Inhaber informierte uns, dass er aus verschiedenen Gründen den Verdacht hegt, es könne sich um eine Illegale handeln.«

Die Nachbarin gibt sich erstaunt. »Illegale? Also hören Sie mal! Das ist nun wirklich das Letzte, womit wir etwas zu tun haben.«

Ob die Männer ihr glauben? Ich hoffe es. Nicht für diese Frau und ihren Mann, der jetzt auf seinem Smartphone herumtippt und irgendetwas von Anwalt sagt. Einzig für Minea hoffe ich, dass die Männer ihnen glauben.

FREIZEITTIPPS:

[1] Bergstraße; sie reicht vom hessischen Darmstadt bis ins badische Wiesloch. Wie an einer Perlenkette liegen aneinandergereiht die einzelnen Orte an der Verkehrsader. In dem fruchtbaren Gebiet gedeihen auf den Sanddünen längs des Rheins unter anderem Weinreben und Spargel. Auch Tabak wurde in vielen Gemeinden angebaut. Seit dieser Anbau seitens der EU nicht mehr subventioniert wird, wurde er allerdings eingestellt. Vielerorts zeugen denkmalgeschützte Tabakscheuern von dieser traditionsreichen Geschichte. Die Bergstraße ist ein beliebtes Wohngebiet mit Einzugsgebiet der jeweils nahen Städte Frankfurt, Darmstadt sowie Mannheim und Heidelberg. Neben Naherholungssuchenden sind hier viele Urlauber anzutreffen. Informationen über die Region erteilt sehr gerne der Tourismus Service Bergstraße, Großer Markt 9, 64646 Heppenheim. www.diebergstrasse.de

[2] Burgensteig; er beginnt in der Nähe von Darmstadt, bei dem Friedhof von Eberstadt, und führt auf einer Länge von 120 Kilometern bis nach Heidelberg. Der Wanderweg wird vom Odenwaldklub betreut, ungefähr 30 Burgen und Schlösser liegen am Weg. Es gibt neun ausgearbeitete Halbtagestouren mit der Möglichkeit des Rücktransportes zum Ausgangspunkt. Mit dem Burgensteig kombinierbar ist der Blütenweg. Zur Frühlingszeit, wenn alles in voller Blüte steht, ist die Bergstraße eine wahre Pracht. Der Blü-

tenweg führt über Wiesen, durch den Wald und vor allem auch durch Weinberge. Der Wanderweg ist in fünf Etappen unterteilt.
Die Streckenverläufe beider Wege sind zu finden unter www.diebergstrasse.de

3 Großes Glückert-Haus; die Deutsche Akademie für Sprache und Dichtung ist im vom Architekten Joseph Maria Olbrich für den Möbelfabrikanten Julius Glückert erbauten Haus am Alexandraweg untergebracht. Unter anderem vergibt sie folgende Auszeichnungen: den Georg-Büchner-Preis für deutschsprachige Literatur, den Johann-Heinrich-Merck-Preis für literarische Kritik und Essay, den Sigmund-Freud-Preis für wissenschaftliche Prosa, den Johann-Heinrich-Voß-Preis für Übersetzung und den Friedrich-Gundolf-Preis für die Vermittlung deutscher Kultur im Ausland.
www.deutscheakademie.de

4 Hochzeitsturm; der Hochzeitsturm auf der Mathildenhöhe mit seinem auffallend verzierten Giebel ist das Wahrzeichen von Darmstadt. Entworfen hat ihn Architekt Josef Maria Olbrich. Er ist laut der am Turm angebrachten Tafel ein Geschenk der Darmstädter Bürgerschaft anlässlich der Hochzeit des Großherzogs Ernst Ludwig mit Prinzessin Eleonore zu Solms-Hohensolms-Lich im Jahre 1905. Ausführliche Informationen zur Mathildenhöhe sind auf der Website www.mathildenhoehe.eu zu finden.

5 Russische Kapelle; sie ist ebenfalls Bestandteil der Mathildenhöhe in Darmstadt. Erbaut wurde sie kurz vor

1899. In dem Gotteshaus finden immer noch orthodoxe Gottesdienste statt.

6 Lilienbecken; es entstand 1914 nach Entwürfen von Albin Müller. Die schmückenden Steinplastiken sind von Bernhard Hoetger und stammen aus demselben Jahr.

7 Museum Künstlerkolonie; das Museum auf der Mathildenhöhe informiert über die aktive Zeit von 1899–1914, während der hier Künstler wirkten. Zudem gibt es interessante Sonderausstellungen. www.mathildenhoehe.eu

DIE NACHT SO KALT
(ZWINGENBERG)

Satter Regen tropft auf das Dach. Draußen ist es zurzeit so richtig ungemütlich. Dunkel ist es ebenfalls. Ich bin froh, hier drin im Warmen zu sitzen. Da bin ich wohl einer Art inneren Eingebung gefolgt. Plötzlich nimmt der Regen zu. Das Wasser prasselt nun heftig gegen die große Scheibe. Ich erhebe mich, doch hinter dem nassen Glas ist nichts zu erkennen. Der Garten liegt in völliger Schwärze. Plötzlich erhellt ein Blitz die Szenerie und die gepeitschten Büsche sind grell erleuchtet. Die Blumen liegen in nasser Schwere auf dem Boden. Dort, neben dem Busch! Hat sich da nicht eben jemand weggeduckt? Doch schon ist es wieder finster draußen und ein gewaltiger Donnerschlag ertönt.

»Lieber Himmel«, Edna fasst sich als Erste, »hoffentlich hat das bloß einen Baum getroffen.«

Schon ist der Garten erneut hell erleuchtet, dieses Mal ist der Donner beinahe zeitgleich zu hören.

Norbert wird bleich. Er stellt behutsam seinen Bierkrug ab. »Das war jetzt aber verdammt nah.«

»Keine Sorge, wir haben hier einen sehr guten Blitzableiter.« Edna bleibt ruhig.

»Das erinnert mich an jenen denkwürdigen Abend am Genfer See.« Marja nippt an ihrem Wein.

»Sie waren in der Schweiz?«, Norbert ist sofort interessiert, wie an allem, was die junge Frau erzählt.

»Nicht ich selbst. Ich habe diese Geschichte während meines Studiums gehört. Ich habe nämlich Germanistik studiert, bevor ich Journalismus oben drauf sattelte.«

»Interessant, unser Sohn hat Medienwissenschaften studiert.«

Doch Marja geht auf meine Aussage überhaupt nicht ein, ihr Blick ist abwesend, wie nach innen gerichtet.

»Also, es war so ...« Sie hält inne. »Ach was, ich beginne am besten von vorn.« Es ist ganz still im Raum, als sie fortfährt, nur der Regen draußen ist zu hören. »Im Jahre 1815 kam es auf Indonesien zu einem gewaltigen Vulkanausbruch. Der Tambora spuckte Lava in ungeheuren Mengen aus. Die vulkanische Asche hatte weltweit große Auswirkungen auf das Klima. 1816 ging als ›das Jahr ohne Sommer‹ in die Geschichte ein. Es gab aufgrund des schlechten Wetters große Ernteausfälle. Zur damaligen Zeit war das natürlich eine gewaltige Katastrophe. Und in jenem Sommer«, sie senkt ihre Stimme, »hielt sich der englische Dichter Lord Byron am Genfer See auf. Er war mal wieder wegen einer unrühmlichen Beziehungsgeschichte aus England geflohen. In seiner Villa mit Blick auf den See saß er gerade mit seinen Gästen zusammen, als ein unheilvolles mächtiges Gewitter aufkam. Seine Gäste waren Percy Shelley, ein Schriftsteller aus England, dessen Geliebte Mary Godwin und Marys Stiefschwester Claire Clairmont. Auch der Arzt von Lord Byron soll zugegen gewesen sein.«

Erneut blitzt und donnert es draußen in einer Intensität, die mich unwillkürlich zusammenzucken lässt. Mich fröstelt.

Doch Marja fährt unbeirrt fort: »Als nun die kleine Gesellschaft beisammensaß und die losgelassenen Elemente, die sich über den See austobten, bestaunten, ersann Lord Byron eine kleine Aufgabe für seine Gäste. Und zwar sollte jeder sich eine Spukgeschichte ausdenken.«

»Mary Shelley. Sie hieß Mary Shelley«, wirft Edna ein.

»Genau. Die beiden heirateten nämlich später, nachdem

die erste Ehefrau von Percy Shelley Selbstmord begangen hatte. In jener Nacht am Genfer See, während dieses überaus heftigen Unwetters, hatte sie die Idee für ihren berühmten Roman ›Frankenstein [8]‹.«

»Wie die Burg.«

»Welche Burg?«, fragt Norbert.

Edna erklärt: »Ganz in der Nähe gibt es eine Burg, die heißt Frankenstein.«

»Hat diese Burg etwas mit der Geschichte zu tun? Das ist doch ziemlich weit weg vom Genfer See.«

Marja grinst. »So weit hergeholt ist das gar nicht. Percy Shelley musste seinen Aufenthalt in der Schweiz abbrechen, da ihn aus England die Nachricht ereilte, seiner kleinen Tochter ginge es nicht gut.«

»Immerhin hat er sich um das Kind gekümmert.« Edna kann sich den Einwurf nicht verkneifen. An ihrem Gesichtsausdruck ist abzulesen, was sie von Ehebruch hält.

»Percy, Mary und Claire reisten mit einer Kutsche ab. In Mannheim konnten sie nicht aufs Schiff, da der Rhein dort wegen der starken Regenfälle einen breiten See gebildet hatte. Die Schiffe konnten gar nicht anlegen. Sie mussten also weiter bis nach Mainz. Und es könnte doch theoretisch sein, dass sie während dieser Reise von der Burg im Odenwald gehört hatte, Mary den Namen passend fand und ihn für ihren Roman verwendete.« Marja schaut zum Fenster, an das der Regen ausdauernd trommelt. »Belegen kann man das natürlich nicht. Aber es ist eine schöne Geschichte.«

Sie scheint sich also doch für Schauergeschichten zu interessieren. Das würde zu meiner Vermutung passen, die Gute recherchiert für einen Kriminalroman über wahre Fälle.

»Wenn Sie den Roman lesen wollen«, Edna erhebt sich und geht zu dem Bücherregal, das neben dem Fenster steht,

»ich habe eine Ausgabe hier.« Sie greift zielstrebig nach einem der Bücher: »Frankenstein oder der moderne Prometheus«.

»Wo ist denn diese Burg genau?« Das Buch lasse ich unbeachtet. Ich werde zum Einschlafen ganz bestimmt keinen Roman mit Gruselfaktor lesen. Das grässliche Gewitter alleine reicht ja schon aus, um mir schlechte Träume zu bescheren.

»Wissen Sie was? Fahren wir doch morgen gemeinsam hin! Ich nehme Sie in meinem Auto mit.«

»Das würden Sie tun?« Norbert ist hingerissen. Ob von dem Angebot oder von Marja, das vermag ich nicht zu unterscheiden. Plötzlich sitzt er trotz der fortgeschrittenen Stunde kerzengerade und strahlt.

»Sagen wir 10 Uhr Abfahrt?«

»Hoffentlich treibt sich kein Ungeheuer im Wald herum.« Edna will mir wohl unbedingt Angst machen. »Soll ja ein Serienmörder gewesen sein, dieser Unmensch, den der Dr. Frankenstein zusammenbastelte.«

Wenn dies ein Test war, um herauszufinden, wie Marja auf das Wort »Serienmörder« reagiert, so verlief er negativ, denke ich bei mir. Denn Marja verzieht ihre Miene kein bisschen. Vielleicht hat die junge Frau sich nur sehr gut im Griff?

Am Morgen zeigt der Blick aus dem Fenster, dass der Garten entgegen Ednas Sorge von dem nächtlichen Unwetter doch nicht verwüstet wurde. Amseln scharren an den Beeten und ziehen Regenwürmer aus der Erde, Wassertropfen glitzern überall. Die Sonne kommt bereits heraus. Bis Mittag hat sie sicherlich den gepflasterten Weg mit ihren warmen Strahlen getrocknet. Ein paar große Schnecken mit schönen Häusern kriechen gemächlich auf dem Weg. Ob Edna die gleich einsammeln geht? Als ich mich vom Fenster abwende, kommt sie aus der Küche. Sie trägt eine große Kaffeekanne.

»Ich habe Ihnen einen kleinen Lunch eingepackt. Den können Sie unterwegs zu sich nehmen.«

Also, Edna versteht es wirklich, einen als Gast so zu behandeln, dass man sich rundherum wohlfühlt. Obwohl ich mir bei Weitem nicht so viel aus Essen mache wie mein Ehemann, finde ich die Geste ziemlich nett.

»Dr. Frankenstein kann die Kreatur, die er erschaffen hat, nicht kontrollieren. Sie rennt weg und haust in den Wäldern.« Marja wirkt nachdenklich.

»Die Geister, die er rief …«

Oho, Norbert hat offenbar in seiner Jugend Goethe gelesen und ruft rudimentäre Erinnerungsstücke ab. Ich wusste gar nicht, dass mein Mann die Klassiker kennt und sie sogar zu zitieren vermag. Aber wer kennt den anderen schon genau? Dabei sind wir schon seit ewigen Zeiten verheiratet! Und Norbert kennt mich schließlich genauso wenig, denn er hat keinen blassen Schimmer davon, dass dies sein letzter Urlaub mit mir sein wird.

An Marja gewandt fährt er fort: »Aber dieses Wesen, das keinen Namen hat, ist hässlich. Niemand will etwas mit ihm zu tun haben. Alle rennen schreiend vor ihm davon und nennen es ein Monster. Sie lehnen es ab.«

Hat er Mary Shelleys Roman also gelesen? Wieso hat er gestern Abend nichts dazu gesagt? Ich hege den naheliegenden Verdacht, mein Mann habe sich eilig auf Wikipedia schlaugemacht. War er etwa an meinem Smartphone? Mit seinem einfachen Gerät kann er doch lediglich telefonieren und SMS empfangen.

»Dann machen ihn die anderen zu dem, was er wird? Weil sie ihn aus der menschlichen Gesellschaft ausgrenzen?« Marja wendet den Blick von der Straße ab und schaut Norbert von der Seite an.

»Niemand gibt ihm Liebe. Daran geht er zugrunde. Wie jedes Lebewesen braucht er Zuneigung.«

Lieber Himmel! Mein Mann wird ja regelrecht poetisch! Warum nur entdecke ich diese Seite erst heute an ihm? Nach all den Jahren?

»Und vorher begeht er einige Morde.« Marja unterhält sich angeregt mit ihm, der wie selbstverständlich vorne auf dem Beifahrersitz Platz genommen hat. Ich sitze auf der Rückbank ihres blauen Kleinwagens und habe die Aufgabe, darauf aufzupassen, dass unser Lunchkorb bei den vielen Kurven auf der schmalen Bergstraße nicht in Schieflage gerät.

»Vollpfosten!« Marja steigt hart auf die Bremse.

Der Korb rutscht auf den Boden hinter ihren Sitz, wo er stecken bleibt. Mit großer Mühe zerre ich ihn wieder auf die Rückbank.

Ein entgegenkommender Motorradfahrer hat die vor uns liegende Kurve geschnitten und wäre um ein Haar frontal in uns reingekracht. Der Autofahrer hinter uns hupt. Er wurde ebenfalls zu einer Vollbremsung gezwungen.

»Mannomann, diese Freizeitraser.« Marja schüttelt ihre Haare zurück und fährt weiter. Der Duft von Aprikosenshampoo erfüllt das Auto. Nach der nächsten Kurve fährt eine Gruppe Mountainbiker vor uns. Als Marja sie schließlich überholt, sehe ich muskulöse Männerwaden in die Pedale treten.

Norbert hält sich rechts an der Haltestange fest und schweigt seit der brenzligen Begegnung mit dem Motorradfahrer. Aber ich weiß genau, dass er Angst empfunden hat. Er selbst hält sich immer an alle Verkehrsregeln.

»Was machen Sie eigentlich beruflich?« Marja nimmt das Gespräch wieder auf.

Lieber Himmel, das ist ja wie bei einem Verhör.

»Nun, ja.« Norbert windet sich.

Ich verkneife mir ein Grinsen. Denn er erzählt nicht gerne davon, dass er Jurist ist. Meist packen die Leute dann irgendwelche Probleme aus, die er für sie lösen soll und von denen er keine Ahnung hat. Denn woher soll er bitte wissen, wie hoch eine Hecke am Grundstückszaun sein und für wie lange man sein Auto, ohne es umzuparken, auf einem öffentlichen Parkplatz abstellen darf? Schließlich sitzt er seit Jahren von Publikumsverkehr verschont im Finanzamt. Jura hat er studiert, weil man da nicht rechnen muss, das kann er nämlich nicht gut. Genau deshalb hat er in der Schule eine Ehrenrunde gedreht und ist zu mir in die Klasse gekommen, so haben wir uns kennengelernt. In dieser Branche ist es durchaus hilfreich, über Sitzfleisch zu verfügen. Beide Punkte, fehlende Mathematikfähigkeiten sowie Beharrlichkeit, treffen auf meinen Mann herausragend zu. Ich werde das Gefühl nicht los, dass er beim Lesen trockener Gesetzestexte regelrecht aufblüht. Aus einem Satz auch noch den letzten Sinn herauszuholen, das, was gemeint sein *könnte*, bereitet ihm, so glaube ich, immenses Vergnügen. Er liebt es, ohnehin schon trockene Texte derart zu sezieren, dass am Ende gar kein Leben mehr in ihnen ist. Ganz im Gegensatz zu mir. Zusammengefügte Worte transportieren Geschichten und Stimmungen, die mich faszinieren. Sie erschaffen Welten, in die ich abtauchen kann. Für mich bedeutet es das Totschlagen von Sprache, jeden Satz zu drehen und zu wenden, bis er in seinen Einzelheiten vor mir liegt, sozusagen in seine einzelnen Lauteinheiten zerlegt.

»Ich bin beim Finanzamt beschäftigt.«

Hat er es also endlich herausgebracht. Das war doch gar nicht so schwierig, denke ich mir. Obwohl mein Mann wirkt, als habe gerade ein Zahnarzt mit einer großen Zange etwas aus seinem Schlund gezogen.

»Sie bearbeiten Steuererklärungen?«

»So in etwa.«

Es ist ihm anzumerken, wie unangenehm er es findet, über seine Arbeit zu sprechen. Norbert besitzt die beneidenswerte Gabe, Punkt 17 Uhr sein Büro zu verlassen und sofort auf Abstand zu seiner Tätigkeit zu gehen. Grade so, als ob er prompt vergessen hätte, woran er acht Sunden lang gearbeitet hat. Wohingegen er sich immer haargenau daran erinnern kann, was es in der Kantine zu essen gab und ob es gemundet hat oder nicht. Jeden Abend, wenn er mit seiner Mutter telefoniert, berichtet er ihr ausgiebig davon und lässt sie so an seinem Leben teilhaben. Wenn es ihm nicht geschmeckt hat, fallen die Gespräche jeweils deutlich länger aus.

Offensichtlich will er nun aber das Thema wechseln. »Und Sie haben im Anschluss an ihr Germanistikstudium zusätzlich Journalismus studiert?«

»Ja, genau, in Mainz.«

»Und sind jetzt bei einer Zeitung?«

Ich stelle schmunzelnd fest, dass Norbert die Kunst des Verhörs ebenfalls beherrscht. Aber Marja hat offensichtlich genauso wenig Lust wie er, Auskünfte über sich selbst zu geben. Sie deutet lediglich ein Nicken an.

Als wir auf dem Parkplatz aussteigen, meint Marja mit schelmischem Blick zu meinem Mann: »Wir hätten natürlich die Himmelsleiter zur Burg Frankenstein hochgehen können, die hat 256 Treppenstufen.«

Ich stimme in ihr Lachen ein. Obwohl, wenn ich es genau

bedenke, wäre ich die Stufen wirklich gerne hochgegangen. Wir hätten Marja vorausgehen lassen können, und Norbert wäre hinter ihrem Rücken einmal danebengetreten und in die Tiefe gestürzt.

Mein Mann wendet sich ab und stapft voraus zur Burganlage. Links neben den Überbleibseln der Kernburg steht eine Kapelle 10 . Durch einen Sandsteinbogen betrete ich einen kleinen Raum. Den Boden bedecken kleine tönerne Fliesen, deren Muster auf den Trittflächen nicht mehr zu erahnen ist. Die Ränder des Bodens, zu den Mauern hin, zieren Blüten und Rauten. Vier hölzerne Kirchenbänke und einige Stühle bieten Sitzplätze für ungefähr 30 Menschen. An den Seitenwänden befinden sich große, aus Stein gehauene Reliefs, ebenso wie neben dem Eingang. An der Stirnseite lässt ein Schmuckfenster Licht in den Raum einfallen. Auf dem gemauerten Altar liegt eine weiße Decke mit gehäkeltem Spitzenrand, neben dem Kreuz mit dem Heiland stehen zwei Kerzen und in der Vase befinden sich frische Blumen. Die beiden Stühle vor dem Altar sind mit Stoff bespannt.

»In dieser Kapelle kann man heiraten.« Marja ist mir leise gefolgt.

»Hübsch hier.«

»Ich habe mir sagen lassen, die Darmstädter heiraten gerne hier drin. Oder im Fünffingerturm auf der Mathildenhöhe.«

»Den Turm haben wir doch schon gesehen.« Norbert, der jetzt auch hinzukommt, füllt die schmale Pforte zur Kapelle beinahe aus.

Zusammen betreten wir durch den Eingang am Torturm die Burganlage.

»Viel ist ja nicht mehr zu sehen«, meint Norbert.

Marja hat ihrer Tasche eine Kamera entnommen und fotografiert nun eifrig.

Der Wald ringsherum wirkt licht und freundlich. Zu meinem Bedauern ist die gesamte Anlage von einer Mauer umgeben. Es besteht keine Chance, Norbert in einem unbeobachteten Moment mit einem kräftigen Schubs über den Steilhang zu befördern. Mir wird kühl in der Umgebung der dicken Mauerreste. »Ist da vorne nicht ein Restaurant?«, wende ich mich an Marja.

»Restaurant?«, echot Norbert, wie immer auf Essen konditioniert.

»Ja, genau. Wollen Sie nicht schon mal vorgehen? Ich mache noch schnell ein paar Aufnahmen.«

»Wir kommen nach«, kräht mein Mann, als ich mich auf den Weg mache.

Das Schwergewicht versucht sich als Charmeur bei Marja? Ich werfe einen giftigen Blick über die Schulter zurück, den er völlig ignoriert.

Das Restaurant Burg Frankenstein 11 verfügt über eine große Außenterrasse, auf der ich Platz nehme. Es dauert eine Weile, bis Marja und Norbert ebenfalls kommen. Was die wohl die gesamte Zeit über geredet haben? Norbert bläht sich neben ihr auf wie ein Gockel und genießt die Blicke, mit denen die männlichen Restaurantgäste Marja bedenken. Ich verschlucke mich beinahe an meinem Kaffee.

Marja eilt herbei und klopft mir auf den Rücken. »Alles gut?«

»Edelgard, kriegst du wieder den Hals nicht voll?«

Liebevoll zu mir wie immer, mein Herr Gemahl. Ich lächle süßlich, obwohl ich ihm am liebsten die Gabel, die auf meinem Kuchenteller liegt, in den Handrücken rammen würde. Was ihm dabei durch den Kopf geht, wenn er solche Sachen loslässt? Das wüsste ich gerne. Meint er wirklich, das sei lustig? Dann habe ich wohl in den letzten Jahren eine andere Art von Humor entwickelt als er.

»Ich weiß schon, was ich haben will.« Norbert ruft nach der Bedienung.

»Schon irgendwie witzig, dass die Burg hier Frankenstein heißt.« Marja nimmt das Gespräch wieder auf, nachdem mein Husten nachgelassen hat. »Haben Sie das Buch gelesen?«

»Aber natürlich«, beeilt Norbert sich zu sagen. »Es ist unglaublich, dass die Geschichte bereits vor 200 Jahre entstanden ist. Man kann sie beinahe lückenlos auf die heutige Zeit übertragen. Wenn man bedenkt, wozu Wissenschaftler heute in der Lage sind … Man könnte sich regelrecht ein Wunschbaby designen lassen. Aber das ist natürlich verboten.«

Was für ein Glück, denke ich bei mir, dass unser Sohn ganz ohne die Hilfe moderner Wissenschaft sehr wenig von seinem Vater geerbt hat. Er sieht aus wie der Bruder meiner Mutter, der ziemlich hochgewachsen ist und selbst im hohen Alter über volles Haar verfügt.

»Schon damals wurden medizinische Versuche angestellt. Man leitete Strom durch Leichen, um sie wieder zum Leben zu erwecken. Auch in Deutschland war man da aktiv, etwa an der Universität in Ingolstadt«, erläutert Marja. »Aber wer garantiert uns denn, dass an ›Designerbabys‹ nicht trotz Verboten in irgendwelchen Labors getüftelt wird? Das kann ja irgendwo im Ausland geschehen, wo es eine andere Rechtslage gibt.«

»Oh, mein Essen. Prima.« Die Bedienung stellt ein ausladendes Holzbrett vor Norbert ab. Der darauf befindliche Flammkuchen füllt es beinahe vollends aus. Er duftet herrlich und Norbert säbelt bereits daran herum.

»In England bekamen die Wissenschaftler Gehenkte zu Forschungszwecken zur Verfügung gestellt.«

Norbert führt ungerührt den ersten Bissen zum Mund.

Marja betrachtet ihn fasziniert. Sie kann nicht wissen, dass er während seines Jurastudiums in der Rechtsmedizin bei Leichenöffnungen zugeschaut hatte. Von ihrer Erzählung lässt sich mein Mann ganz sicher nicht den Appetit verderben. Zu Hause berichtet er beim Essen mit Vorliebe von längst vergangenen Obduktionen und spekuliert dabei auf meine Portion.

Als wir das Restaurant verlassen, kommt aus der Kapelle gerade eine festliche Gesellschaft heraus. Ich beschleunige meine Schritte und mache in ihrer Mitte ein Paar in besonders eleganter Kleidung aus. Die Frau trägt ein Kleid aus altrosafarbener Spitze, der Mann einen dunkelgrauen Anzug. Lachend hält die Frau ihren Brautstrauß hoch.

»Werfen, werfen«, skandiert die kleine Gruppe rhythmisch.

Das Brautpaar küsst sich, dann dreht die Frau sich um und wirft mit Schwung den Strauß durch die Luft. Er fliegt in meine Richtung und ehe ich es mich versehe, halte ich ihn mit beiden Händen fest. Rosa Rosen mit Schleierkraut, umhüllt von einer Manschette aus Spitze. Ratlos blicke ich mich um.

»Du bist doch schon verheiratet!«, schnaubt Norbert, der nun neben mir steht, empört. »Musst ausgerechnet du ihn auffangen? Und überhaupt! Du kennst doch diese Menschen gar nicht!« Er reißt mir grob den Strauß aus der Hand und trägt ihn zur Braut zurück. »Hier, wir haben damit nichts zu tun.«

Als die ihn unter Gelächter erneut wirft, landet er wieder in meinen Händen. Er flog direkt auf mich zu, bevor ich instinktiv danach griff, um zu verhindern, dass er auf meiner Nase landet.

»Bist du komplett durchgeknallt?« Wütend stapft Norbert davon. Die Schöße seines Breitcordsakkos wippen.

Marja biegt sich vor Lachen.

Ich spüre eine Wärmewelle, die von meinem Hals hochsteigt. Mir ist das Ganze ziemlich unangenehm. Es war doch nur ein Reflex, der mich dazu brachte, nach dem floralen Wurfgeschoss zu greifen. Hätte ich lieber zur Seite springen sollen, damit es auf dem Boden landet?

Marja befreit mich aus der unangenehmen Situation, indem sie ihrerseits nach dem Strauß greift und ihn über ihrem Kopf schwenkt. »Alles Gute zur Hochzeit!«, schreit sie und wirft nun selbst den Strauß. Eine junge Frau, die neben der Braut steht, fängt ihn unter dem Jubel der Umstehenden auf.

»Kommen Sie«, raunt sie mir zu, »gehen wir ein paar Schritte unterhalb der Burg.«

Während wir den Weg längs schlendern, bleibe ich stehen. Denn mir ist so, als würde etwas im Unterholz rascheln. Ich befürchte, meine Fantasie hat sich an Marjas Erzählungen über Dr. Frankenstein überhitzt und nun leide ich unter Halluzinationen. Doch da kommt wirklich etwas aus dem Gebüsch gepresscht. Breitbeinig steht er vor uns, mustert uns aus dunklen Augen. Ich halte beinahe den Atem an. Nachdem er uns eingehend betrachtet hat, verschwindet der Fuchs so schnell, wie er aufgetaucht ist.

Von meinem Mann ist weit und breit nichts zu sehen, obwohl meine Wut auf ihn jetzt so groß ist, dass ich ihn womöglich trotz Marja als Zeugin den Burgberg hinunterstoßen würde. »Mein Mann ist manchmal einfach unmöglich«, vertraue ich mich der jungen Frau an.

»Das ist mir schon aufgefallen. Er könnte ruhig freundlicher zu Ihnen sein.«

»Das würde ich mir wünschen. Ich konnte doch vorhin wirklich nichts dafür, dass mir die Blumen quasi an den Kopf flogen.«

»Wo kommen Sie eigentlich her?«

»Zumindest nicht von hier«, antworte ich ausweichend. »Sonst würden wir auch kaum Urlaub hier machen.«

»Und Ihr Mann? Stammt er ursprünglich hier aus der Gegend?«

»Nein, wir sind schon zusammen zur Schule gegangen. Wir kommen aus demselben Ort.«

»Hatte er dann hier in der Vergangenheit vielleicht mal zu tun? Beruflich?«

»Vom Finanzamt aus? Nein, gewiss nicht. Das ist ja kein Betrieb mit Filialen, wo man reihum mal eingesetzt wird. Nein, mein Mann ist seit Ende seines Studiums immerzu in ein und demselben Amt.«

»Verstehe. Reist er denn gerne?«

Allmählich fühle ich mich richtig unwohl bei ihren Fragen. Worauf will die Journalistin denn hinaus? Ich kann mir keinen Reim darauf machen. Eigentlich ist sie mir sympathisch. Vor allem, dass sie Minea so couragiert geholfen hat, gefiel mir ganz ausgezeichnet. Aber ihre Art, mich nun derart auszufragen, befremdet mich sehr. Was soll das Ganze bloß? Wieso interessiert sie sich so dafür, ob Norbert reist und früher mal hier in der Gegend war?

Schon fragt sie weiter, obwohl ich gar nicht geantwortet habe. »Sind Sie zum ersten Mal an der Bergstraße?«

Ich halte ihrem Blick stand. »Wir waren vor einigen Jahren einmal für ein paar Tage hier, in einem kleinen Ort.«

Sie zuckt nicht mit der Wimper. »Wie lange ist das her?«

»Drei Jahre. Es sind genau drei Jahre.« Ich habe keine Ahnung, worauf Marja hinauswill. Vielleicht ist sie doch nicht so nett, wie ich dachte. Ich erinnere mich nicht gerne an den Ausgang des Urlaubs, wo man uns einen Unfall mit Fahrerflucht in die Schuhe hatte schieben wollen. Angeblich hätten wir einen Zaun beschädigt, der daraufhin erneuert werden musste. Erst bei unserer Abfahrt hatten wir bemerkt, dass in dem Ort auffallend vieles tadellos neu renoviert aussah. Das war schon ziemlich eigenartig.

»Und jetzt auf den Melibokus 12?«, scherzt Marja, als wir zurück an ihrem Wagen sind, wo mein Ehemann auf uns wartet. Ihm gegenüber verhält sie sich genauso wie zuvor. Es kommt mir beinahe so vor, als könne sie einen Schalter umlegen. Grade eben gab sie sich solidarisch mit mir, jetzt tritt sie völlig unbefangen meinem Mann gegenüber.

»Auf den was?« Norbert blickt fragend, seine Hand bereits am Griff der Autotür. Mich ignoriert er, vermutlich ist er immer noch sauer, weil ich zweimal den Brautstrauß aufgefangen habe. Es heißt ja immer, wer den durch die Luft gewirbelten Strauß der Braut nach der Trauung auffängt, wird als Nächstes heiraten. In rechtem Licht betrachtet, ist das gar nicht so abwegig, denn ich werde ja bald wieder frei sein! Wer weiß, was das Leben für mich dann an tollen Überraschungen bereithält?

»Der höchste Berg der Bergstraße.« Marja grinst.

»Ein anderes Mal vielleicht. Heute nicht mehr.« Norbert setzt sich wie selbstverständlich wieder auf den Beifahrersitz.

Marja nimmt die schmale Straße nach unten recht schnittig. Mir wird auf der Rückbank beinahe übel. Norbert klammert sich am Haltegriff oben rechts über der Tür fest. Ich bemerke bei einem Blick in den Rückspiegel, dass Marja mich beobachtet. Was will die Frau von uns? Hat sie zwei Gesichter? Was verbirgt sie vor uns?

Jetzt fährt sie uns erst mal nach Zwingenberg. »Die älteste Stadt hier müssen Sie unbedingt sehen! Es gibt in der Nähe auch eine tolle Einrichtung, die Kulturinsel 13.«

»Älteste Stadt?«, echot Norbert. Er macht einen vergnügten Eindruck, er weiß ja nicht, dass Marja sich für seine Vergangenheit zu interessieren scheint.

»Im hessischen Teil der Bergstraße.«

Wir parken an einer niedrigen Mauer neben einer Grünanlage in der Nähe der Altstadt. Die Bäume stehen in üppiger Blüte. Es ist eine wahre Pracht: Knallrot, tief hängend und fein duftend. Ich drücke meinem Mann mein Smartphone in die Hand. »Machst du ein Foto von mir?« Ich stelle mich unter die Zweige. »Für Julian! Das sende ich ihm heute Abend.«

Norbert gibt mein Smartphone an Marja weiter und geht einfach fort.

Mir ist nicht danach, mich von ihr fotografieren zu lassen, und so nehme ich es ihr aus der Hand, um es einzustecken. Bereits von hier aus können wir die ersten Fachwerkhäuser sehen. Über der Altstadt sehen wir den weißen Turm einer Bergkirche **14**.

Ein Durchgang in der Mauer lässt uns zum Bummeln in die historische Altstadt hinein. Nun denn, ich werde den Rest des Tages irgendwie überstehen, auch wenn ich nicht weiß, woran ich mit Marja eigentlich bin.

Am Marktplatz **15** steht ein Brunnen aus Sandstein mit zwei Delfinen. Ist der Mensch dazu bestimmt, zu zweit durchs Leben zu gehen? Wie sähe mein Leben ohne Norbert aus? Dass er mir übermäßig viel Aufmerksamkeit schenkt, kann ich nicht grade behaupten. Ob er es überhaupt bemerken würde, wenn ich plötzlich nicht mehr da wäre? Mir entfährt ein Seufzer, denn natürlich würde Norbert das Fehlen seiner »besseren Hälfte«, wie er mich im Bekanntenkreis zu titulieren pflegt, auffallen. Spätestens am Montagmorgen, wenn kein frisches Hemd für ihn bereitläge. Wenn er abends in eine leere Wohnung käme, würde er sicherlich den Geruch nach Essen schmerzlich vermissen. Aber würde er *mein* Fehlen bemerken? Im Laufe der Jahre bin ich für ihn so etwas wie ein Accessoire geworden, das ihm das Leben in vielen Dingen leichter macht, da bin ich mir sicher. Mehr Bedeutung habe ich wohl kaum für meinen Mann.

Ich sehe mich nach Marja um. Sie kommt zu mir und setzt sich unbeschwert neben mich, als ob nichts vorgefallen wäre zwischen uns. Jedenfalls nichts, was aus ihrer Sicht die Stimmung belasten würde.

»Sehen Sie das Haus dort?« Sie weist mit der Hand auf ein besonders hübsches Gebäude mit der Nummer 13. »Bis vor einigen Jahrzehnten beherbergte es eine Apotheke **16**. Ein Wilhelm Büchner hat dort seine Lehre absolviert. Sein berühmter Bruder soll ihn sogar einmal besucht haben.«

Ich nicke. »Georg Büchner **17**, ja.« Ich erinnere mich. Den Schriftsteller kenne ich aus meiner Schulzeit. »Ist der nicht ganz jung gestorben?«

»Mit 23.« Sie erhebt sich. »Wollen wir ein wenig herumlaufen?«

In der Scheuergasse stoßen wir auf Norbert, der vorausgegangen war. »Hier ist ein Heimatmuseum **18**«, er schaut auf das Schild.

»Da war ich schon drin. Tolle Ausstellung zu alten Berufen.«

Kaum hat Marja ausgeredet, ist Norbert schon in dem Museum verschwunden.

»Der wird jetzt eine Weile beschäftigt sein. Erkunden wir beide solange die Stadt?«, schlage ich vor. Ich hoffe, sie fängt nicht wieder an, mich über meinen Mann und seine angeblichen Reisen ausfragen zu wollen. Es muss doch möglich sein, ein anderes Gesprächsthema zu finden.

Sie nickt zu meinem Vorschlag.

Kaum sind wir eine Straße weitergegangen, eilt ein mittelgroßer Mann in Motorradkluft aus einem Haus und rempelt mich heftig an. Bevor ich etwas sagen kann, ist er schon weitergehastet. So ein unverschämter Kerl! Kommt gar nicht auf die Idee, sich zu entschuldigen. Dabei hat der Rempler richtig wehgetan. Wütend blicke ich ihm hinterher.

Aber Moment, den kenne ich doch? Das ist doch der Typ, der uns heute schon so waghalsig auf seinem Motorrad entgegenkam! Seine Jacke mit dem markanten Schriftzug erkenne ich sofort.

Marja blickt ihm ebenfalls hinterher. »Der hat es ja schon wieder so eilig! Wollen wir gucken, wo der hinwill?«

Vielleicht ist Marjas Neugierde ihrer Tätigkeit als Journalistin geschuldet. Meine Abenteuerlust ist jedenfalls weitaus weniger ausgeprägt als ihre. Der Mann sieht durchtrainiert aus und ich möchte ungern seinen Unmut wecken. »Ich warte am Brunnen auf Sie«, beschließe ich daher.

Mein Eis, das ich mir gekauft habe, ist längst weggeschleckt, als Norbert zu mir kommt. Er setzt sich neben mich. Sein Ärger wegen des aufgefangenen Brautstraußes scheint endgültig verflogen zu sein. »Wo ist denn Marja?«, erkundigt er sich.

»Die ist schon eine Weile weg. Ich warte hier auf sie. Allmählich könnte sie mal wiederkommen.«

»Was macht sie denn?«, brummelt Norbert. »Du hättest dir ihre Handynummer geben lassen sollen.«

»Ich? Hättest du sie denn nicht viel lieber?« Er soll bloß nicht denken, mir wäre nicht aufgefallen, wie sehr er ihre

Anwesenheit genießt. Ob das trotzdem noch der Fall wäre, wenn sie ihn so ausfragen würde wie mich?

Wieder einmal überlege ich, was die Frau von ihm will. Sie gibt mir Rätsel auf. Einerseits ihr spontanes Helfen bei Minea und dann wiederum ihre seltsame Neugierde. Jedenfalls braucht Norbert sich nicht einbilden, dass die an ihm als Mann interessiert ist. Das sagt mir meine Intuition. Und auf die kann ich mich immer verlassen. Das nennt man emotionale Intelligenz. Marja will irgendetwas anderes von ihm, da bin ich mir sicher. Die Frage ist nur, was?

Norbert starrt auf die Spitzen seiner braunen Schuhe. »Die sind unbequem«, sagt er schließlich. »Mit Ledersohlen derart lange herumzulaufen, ist eine Zumutung. Meine Fußballen brennen wie Feuer.«

»Dann kauf dir doch endlich mal bequeme Schuhe.«

»Edelgard, bei einem Stadturlaub laufe ich doch nicht in Turnschuhen herum. Wie sieht das denn aus?«

Das sind ja völlig neue Töne. Wenn sich mein Mann neuerdings um sein Aussehen sorgt, kann ich ihn ja vielleicht sogar endlich zu einer neuen Hose und einer Jacke in der richtigen Größe überreden.

Als Marja endlich kommt, ist mindestens eine Stunde vergangen. Außer Atem setzt sie sich neben uns. »Entschuldigung, dass es so lange gedauert hat. Aber ich musste auf die Polizei warten.«

»Die Polizei?« Ich verstehe nicht. »Aber warum denn? Sie wollten doch den Motorradfahrer verfolgen!«

»Ja, genau. Der ging dann an sein Motorrad und fingerte etwas aus der Box. Das wirkte komisch auf mich.«

»Hat er Sie dabei gesehen? Sie haben sich doch nicht etwa in Gefahr begeben?« Norbert wirft sich ziemlich in die Brust und wirkt, als wäre er kurz davor, Marjas Hand zu ergreifen. Aber meine Anwesenheit scheint ihn doch davon abzuhalten.

»Ach wo, natürlich nicht! Ich habe immer den nötigen Sicherheitsabstand eingehalten und darauf geachtet, dass er mich nicht bemerkt. Sonst wäre er wohl kaum so blöd gewesen und hätte das Rauschgift aus dem Kofferraum seines Motorrads geholt.«

»Rauschgift?«

»Ich hatte da so einen Verdacht, ich bin aus beruflichen Gründen manchmal ziemlich neugierig.«

Nicht nur manchmal, finde ich, behalte diesen Gedanken aber für mich. Mein Mann scheint da offenbar sowieso anderer Ansicht zu sein.

Sie fährt fort: »Er schaute sich mehrmals auffällig um, wie um sicherzugehen, dass ihn keiner beobachtete. Das kam mir faul vor. Mich hat er ja zum Glück nicht gesehen. Na ja, und dass die beiden Typen, mit denen er anschließend in eine Kneipe ging, auf Droge waren, war unschwer zu erkennen, vor allem, wenn man wie ich schon in dieser Szene recherchiert hat. Die zogen dauernd ihre Nase hoch und wirkten ausgesprochen fahrig. Da habe ich kurzerhand die Polizei angerufen und denen einen Tipp gegeben.«

»Anonym?« Nun bin ich es, die fragt.

»Nein, nicht anonym. Die baten mich, in sicherer Entfernung zu warten und zu beobachten, ob die verdächtigen Personen die Kneipe vielleicht zwischenzeitlich wieder verlassen.« Sie mustert mich. »Lust auf ein Eis? Ich könnte jetzt eines gebrauchen.«

Norbert schnauft tief durch. »Und das war wirklich ungefährlich für Sie?«

Marja lacht. »Echt jetzt, da können Sie ganz beruhigt sein. Ich hatte alles im Griff.«

»Sie sind ja eine richtige Heldin!«

Stolz wie ein Pfau schreitet Norbert neben ihr zur Eisdiele und bezahlt ihren Becher mit. Da ich eben schon ein Eis hatte, fragt er mich erst gar nicht, ob ich auch noch eines möchte. Offensichtlich ist er in Sorge um meine Linie. Dabei ist er es doch, der unsere Waage an die Grenze ihrer Belastbarkeit bringt.

Was für ein Tag! Erst haben wir Burg Frankenstein besichtigt, dann habe ich zweimal einen Brautstrauß ergattert und schließlich hat Marja die Polizei auf einen Dealer angesetzt. So viel erlebe sich sonst in einem ganzen Jahr nicht! Für heute reicht es mir jedenfalls, ich will jetzt in das bequeme Bett in unserer Unterkunft und vielleicht davor ein Gläschen von Ednas selbst gemachtem Birnenlikör trinken, ein ganz kleines Gläschen, zum Absacken. Darüber nachdenken, was ich von Marja halten soll, will ich heute nicht mehr. Mein nervliches Limit ist erreicht. Ich sehne mich nach Ruhe.

Am Auto angekommen, setzt Norbert sich nach hinten. Hat er sich urplötzlich auf gute Manieren besonnen und lässt mich vorne sitzen? Doch meine Hoffnung auf seine Einsicht schwindet, kurz nachdem Marja den Motor gestartet hat. Von der Rückbank sind eindeutige Raschelgeräusche zu vernehmen und offenbaren seine wahren Beweggründe für den Wechsel nach hinten: Norbert macht sich über den Proviant her, den Edna uns mitgegeben hat. Und ich überlege nun doch wieder, weshalb Marja sich dafür interessiert, ob Norbert schon mal hier in der Gegend war. Ich hatte den Eindruck, sie hat meinen Antworten nicht geglaubt. Bei dem Motorradfahrer lag sie mit ihrer Intuition richtig. Was verrät ihr ihr Bauchgefühl wohl über Norbert? Das wüsste ich gerne. Aber sie redet ja nur um den heißen Brei herum, keinen Klartext. Ob sie mich nun in Ruhe lässt mit ihrer Neugierde, auf die ich mir keinen Reim machen kann? Sie wird ohnehin keine Gelegenheit mehr haben, mich weiter auszufragen, denn wir reisen morgen schon weiter. Schließlich gilt es für uns, zusätzliche Orte an der Bergstraße zu entdecken. Ob ich froh bin, dass ich sie nicht wiedersehen muss? Ich weiß es ehrlich gesagt nicht. Einerseits scheint sie eine aufgeweckte Frau mit Courage zu sein, andererseits hat sie offensichtlich Geheimnisse. Sie spielt definitiv nicht mit offenen Karten, und das ist etwas, das ich nicht leiden kann. Jeder will schließlich wissen, woran er mit seinem Gegenüber ist. Irgendwie ist ihr Verhalten für mich schwer einzuordnen. Wenn sie etwas auf der Spur ist, was mit uns in Zusammenhang steht – worauf ihre Fragerei immerhin hindeutet –, warum sagt sie es nicht einfach klipp und klar? Weshalb legt sie ihre Karten nicht offen auf den Tisch? Was verbirgt sie? Selbst Edna weiß nicht, wie diese Frau einzuschätzen ist. Muss ich mir womöglich Sorgen machen? Wie viele Gesichter hat diese Frau?

FREIZEITTIPPS:

8 Mary Shelley; die Begegnung der kleinen Gesellschaft am Genfer See ist historisch belegt. »Frankenstein oder der moderne Prometheus« wird bis heute immer wieder neu aufgelegt. Mary Shelleys Roman ist nicht nur ein »Schauerroman«, sondern auch ein Wissenschaftsroman und zugleich Science-Fiction. Das Ehepaar Shelley interessierte sich sehr für die wissenschaftlichen Forschungen ihrer Zeit. So wurde etwa an Universitäten versucht, mithilfe von Stromstößen Tote wieder zum Leben zu erwecken. Das von Frankenstein im Roman erschaffene Wesen entwickelt ein ungeplantes, nicht steuerbares Eigenleben. Diese Wissenschaftskritik ist auf aktuelle Forschungen im Bereich der künstlichen Intelligenz übertragbar – 200 Jahre nach Entstehen des Romans.
Mary Shelley war die Tochter der Schriftstellerin und Frauenrechtlerin Mary Wollstonecraft. Wer sich für sie interessiert, dem sei eine der Biografien über dieses ungewöhnliche Frauenleben im frühen 19. Jahrhundert empfohlen.

9 Burg Frankenstein; zu der Anlage gelangt man über verschiedene Wege. In unmittelbarer Nähe befindet sich ein Parkplatz, der vor allem am Wochenende sehr begehrt ist. Man kann aber auch über die »Himmelsleiter« oder auf dem »Herrenweg«, einem Waldweg, zu Fuß zur Burg wandern. Beide Wege beginnen an der Bushaltestelle »Frankenberger Mühle«. Burg Frankenstein liegt in der Nähe zur Hessischen Bergstraße, unweit von Darmstadt-Eberstadt. Ob Mary Shelley auf der Burg war, ist nicht belegbar. Dass sie auf ihrer Reise längs des Rheins daran vorbeigereist ist, ist schon eher wahrscheinlich. Und vielleicht ist ihr dabei der Name der Burg zu Ohren gekommen – auch dies ist eine schöne Geschichte, die leider nicht historisch nachzuweisen ist. Erbaut wurde Burg Frankenstein im 13. Jahrhundert, heute sind nur noch Reste davon erhalten. Am Torturm ist über dem Tor noch die Führung für die Kette der Zugbrücke zu erkennen, auch wenn man längst über einen gepflasterten Weg das Gelände der Kernburg betritt. Deren Turm wurde ebenso wie der Torturm Mitte des 19. Jahrhunderts aufgestockt.

10 Kapelle; die Kapelle auf der Burg Frankenstein wurde im 19. Jahrhundert erneuert. Das reizende kleine Gotteshaus ist ein regelrechtes Schmuckstück. In ihr kann man sogar heiraten: Die Gemeinde Mühltal unterhält hier eine »Außenstelle« ihres Standesamtes. Wer lediglich standesamtlich heiraten, aber trotzdem ein wenig kirchliches Flair haben will, findet hier in der Kapelle eine Alternative.

11 Restaurant Burg Frankenstein; vom Restaurant und von der Terrasse auf Burg Frankenstein aus hat man einen wunderbar weiten Blick auf die Ebene. Hier kann man sich verwöhnen lassen und dabei die tolle Aussicht genießen. Es finden auch spezielle Events wie Dinner-Theater statt. Informationen sind auf der Website www.frankenstein-restaurant.de zu finden.

12 Melibokus; mit seinen 517 Metern ist er die höchste Erhebung an der südhessischen Bergstraße. Er befindet sich in der Nähe von Zwingenberg und ist gekrönt von einem Aussichtsturm.

13 Kulturinsel Gernsheim; nicht weit von Zwingenberg, nämlich in Gernsheim am Rhein, betreibt Christine Knöbel mit viel Engagement die Kulturinsel Gernsheim am Rhein. Die Kleinkunstbühne ist mit viel Liebe zum Detail eingerichtet. Neben Events wie Lesungen, solchen kulinarischer Art und internationalen Festen werden auch mit großem Erfolg Weinforen durchgeführt, in deren Rahmen Winzer die Möglichkeit haben, sich und ihre Produkte vorzustellen. Kulturinsel Gernsheim, Zwingenberger Straße 1, 64579 Gernsheim.

14 Bergkirche; sie ist weithin sichtbar und wurde Mitte des 13. Jahrhunderts erbaut. Bereits zur Frühzeit der Reformation wirkte hier ein protestantischer Pfarrer – seither ist sie die Kirche der evangelischen Gemeinde Zwingenbergs. Sie zählt zu den ältesten noch erhaltenen Bauwerken der Stadt und erhebt sich in bestechender Schlichtheit über den Fachwerkhäusern der Altstadt.

15 Marktplatz; hier steht ein von Bänken umringter Brunnen, an dem es sich schön verweilen lässt und von wo aus man die schönen Fassaden der Fachwerkhäuser in Ruhe bewundern kann. Ebenso lässt es sich gut in den bestuhlten Außenbereichen der Restaurants und Cafés Platz nehmen, wo man neben Getränken und Speisen das historische Ambiente genießen kann.

16 Alte Apotheke; sie liegt am Zwingenberger Marktplatz Nummer 13 und wurde 1786 errichtet. Wilhelm Büchner absolvierte hier seine Apothekerlehre und wurde von seinem Bruder, dem Schriftsteller und Revolutionär Georg Büchner besucht.

17 Georg Büchner; nach dem bekannten Dichter des Vormärz ist auch der Georg-Büchner-Preis benannt, einer der bedeutendsten Literarischen Preise in Deutschland. Er wird von der Deutschen Akademie für Sprache und Dichtung vergeben. Büchner wurde in Goddelau, einem heutigen Stadtteil von Riedstadt, geboren und ging in Darmstadt zur Schule. In seinem Geburtshaus ist heute ein Kulturzentrum mit Literaturmuseum untergebracht.

18 Heimatmuseum; in der Zwingenberger Scheuergasse gelegen, gibt es Einblicke in traditionelle Handwerksberufe, stellt altes Brauchtum vor und hält damit die Erinnerung an Vergangenes wach. www.geschichtsverein-zwingenberg.de

KRIEMHILDS ERBE (LORSCH)

Durch die geschlossene Haustür drang Musik. Als die Tür sich öffnete, gab sie den Blick frei auf eine stattliche Frau, deren Haar lose bis zu ihrem Rockbund hing. In kerzengerader Haltung fixierte sie das Paar, das vor ihr stand, mit einer gewissen Aufmerksamkeit.

»Ah, Sie sind schon da. Augenblick, ich drehe die Musik leiser.« Sie schwebte davon, wobei sie die Tür offen stehen ließ.

»Was sind das denn für Töne? Das ist ja grässlich laut.« Norbert verzog das Gesicht. Er war es, der auf die Klingel neben dem Schild »K. Berger« gedrückt hatte.

»Sie geht doch schon, es leiser zu stellen.« Edelgard bemühte sich, Ruhe zu bewahren. Als gelegentliche Opernhaus-Besucherin hatte sie das Stück sofort erkannt. Es stammte von dem Komponisten, den König Ludwig II. von Bayern so großzügig unterstützt hatte. Was den nicht grade zu überschäumender Dankbarkeit verpflichtete. Diese Geschichte wiederum war ihr aus ihrem letzten Volkshochschulkurs geläufig. Natürlich verbot sich in diesem Zusammenhang das Wort »grässlich«, wenngleich ihr Mann es auf die Lautstärke bezogen hatte. Norbert hatte keine Ahnung von Kultur. Alleine, welche Prominenz nach Bayreuth zu den Festspielen strömte, zeugte doch schon davon, dass hier Hochkultur zugange war! Norbert zeigte mal wieder gänzlich ungeniert, wie wenig er sich in solchen Belangen auskannte.

»Ich wäre gerne in der Unterkunft bei Edna geblieben«, flüsterte er seiner Ehefrau Edelgard zu.

»Gebucht ist gebucht. Du warst es doch, der an mehreren Stationen übernachten wollte«, gab Edelgard zurück. Wohl wissend, dass es wohl eher Marja war, deren Abwesenheit von ihrem Ehegefährten bedauert wurde. Dass er sich zum Abschied ihre Visitenkarte hatte geben lassen, hatte sie natürlich mitbekommen. Sie selbst war froh darüber, die Ferienunterkunft zu wechseln, kam ihr doch diese Journalistin einen Tick zu neugierig vor. Und für ihr merkwürdiges Interesse an ihrem Mann hatte sie schon überhaupt keine Erklärung. Jedenfalls hatte die Frau sie in ihren Plänen gestört, diese Reise als Witwe zu beenden. Sie war immer noch fest dazu entschlossen, auf einer ihrer Stationen einen Unfall herbeizuführen, der sie alleine nach Hause zurückkehren ließ. Da konnte sie niemanden gebrauchen, der neugierig an ihrer Seite klebte.

Ihre Koffer standen auf dem Gehweg, dort, wo der Taxifahrer sie abgestellt hatte. »Norbert, unsere Koffer?«

Missgelaunt packte er den kleineren der beiden. »In einem Hotel wird einem das Gepäck aufs Zimmer gebracht. Aber du hast ja diesen Spleen mit den Ferienwohnungen!«

Edeltraud packte geschwind nach dem Griff des anderen Koffers und fuhr ihrem Mann mit einer der Rollen an die Ferse, da sie sich über seine Bemerkung geärgert hatte.

»Verflixt!« Er ließ seinen Koffer fallen, der daraufhin haarscharf neben dem Fuß seiner Frau zu Boden polterte. »Eeedelgard! Kannst du denn nicht besser aufpassen? Du ruinierst meine Schuhe!« Über dem Rand seiner braunen Lederschuhe mit dem Lochmuster lugten handgestrickte Socken hervor. Die beigefarbene Breitcordhose war in letzter Zeit ein wenig zu kurz geworden, da Norbert sie am Bauch und an den Oberschenkeln in ihrer gesamten Breite beanspruchte, wodurch das elastische Gewebe nach oben gezogen wurde.

Mit einem breiten Lächeln, das ihre makellosen Zähne zeigte, kam die Hausherrin zurück. Die Musik war nun kaum mehr wahrzunehmen. Sie war nur noch ein sanfter Hauch, der aus dem Inneren des Hauses strich und die Besucher angenehm umfing. Ein leicht süßlicher Geruch wie von Räucherstäbchen hing in der Luft. »Kommen Sie nur herein, ihr Zimmer ist schon fertig. Ich habe Sie ja bereits erwartet.«

Ihr Chiffon-Rock schwang beim Gehen leicht mit, was ihrer fülligen Gestalt eine gewisse Anmut verlieh. Sie war deutlich größer als Edelgard, sogar Norbert überragte sie um einiges.

Frau Berger, wie sie offenbar hieß – denn dieser Name stand nicht nur auf der Buchungsbestätigung, sondern außerdem neben der Klingel –, schritt voraus über einen langen Flur, von dem mehrere Zimmer abgingen. Vor der letzten Tür hielt sie inne, drückte die Klinke hinunter und stieß sie auf. »Bitte sehr. Herzlich willkommen. Das Badezimmer befindet sich hinter der Tür nebenan.« Und schon war sie entschwunden. Obwohl »entschwebt« besser zu ihrer unaufdringlichen Gangart gepasst hätte.

Norbert drängte sich an Edelgard vorbei in den Raum. »Das ist ja nur ein einzelnes Zimmer, Edelgard! Da hätten wir ja genauso gut in ein Hotel gehen können. Wo willst du denn hier bitte schön für mich kochen?«

Doch als Edelgard gleichfalls den Raum betreten und hinter sich die Tür geschlossen hatte, entdeckten sie den kleinen Zwei-Platten-Herd. Er stand auf einem fragilen Nierentischchen aus dunklem Holz im Stil der 50er-Jahre. Wobei das deutlich jüngeren Datums war als der Rest des Mobiliars.

»Mit den angepriesenen Kochmöglichkeit. Darunter hatte ich mir allerdings etwas anderes vorgestellt. Was soll ich denn hier zubereiten? Und wo sind überhaupt Töpfe und Geschirr?« Ihr Blick durchstreifte mit einiger Verwunderung den Raum. »Sind wir hier in einem Museum gelandet?«

Ein Ungetüm von einem Bett in Dunkelbraun mit gigantischen Ausmaßen beanspruchte einen Großteil des zur Verfügung stehenden Platzes. In die Ecke gequetscht stand ein schmaler Schrank, dessen abgeblätterte Lackierung eine ältere durchscheinen ließ. Als Lichtspender war offenbar die altertümliche Lampe gedacht, die von der Decke baumelte. Von einer der drei Glasschalen, die auf einem Messinggestell ruhten, fehlte ein beträchtliches Stück. Die Tapeten erweckten einen samtenen Eindruck, sodass die Wände wie mit Stoff bespannt wirkten.

Edelgards kleine Härchen auf ihrem Unterarm stellten sich auf, als sie die Bettumrandung aus cremefarbenen Hirtenteppichen wahrnahm. Hoffentlich wohnte da nichts kleines Mehrbeiniges drin, dachte sie, denn sie verabscheute Ungeziefer aus tiefstem Herzen.

Entschlossen trat Edelgard auf den Flur und öffnete die Tür, hinter der das Bad sein sollte. Ein fleckiger Vorhang sollte vorsorglich das überschwemmungsfreie Duschen in der Badewanne ermöglichen. Auf den ersten Blick wirkte die Wanne schmutzig, doch beim näheren Hinsehen entdeckte sie ein schlieriges graues Muster in dem schadhaften beigefarbenen Emaille. Auf der Ablage über dem Waschbecken, das im selben Muster gehalten war, standen ein Becher mit einer Zahnbürste sowie einige Schminkutensilien. Edelgard hielt für einen Moment die Luft an. War das Ganze hier lediglich mit Bad*benutzung*? Sie durften sich mit Frau Berger die Wanne teilen?

Sie ließ kaltes Wasser aus dem Hahn laufen und benetzte damit ihre Stirn. Das war hier alles mehr als etwas eigentümlich. »Besonderes Ambiente« hatte in der Beschreibung gestanden. Gut, das traf ja schon irgendwie zu, obgleich in anderer Weise, als sie sich das ausgemalt hatte. Nicht, dass sie besonders große Ansprüche gestellt hätte. Wer tat das schon an ihrer Stelle, als Ehepartnerin eines sparsamen Finanzbeamten? Noch dazu, wenn man nicht, wie manch andere, mit viel Geld im Hintergrund aufgewachsen war. Aber das hier ging nun doch entschieden zu weit.

Unter der Decke hing ein Wasserkasten, von dem ein Rohr zum Klosett führte. Von dem Wasserkasten baumelte eine metallene Kette, an der ein Porzellangriff hing. Edelgard nahm sich vor, an diesem Griff im Bedarfsfall erst dann zu ziehen, wenn sie ihn sorgfältig mit Toilettenpapier umwickelt hatte.

Nun kam ihr schlagartig ein Verdacht, weshalb diese Unterkunft im Internet über keine einzige Bewertung verfügte. Hatte Frau Berger die etwa alle löschen lassen? Dann mussten sie heftig gewesen sein – hatte sie die Bewertungen als Beleidigungen deklariert? Waren die deshalb weg? Jedenfalls hatten die Fotos der Unterkunft in dem Onlineportal, über das sie gebucht hatte, wenig mit der Realität zu tun. Während sie nachdachte, huschte ein Silberfisch über den gefliesten Boden. Edelgard straffte sich. Es gab hier also Haustiere. Sie fragte sich, welche weiteren Überraschungen sie wohl erwarteten.

Kurz darauf klopfte es an ihrer Tür, die wenig später aufging. »Ich habe mir erlaubt, zu Ihrer Begrüßung einen kleinen Imbiss zuzubereiten.«

Erst jetzt bemerkte Edelgard den elfenbeinenen Schmuck an Frau Bergers Ohren in Form von Rosen. Gab es das heute noch irgendwo zu kaufen? Sie dachte an die Reportage, die sie gesehen hatte, über tote Elefanten mit Löchern an den großen Köpfen, wo Wilderer ihnen die Stoßzähne herausgestemmt hatten.

»Sie können mir sogleich folgen, es ist jetzt angerichtet. Bitte sehr.«

Bei aller Freundlichkeit verfügte die Dame doch über eine Bestimmtheit, die keine Widerworte gestattete.

Norbert nickte Edelgard zu, und so folgten sie ihr über den langen Flur in einen großen Raum.

»Ich habe im Salon für uns gedeckt.«

Wobei dieser Begriff ein Zimmer umschrieb, der die beiden Gäste nun wirklich staunen ließ. Um einen großen Tisch in der Mitte des vielleicht 50 Quadratmeter großen Raumes waren acht Stühle mit hohen Lehnen gruppiert, die mindestens drei verschiedenen Stilrichtungen zuzuordnen waren. Allerdings war ihnen etwas gemeinsam, denn die mit Stoff bezogenen Sitzflächen waren alle ziemlich abgewetzt. Die beiden brauchten eine Weile, um sämtliche Gegenstände in dem Raum wahrzunehmen, denn die dicken Stores vor den Fenstern ließen nicht allzu viel Licht herein. An der einen Wand stand ein raumhohes Büfett, das reich mit Schnitzereien verziert war. Auf einem großen Kasten trugen vier geschnitzte Frauenfiguren mit wallendem Haar einen zierlichen Aufsatz mit Glasfenstern. An den Wänden hingen Bilder des Komponisten und seiner Familie, dessen Musik weiterhin als Hintergrunduntermalung lief.

»Setzen Sie sich doch, bitte.«

Zu ihrer Überraschung nahm Edelgard ein Löwenfell wahr, das in einer Ecke auf dem Boden lag. Sie rümpfte die Nase. Ob der strenge Geruch da herrührte? Wie lange war hier schon nicht mehr gelüftet worden? Sie hätte gerne ein Fenster geöffnet, getraute sich aber nicht, darum zu bitten.

Norbert saß bereits und griff schon nach einer der kleinen Pasteten, die auf einem silberfarbenen Tablett lagen, dessen Rand angelaufen war.

»Nehmen Sie Tee zum Mahl?«

»Ehrlich gesagt, wenn Sie ein Bier hätten, wäre ich ganz froh.«

»Bier.« Frau Berger blickte ihn an, als ob sie ihn zum ersten Mal wahrnähme. »Wein kann ich Ihnen anbieten. Oder Hahnenwasser. Ich habe kein Bier im Haus.«

»Oh ja, für mich bitte Wein.« Edelgard lächelte ihr zu.

Als sie den hellen Wein gebracht und eingegossen hatte, hätte Norbert ihn nach dem ersten Schluck beinahe ausgespuckt. Denn er war nicht nur warm, sondern zugleich süß. Er würgte ihn hinunter und nahm sich von dem Wasser, das auf dem Tisch stand.

»Sehr besonders haben Sie es hier.« Edelgard versuchte sich wacker in Konversation. Sie hatte vorsorglich an ihrem Weinglas lediglich genippt.

»Das ist jetzt aber schon komisch, wirklich! Denn das finden alle Gäste.«

Edelgard hätte gerne gefragt, ob es denn Stammgäste in diesem merkwürdigen Haus gäbe, verkniff sich aber die Frage. Sie selbst würde sicher kein zweites Mal hierherkommen. Und auf der Bed-and-Breakfast-Seite im Internet würde sie einen ehrlichen Kommentar hinterlassen. Hier fehlten lediglich dicke Spinnweben und altersschwache Achtbeiner! Bei genauerem Hinsehen hatte sie Löcher in dem alten Teppich bemerkt, auf dem die Stühle standen. Hoffentlich stammten die nicht von Textilmotten! Nicht auszudenken, wenn die Tiere sich in ihre Koffer verirrten und sie auf diesem Wege mit zu ihnen nach Hause kämen.

Frau Berger hob eine zweite Platte und hielt sie Edelgard hin. »Möchten Sie ebenfalls?«

Neben aufgeschnittenen gekochten Eiern mit einem Tupfer Mayonnaise und einer Kaper als Krönung gab es kleine mit Schinken belegte Brotscheiben sowie Würfel vom Emmentaler.

Edelgard griff mit spitzen Fingern nach zwei Schinken-Schnittchen. Die beiden Platten erinnerten sie an die Geburtstage bei Großtante Edelgard. In ihrer Kindheit hatte sie gemeinsam mit den Schwestern ihre Mutter dahin begleiten müssen. Bei der hatte es jedoch zusätzlich immer selbst gebastelte Party-Igel gegeben. Dazu hatte sie einen Kohlkopf mit Spießen bestückt, mit denen sie zuvor Käsewürfel im Wechsel mit Weintrauben durchbohrt hatte. Edelgard blickte sich um, konnte aber keinen Kohlkopf in Frau Bergers Ambiente entdecken, obwohl es im Salon durchaus danach roch. Dafür bemerkte sie ein Regal, in dem eine Reihe von schmalen Büchern stand.

Frau Berger war ihrem Blick gefolgt. »Sie interessieren sich für Literatur? Wir haben sogar eine Buchmesse [19] in der Nähe, im Ried.«

»Krimis. Alles mit Mord und Totschlag«, steuerte Norbert zwischen zwei Häppchen zur Unterhaltung bei. »Eine Buchhandlung im Ried [20] reicht meiner Gattin völlig.«

»Nun gut, um Mord geht es im weitesten Sinne, wenn Sie so wollen, in diesen Schriften außerdem. Sie erhob sich, ging zu den Büchern und strich mit einer zärtlichen Geste darüber. »Das sind alles verschiedene Ausgaben des Nibelungenliedes [21]. Ich sammle sie.«

»Die alte germanische Sage?« Norbert prahlte mit seinem Schulwissen.

Frau Berger verneinte mit einem angedeuteten Kopfschütteln. »Das Nibelungenlied wurde um 1200 herum vermutlich in Passau aufgeschrieben. Also im Hochmittelalter.«

»Passau, das ist doch diese Dreiflüssestadt? Wollten wir dort nicht mal hinfahren, Edelgard? Aber nur, wenn grade kein Hochwasser ist. Wenn ich nach Venedig will, fahre ich schließlich nach Italien.« Er gluckste derart vergnügt über seinen Scherz, dass sein Bauch wackelte.

»Lass doch Frau Berger weitererzählen, Norbert.«

Norbert griff nach dem Weinglas und nippte daran. Gleich darauf nahm er einen kräftigen Schluck von dem Mineralwasser. »Frau Berger, haben Sie vielleicht einen Schnaps?«

Ohne auf ihn einzugehen, fuhr die fort. »Die Sage, die von dem Nibelungenlied aufgegriffen wird, ist jedoch viel älter.«

»Es geht um das Reich der Burgunder.« Edelgard rief rudimentäre Erinnerungsstücke an den lange zurückliegenden Schulunterricht ab.

»Ich stamme ja eigentlich aus Worms. Das liegt auf der anderen Seite des Rheins. Meine Eltern haben dort bis zu ihrem Tod gewohnt.«

Edelgard zuckte leicht zusammen, als sie das Wort »Tod« vernahm. »Aber das mit den Burgundern, das war doch vor über 1.500 Jahren?«

Frau Berger lächelte nachsichtig. »In Worms befand sich damals ein Königshof. Es gibt wenige Handschriften der alten Sage, ich habe neben dem Nibelungenlied zusätzlich davon Faksimiles erworben. Diese Nachdrucke sind wenigstens bezahlbar.«

»Haben die sich nicht alle gegenseitig umgebracht? Und die beiden Frauen, die Kriemhild und die Brunhild, haben sich fürchterlich gestritten. Das war doch in Worms?« Norbert wollte nun zeigen, was er aus seiner lange zurückliegenden Schulzeit wusste.

»Kriemhilds Mann Siegfried wurde im Odenwald von Hagen erschlagen. Darüber war sie sehr in Trauer.«

»Und dieser Schatz! Der Schatz der Nibelungen. Den hat man nie gefunden!«

»Der wurde in den Rhein geworfen.«

»Aber da müsste man ihn doch finden können? Mit Metalldetektoren.«

»Der Rhein wurde zu Beginn des 19. Jahrhunderts begradigt.« Sie blickte vielsagend. »Die Flussmäander erschwerten die Schifffahrt. Durch die Begradigung entstand das Ried.«

»Hier, wo Sie jetzt wohnen.«

»Sie müssen wissen, dass ich mich in meiner Jugend oft gefragt habe, was anders ist mit mir. Die übrigen Mädchen interessierten sich für Nagellacke und für die Länge ihrer Röcke. Mir war so etwas immer schon egal. Ich hegte von früher Jugend an eine Vorliebe für zeitlose Kleidung.«

Edelgard schaute ihren Mann an. Diese Aussage traf ebenso auf ihn zu. Andererseits stellte sie sich die Frage, in welcher Zeit Frau Berger wohl aufgewachsen war. Im Haus war alles derart abgedunkelt, dass sie in ihrem Gesicht nicht nach Anzeichen forschen konnte, die Aufschluss über ihr Alter gaben. Andererseits hielt diese Frau sich sensationell gerade, was Edelgard als Indiz dafür ansah, dass sie nicht so alt war, wie man aufgrund der Einrichtung hätte vermuten können. Demnach hätte die Hausherrin an die 90 sein und den Krempel außerdem von ihren Großeltern geerbt haben müssen.

»Meine Mutter hieß Ute. Dabei habe ich mir als Kind natürlich nichts gedacht. Später jedoch ist mir immer mehr bewusst geworden, schon einmal gelebt zu haben. Es gab da ein Ereignis, das mir diese Erkenntnis brachte. Plötzlich verstand ich mein ganzes bisheriges Leben und meine Einsamkeit während der Pubertät.«

Edelgard schwieg betroffen. Norbert angelte sich ein weiteres Häppchen. Es war ganz still im Raum. Nichts war mehr zu hören. Die schweren Brokatvorhänge neben den dichten Stores schienen jeglichen Laut von außen abzuschirmen.

»Die Platte hängt. Sie entschuldigen mich.«

»Platte? Die hört Platten!« Norbert neigte sich seiner Frau zu. »Und sie hat schon mal gelebt? Die ist nicht ganz dicht, oder?«

Doch da kam Frau Berger schon wieder zurück und er verstummte sofort. Sie stellte ein Glas mit milchigem Inhalt auf den Tisch. Im Hintergrund war nun wieder die Musik zu hören. »Ich habe viel Zeit in Archiven verbracht. Dieses Haus hier, das meinem verstorbenen Gemahl gehörte, steht auf einer Verlandung.« Sie machte eine bedeutungsvolle Pause. »Verstehen Sie, hier floss früher der Rhein. Und ich heiße Kriemhild.«

Edelgard und Norbert verstanden gar nichts. Das mussten wohl auch ihre ratlosen Gesichter verraten, denn Frau Berger fühlte sich nun offenbar bemüßigt, den beiden etwas mehr auf die gedanklichen Sprünge zu helfen. Mit fester Stimme fuhr sie fort: »Hagen entwendete Kriemhild den Schatz der Nibelungen und warf ihn bei Worms in den Rhein.«

»Das ist bekannt, ja.« Norbert schnappte sich, von der Geschichte gänzlich ungerührt, ein Käsehäppchen.

»Das war genau an dieser Stelle. Das Haus steht auf dem Schatz. Und ich bin seine Hüterin. In mir wurde Kriemhild wiedergeboren. Seit mein Gemahl tot ist, war ich keinem Manne mehr zu eigen.«

Edelgard hüstelte, ihre Wangen röteten sich. Denn das war deutlich mehr, als sie wissen wollte, immerhin war sie in den prüden 70ern aufgewachsen. Nun ja, vielleicht waren die nicht überall prüde gewesen. In Edelgards Elternhaus jedoch durchaus. Zumindest beinhaltete ihre Erziehung das Tabu, mit anderen Menschen über das eigene Sexualleben zu reden, mit Wildfremden schon gleich gar.

»Ja, dann«, Norbert griff ungerührt nach seinem Glas, »zum Wohle unserer Gastgeberin.«

Männer haben eine ganz eigene Art, ihnen Unangenehmes zu überspielen, dachte Edelgard. Sie wunderte sich, weshalb Frau Berger nicht aus dem Glas trank, welches vor ihr stand.

»Der Schatz liegt in der Erde. Genau unter dem Tisch.«

Unwillkürlich rückte Edelgard nach hinten, so, als ob sie sich gleich bücken wollte, um nachzusehen.

»Im Keller befindet sich ein Erdloch aus früheren Zeiten, als es keine Kühlschränke gab. In so etwas wurden Lebensmittel aufbewahrt. Ich bin mir sicher, dass dort der Nibelungenhort verborgen liegt. Ich habe immer gewusst, dass der Schatz auf dem Grundstück liegt. Aber vor vier Wochen hatte ich einen Traum. Und in dem sah ich den Liegeort ganz genau.«

Edelgard hatte nur eine ungefähre Vorstellung davon, wie lange die Verbreitung des Kühlschrankes in deutschen Haushalten zurücklag. Zu Zeiten der Kindheit ihrer Mutter hatte deren Nachbar für sein Gasthaus, das er betrieben hatte, Eisblöcke in Stangenform zur Kühlung des Biervorrates von der Brauerei erhalten. Das Bier lagerte im Keller auf dem Eis und wurde so gekühlt. Ihre Mutter konnte heute noch davon erzählen, wie sie als Kinder Bröckchen von dem Eis abbrachen und lutschten.

Als ihr eigener Kühlschrank kürzlich ausgefallen war, kam dies für Norbert einer Katastrophe gleich, weil es an diesem Abend kein kaltes Bier für ihn gab. So wie heute, wo er ebenfalls keines bekommen hatte. Edelgard musterte ihn von der Seite. Ob er ohne sein Leib- und Magengetränk kollabieren würde? Vielleicht erst später in ihrem Zimmer? Wenn sie sich ordentlich Zeit ließ, den Notarzt zu rufen, käme sie womöglich schon heute an ihr Ziel, ihn loszuwerden. Sie lächelte versonnen bei diesem Gedanken.

»Haben Sie denn schon mal danach graben lassen?«, fragte Norbert die Hausherrin, ganz Pragmatiker, der er war.

»Wozu?«, gab die erstaunt zurück. »Ich *weiß* es doch, dass ich den Nibelungenschatz hüte. Und ich werde ihn gewiss nicht ausgraben. Er bleibt da liegen, wo ist er ist. Ihn zu hüten, ist meine Aufgabe.«

»Ihr Glas?« Edelgard reichte es an Frau Berger, als die sich anschickte, den Tisch abzuräumen.

»Nein, nein, das bleibt hier stehen. Ich werde ein wenig Musik hören, wenn Sie sich zurückgezogen haben.«

In dem Glas hatten sich Inhaltsstoffe abgesetzt. Die Flüssigkeit war unten dichter und nun völlig weiß.

»Das ist ein aufgelöstes Schmerzmittel. Ich habe leider eine Neigung zu Kopfschmerzen.«

»Wollen Sie es denn nicht trinken?«

Frau Berger lächelte milde wie über die unsinnige Bemerkung eines Unwissenden. »Das muss ich doch nicht trinken, Frau Buchmann. Es reicht völlig aus, wenn das Glas auf dem Tisch steht. Die Moleküle sind in Bewegung, so wie alles um uns herum immerzu in Bewegung ist. Die meisten Menschen«, ihr Lächeln vertiefte sich, »sind nicht mehr in der Lage, dies wahrzunehmen. Aber wenn man dafür offen ist, sich auf die Schwingungen einlässt, ist man durchaus fähig, neue Tiefen des Daseins zu erfahren. Insofern ist es eine Art von Selbstbeschneidung und Selbstverhinderung, auf dieses Wissen zu verzichten.«

»Aber wie …«

»Wie mir das Mittel hilft?« Frau Berger stellte die leeren Teller auf ein Tablett, das sie unter dem Tisch hervorzauberte. »Das liegt doch auf der Hand! Durch die Schwingungen der

Moleküle. Ich bin hochsensitiv und spüre sie selbstverständlich.« Sie griff mit der linken Hand an ihre Schläfe und strich darüber. »Ich verspüre bereits die Wirkung. Bis ich mich zu Bette begebe, ist der Schmerz verklungen.«

»Sollen wir ein Fenster aufmachen? Mir hilft meist frische Luft gegen leichte Kopfschmerzen.«

Edelgard blickte Norbert strafend an. Wie konnte er derart unhöflich sein?

Aber Frau Berger schien den Einwand nicht beleidigend zu empfinden. Eine Milde lag in ihrem Blick, denn sie sprach zu einem Unwissenden, einem, der nicht in ihre Art von Bildung eingeweiht war. Dem der Zugang zur Selbstheilung verwehrt war. Weil er nicht, so wie sie, im Einklang mit den Elementen ihrer Umgebung lebte. »Das geht doch nicht. Damit würde ich den Gleichklang der Schwingungen im Raum vollends verwirbeln. Ich habe diesen Raum so belassen, wie er an dem Tag war, als mein Gemahl von mir ging. Sein Geist hat seinen Körper verlassen, als er auf dem Stuhl saß, auf dem Sie Platz genommen haben. Sein Geist ist immer noch hier. Den würde ich nimmermehr durch ein offenes Fenster entlassen.«

Norbert erhob sich eilig.

Der Schlaf wollte nicht zu Edelgard kommen. Lag es an dem ungewohnten süßen Wein? Dabei hatte sie doch nur ein Glas davon gehabt. Oder lag es vielmehr an der Tatsache, dass sie hier bei einer offenbar Verrückten wohnten? Sogleich, als sie in ihrem Zimmer waren, hatte Norbert das Fenster weit aufgerissen und sich tief atmend davorgestellt.

»Sie ist etwas seltsam, findest du nicht?«, fragte er, während er sein Hemd aufknöpfte. »Vielleicht hat sie ihren Mann so sehr geliebt, dass sie auf keine andere Weise mit seinem Tod umzugehen weiß.«

Edelgard gab ihm keine Antwort. Sie jedenfalls würde neu aufblühen, wenn Norbert das Zeitliche segnete, und keinesfalls in ungelüfteten Räumen irgendein imaginäres Erbe hüten.

Sie wälzte sich hin und her, während Norbert trotz des fehlenden Schlummertrunkes aus Hopfen rasch in den Schlaf gefunden hatte. Edelgard grinste, als ihr einfiel, dass dieser oft der kleine Bruder des Todes genannt wurde. Wie wäre es, wenn der große Bruder ihn stattdessen heute Nacht ereilte? Spontan hielt sie Norbert mit zwei Fingern die Nase zu. Das war kein guter Einfall, denn der schnappte sofort mit offenem Mund nach ihrer Hand. Seine Reflexe schienen also selbst im Schlaf zu funktionieren.

Als sie morgens aufwachte, stellte sie fest, dass sie offenbar doch irgendwann eingeschlafen sein musste. Diffus erinnerte sie sich an seltsame Träume von großen imposanten Königinnen mit dicken Zöpfen und Helden, denen ein Blatt auf der Schulter klebte. Als sie sich ins Badezimmer begeben wollte, fand sie dieses besetzt vor. Kriemhild war offenbar gerade dabei, ihr Haar zu bürsten.

»Machen Sie sich keine Mühe mit dem Frühstück, wir gehen in Lorsch in ein Café«, rief sie durch die Tür.

Das Taxi entließ sie in der Nähe der karolingischen Königshalle 22. »Hübsch ist es hier«, befand Norbert. Von hier aus waren es nur einige Schritte bis zum historischen Marktplatz. Rasch entdeckte er ein Café, auf dessen Tafel ein Angebot zum Brunch stand. »Edelgard«, er zeigte darauf, »wie wäre es hiermit?«

Sie nahmen im Schatten eines Baumes Platz und lasen die Speisekarte. Am Nachbartisch saßen zwei Frauen, die sich in einer gewissen Lautstärke angeregt über ein Thema unterhielten, das Edelgard mehr als bekannt vorkam. Ging es da nicht ebenfalls ums Nibelungenlied und seine Verbindung zu Lorsch? Sie hörte genauer hin. Eine der Frauen schien sich damit gut auszukennen, während die andere, die soeben ihre schulterlangen dunklen Haare zurückstreifte, gebannt zuhörte.

Gerade erzählte sie, dass Kriemhild Siegfrieds Sarg nach Lorsch habe bringen lassen. Sehr interessant, dachte Edelgard. Dann bemerkte sie, dass Norbert ebenfalls neugierig gelauscht hatte.

Nach der kleinen Stärkung konnte Edelgard Norbert dazu bewegen, sich im Tabakmuseum 23 über den Anbau dieser Pflanze zu informieren. Edelgard musste dabei die ganze Zeit über an ihren Großvater denken, den sie während ihrer gesamten Kindheit nur mit einer Pfeife im Mund erlebt hatte. Stets war er von einem würzigen Geruch umgeben gewesen, der noch lange im Raum hing, wenn er diesen bereits verlassen hatte. Nachdem sie sich alles in Ruhe angesehen, die Informationstafeln durchgelesen und im Anschluss die Königshalle bestaunt hatten, wollten sie weiter. »Besuchen Sie doch unser Freilichtlabor Lauresham 24«, gab ihnen die freundliche Dame an der Kasse mit auf den Weg, als sie sich von ihr verabschiedeten.

Die beiden suchten sich erneut eine Einkehrstätte in Lorsch und fanden das Restaurant Palais von Hausen. 25 Norbert erstand auf dem Heimweg zwei Flaschen Bier als Schlummertrunk, denn er wollte nicht noch einen Abend ohne sein Lieblingsgetränk verbringen.

Als sie sich von einem Taxi wieder ins Ried hatten bringen lassen und Edelgard auf die Klingel neben der Haustür drü-

cken wollte, bemerkte sie, dass diese lediglich angelehnt war.
»Norbert, guck doch mal, die Tür ist ja gar nicht zu.«

»Vielleicht ist Frau Berger vorm Haus?«

Genervt rollte Edelgard mit den Augen. »Siehst du sie hier irgendwo?«

»Nein«, musste er zugeben.

»Also, das ist doch komisch, findest du nicht?«

Edelgard betrat den Flur. Doch hier konnte sie nichts Ungewöhnliches entdecken. Plötzlich horchte sie auf. »Norbert, die Musik ist aus. Frau Berger hat doch immer Musik laufen.« Beherzt schritt sie in den Salon. »Frau Berger?«

Aber von der Hausherrin war nichts zu sehen. Edelgard stieß eine bogenförmige Tür auf, hinter der sie die Küche vermutete. Als sie den Raum betrat, bestätigte sich dies. Neben einem Riesenungetüm von Gasherd fand sie einen altmodischen Spülstein sowie einen brummenden Kühlschrank mit gewölbter Vorderfront. So einen hatte sie seit ihrer eigenen Kindheit nicht mehr gesehen.

»Norbert, das ist doch sonderbar. Findest du nicht?«

»Dass die Tür offen stand? Oder dass Frau Berger nicht da ist? Vielleicht sitzt sie im Keller und hütet den Schatz der Nibelungen.«

»Das ist nicht lustig!«, schalt Edelgard ihren Mann. »Die Frau hat eine blühende Fantasie, aber das macht doch nichts. Manchen Damen ihres Alters fällt aus lauter Langeweile nichts Besseres ein, als anderen hinterherzuspionieren.«

Norbert spürte den Umschwung auf bedrohliches Terrain. Eine Unterhaltung dieser Art gipfelte in der Regel in, seiner Meinung nach, völlig haltlosen Vorwürfen gegenüber seiner Mutter. Nur weil die sich um ihre Nachbarschaft kümmerte, hieß das nicht, dass sie diese ausspionierte, aber das verstand seine Frau nicht. Manches Mal hatte er den Eindruck, sie *wollte* seine Mutter nicht verstehen. »Vielleicht ist sie im Badezimmer?«, lenkte er daher vom Thema ab.

Aber auch hier war sie nicht zu finden.

»Was sollen wir denn jetzt machen, Norbert?«

»Spuren eines Einbruchs sind nicht zu sehen. Das Zeug, das gestern schon hier herumstand, ist ebenfalls noch da. Ich kann mir auch ehrlich gesagt nicht vorstellen, dass das irgendeinen Wert hat.«

»Norbert, ich habe kein gutes Gefühl bei der Sache. Ich rufe lieber die Polizei an.«

»Sind Sie eine Nachbarin von Frau Berger?«, fragte die Beamtin am Telefon.

»Nein, nein, wir sind Ihre Gäste.«

»Ach so. Die Nachbarn rufen nämlich öfter bei uns an, wegen der Musik.«

»Ich habe so ein ungutes Gefühl. Die Haustür stand offen, als mein Mann und ich von einem Ausflug zurückkamen. Und Frau Berger ist nirgends im Haus zu finden.«

»Ich schicke Ihnen gleich jemanden vorbei. Bleiben Sie, wo Sie sind.«

Dem Streifenwagen entstiegen zwei Männer in Uniform – Edelgard, der es plötzlich unheimlich geworden war in dem Haus, erwartete sie im Vorgarten.

»Und sie ist sicher nicht da? Haben Sie alle Räume durchsucht?«, wollte der Ältere der beiden von ihr wissen.

»Nirgends. Mein Mann und ich waren im ganzen Haus.«

»Zu ihrem Keller geht es hintenrum, der Zugang ist von außen, das weiß ich. Haben Sie dort ebenfalls nachgesehen?«

»Keller? Nein, in dem waren wir nicht.«

»Bleiben Sie hier, wir gehen da runter«, entschied der Beamte.

Schon nach wenigen Augenblicken kehrte er zurück und schaltete das Funkgerät im Streifenwagen ein. »Wir brauchen den Notarzt, sofort. Auffinden einer weiblichen Person. Sie hat eine Kopfverletzung.« Er nannte die Adresse.

Edelgard klammerte sich an Norberts Arm. »Was ist denn passiert?«

»Frau Berger scheint in ihrem Keller überfallen worden zu sein. Zumindest sieht es auf den ersten Blick danach aus. Ich hatte keine Zeit, mich länger umzusehen, weil ich den Notarzt anfordern musste.«

»Überfallen? Etwa wegen Ihres Schatzes?«

Der Beamte wurde hellhörig. »Was wissen Sie darüber?«

»Nun ja, Sie hat uns erzählt ...« Edelgard suchte nach den rechten Worten.

Norbert sprang ihr bei. »Sie hielt sich für die Wiedergeburt von Kriemhild.«

»Das wissen wir, es gab bereits mehrfach Beschwerden über sie, weil sie sehr laut Opernmusik hörte. Das war sogar durch die geschlossenen Fenster zu hören.« Der Mann seufzte. »Und weil sie sich im Garten in lauten Wehklagen erging.«

»Sie erzählte uns, sie hüte den Schatz der Nibelungen.«

»Nicht nur Ihnen. Überall hat sie das verbreitet. Irgend so ein Idiot hat das wohl für bare Münze genommen und ihr im Keller aufgelauert. Mein Gott, die Frau ist völlig harmlos, sie tut doch keinem was! Sie hat schon vor vielen Jahren ihre gesamte Familie bei einem Verkehrsunfall verloren und da hat sie sich eben irgendetwas gesucht, womit sie sich ablenken kann. Vermutlich hält sie die Realität einfach nicht aus. Ich habe als Kind nebenan gewohnt, ich kenne sie schon seit damals. Sie hatte nie etwas dagegen, wenn wir hier spielten.« Er sah auf seine Armbanduhr. »Herrgott im Himmel, wo bleibt denn bloß der Krankenwagen?«

In dem Moment kam der zweite Beamte aus dem Keller. »Ich fürchte, der Notarzt kann nichts mehr ausrichten. Ich habe versucht, nach ihrem Puls zu fühlen, aber sie hat keinen mehr. Sie wird schon kalt.«

Sein Kollege senkte den Blick. »Mein Gott, wie furchtbar, die arme Frau. Sie hat doch niemandem etwas getan mit ihren wirren Geschichten.« Er schloss die Augen und rieb sich mit den Fingern darüber.

»Was ist jetzt mit uns?«, fragte Edelgard vorsichtig in die entstandene Stille hinein.

Der Beamte öffnete die Augen wieder. »Ist Ihnen irgendetwas aufgefallen, seit Sie hier sind? Haben Sie beispielsweise auffällige Personen rund um das Haus bemerkt?«

Norbert schüttelte verneinend den Kopf.

»Ich rufe die Spurensicherung, die werden sich aber vermutlich auf den Keller fokussieren. Sie werden Ihnen sagen, wann Sie Ihre Sachen aus dem Haus holen können. Ich fürchte, Sie müssen sich nach einer neuen Unterkunft umsehen. So wie die Dinge liegen, können Sie hier nicht bleiben.«

FREIZEITTIPPS:

19 Riedbuchmesse; sie findet jährlich in Stockstadt statt. Immer im März werden Lesebegeisterte in die Altrheinhalle eingeladen, wo an die 40 Verlage und Buchhandlungen ihr Programm vorstellen. Diese ganz besondere Buchmesse findet in gemütlicher, ungezwungener Atmosphäre statt. Begleitend wird jedes Jahr ein Literaturwettbewerb ausgeschrieben. Die Preisträger werden am Samstag bei der Messe bekannt gegeben und im Folgejahr zu einer Lesung im Literaturhaus Darmstadt eingeladen. www.riedbuchmesse.de

20 Buchhandlung Bornhofen; hier berät unter anderem der leidenschaftliche Buchmensch und Schriftsteller Ralf Schwob. Die BuchhändlerInnen rund um Eigentümerin Lucia Bornhofen stemmen neben der pfiffigen Beratung und dem klassischen Verkauf auch noch eine ganze Menge Veranstaltungen, sowohl für Kinder als auch Erwachsene, auch regelmäßige Krimilesungen (meist in Kooperation) finden statt. Die monatlich veröffentlichten Buchbesprechungen gibt es zweimal im Jahr in der eigenen Broschüre »Bücherlieblinge«. Die Buchhandlung Bornhofen befindet sich in der Magdalenenstraße 55 in 64579 Gernsheim.

21 Nibelungenlied-Gesellschaft Worms e. V.; der Verein hat sich die Erforschung und Förderung des Nibelungenliedes und verwandter Stoffe der europäischen Literatur zur Aufgabe gemacht. Neben der Veranstaltung von Symposien beteiligt er sich am Kulturprogramm der jährlich stattfindenden Nibelungenfestspiele in Worms. In diesem Rahmen hielt Doris Schweitzer M. A., Mitglied im Vorstand, bereits mehrere Vorträge, in denen sie sich mit der Thematik eingehend beschäftigte. Doris Schweitzer ist außerdem die Leiterin der Gemeindebücherei Obrigheim. Informationen zum Nibelungenlied: www.nibelungenliedgesellschaft.de

22 Königshalle; sie ist das einzige erhaltene Bauwerk der Klosteranlage, die früher in Lorsch stand, und bildet den Höhepunkt im Ensemble Kloster Lorsch. Das herausragende Gebäude mit seiner verzierten Außenmauer legt Zeugnis ab von frühmittelalterlicher Baukunst und ist von außen frei zugänglich. Das Obergeschoss kann im Rahmen einer Führung besichtigt werden. Der ursprüngliche Verwendungszweck der Halle ist nicht bekannt. Die Königshalle und das Klostergelände, auf dem sie steht, sind UNESCO Welterbe. Neben der Königshalle sind noch Fragmente einer Basilika und ein Abschnitt der Klostermauer erhalten. www.kloster-lorsch.de

23 Tabakmuseum; der Tabakanbau spielte lange Zeit eine wichtige Rolle in Baden, eine Weile war er sogar eine der wichtigsten Einnahmequellen der Region. Vielerorts sind in den ehemaligen Tabakgemeinden noch die Scheunen mit dem über zwei Etagen gezogenen Dach zu sehen, in denen die Blätter aufgefädelt mehrere Wochen lang zum Trocknen hingen. Früh am Tag wurden die Blätter gebrochen und mühsam meist von Frauen zusammengenäht – eine Arbeit, die die Finger schwärzte. Auch Zigarrenfabriken gab es einige, etwa die des Unternehmers Lazarus Morgenthau in Mannheim, der nach Amerika auswanderte und dessen Enkel Henry Morgenthau Finanzminister unter Präsident Roosevelt war. Das Tabakmuseum im Museumszentrum Lorsch stellt die Geschichte des Tabakanbaus anschaulich dar. Nibelungenstraße 35, 64653 Lorsch.

24 Freilichtlabor Lauresham; original nachgebauter karolingischer Hof, wie er vor ungefähr 1.200 Jahren ausgesehen haben mag. Im Forum können verschiedene Arbeitstechniken aus der damaligen Zeit ausprobiert werden.

25 Restaurant Palais von Hausen; verfügt neben ansprechenden, besonderen Räumlichkeiten über eine sehr schöne Terrasse, auf der auch Veranstaltungen stattfinden. In dem barocken Palais ist es unter anderem möglich zu heiraten. Erbaut im Jahr 1779 vom Freiherrn von Hausen diente das Gebäude zwischendurch sogar als Zigarrenfabrik. Bahnhofstraße 18, 64653 Lorsch. www.restaurant-palais.de/restaurant

AUF DAS WOHL DER TANTE (BENSHEIM)

Nicole war beinahe an der Haustür, da klingelte das Telefon. Hastig eilte sie zurück. Es war jedoch kein wichtiger Anruf, sondern lediglich Tante Gisela, die ihr ausführlich erzählen wollte, welchen Film sie gestern in der x-ten Wiederholung im Fernsehen gesehen hatte.

»Ich muss leider los, Tante Gisela. Ich war praktisch schon aus der Tür raus.«

Gisela war die Enttäuschung deutlich anzuhören. »Ja, die jungen Leute haben heutzutage keine Zeit mehr. Ich merke das wohl. Auf Wiederhören.« Rasch legte sie auf.

Sie schaffte es vorzüglich, einem schon allein anhand ihres Tonfalls ein schlechtes Gewissen zu machen. Tante Gisela war nämlich der Ansicht, ihre Familie schenke ihr viel zu wenig Aufmerksamkeit. Immer, wenn der alten Dame langweilig war, durchforstete sie ihre Telefonkontakte auf der Suche nach jemandem, der ihr zuhörte.

Nicole schüttelte die aufkeimenden Schuldgefühle ab. Tante Gisela war wirklich anstrengend. Dabei hätte sie doch wunderbar zu den Seniorentreffen in ihrer Nähe gehen können!

»Was soll ich denn da? Da sind doch lauter alte Leute!« Mit diesen Worten hatte Tantchen dieses Ansinnen schon mehrfach empört von sich gewiesen.

Nicole seufzte. Demnächst stand die Feier anlässlich des 30. Hochzeitstages ihrer Eltern an, da würde sie Tante Gisela wieder persönlich treffen. Seit ihrer Kindheit machten sie und ihre Geschwister sich einen Spaß daraus, vor anstehenden Familienfeiern auszulosen, wer neben Tante Gisela sitzen musste. Tante Gisela hielt bei Familienfeiern gerne Hof und erzählte mit Vorliebe, wem sie neuerdings gedachte, ihre Organe nach ihrem Tod – der ihrer Meinung nach stündlich eintreten könnte – zu spenden. Ihr Herz der Unfallklinik, die Nieren dem Dialysezentrum und so weiter. Ihre Liste änderte sich ständig und sie brachte viele Stunden damit zu, darüber nachzudenken, welche Einrichtung wohl am dankbarsten für ihre Organe wäre. Ihre Augen aber – und daran hielt sie beständig fest – sollte ein Profisportler bekommen. Sie malte bei den Familienfeiern gerne in bunten Farben aus, wie eindrucksvoll es sein würde, wenn einst ein Sportler den Siegerpokal übernehmen und dabei mit ihren hellgrauen Augen in die Kamera strahlen würde. Nicole hielt es für äußerst unwahrscheinlich, dass ein Sportler nach einem derart schlimmen Unfall, der ihn sein Augenlicht kosten sollte, je wieder an einem Wettbewerb teilnehmen und dann sogar den ersten Platz belegen würde, aber das brachte Tante Gisela nicht aus dem Konzept. Sie kam sich unheimlich großmütig vor, obwohl sie in Wirklichkeit regelrecht auf ihrem Geld saß, und tat alle Einwände gegen ihr Vorhaben als engstirnig und kleingeistig ab.

Nicoles Freund Lukas, der das Tantchen mit den makabren Sprüchen noch nicht persönlich kannte, fand es ziemlich witzig, auszulosen, wer beim bevorstehenden Familienfest neben ihr sitzen sollte, warf zum Gaudium der anderen seinen Namenszettel diesmal ebenfalls in den Topf – und wurde prompt gezogen.

Wenige Tage später war es so weit und die Jubiläumsfeier wurde begangen. Als der Hauptgang aufgetragen wurde, war Lukas bereits grün im Gesicht. Sie saßen im Nebenzimmer eines Gasthauses, das Nicoles Eltern für die Feier gemietet hatten. Tantchen schilderte gerade im Detail eine Nierentransplantation, als Lukas' Steak kam. Während er sein Besteck nahm und in das blutige Fleisch schnitt, ging Tante Gisela ungerührt zur Herztransplantation über. Ihre Informationen bezog sie wohl aus dem Fernsehen.

Vor dem Dessert, ein Zitronen-Sorbet, sprang Lukas auf und rannte hinaus. Gerade rechtzeitig erreichte er die Toilette und übergab sich. Er wusch sich das Gesicht mit kaltem Wasser und ging an die frische Luft.

Nicoles Mutter kam ihm entgegen und musterte ihn besorgt. »So schlimm, Lukas?«

»Ach, geht schon wieder«, wiegelte er ab, dem das Ganze ziemlich peinlich war.

»Meinst du, du kannst gleich wieder mit reinkommen? Mein Mann würde dich der ganzen Familie gerne offiziell vorstellen.« Sie lächelte Lukas aufmunternd an. »Weißt du was? Wir tauschen einfach die Plätze. Du setzt dich neben meinen Mann und ich mich neben Tante Gisela. Ich bin es längst gewöhnt und höre schon gar nicht mehr hin, wenn sie ihre Schauergeschichten erzählt.«

Alle Gesichter wandten sich ihnen zu, als sie gemeinsam in den Gastraum zurückkehrten.

Nicoles Vater kam auf Lukas zu und legte ihm seinen Arm um die Schultern. »Meine liebe Familie«, strahlte er die ungefähr 30 anwesenden Gäste an, »ich darf euch heute ganz offiziell den Freund unserer Tochter Nicole vorstellen. Lukas Leuchtmann, Informatiker, genauso alt wie Nicole und uns immer willkommen.«

Nicoles Vater nahm zwei Sektgläser vom Tisch, drückte Lukas eines davon in die Hand und prostete in die Runde. Dankbar leerte Lukas sein Glas in einem Zug.

Nachdem das Dessert abgetragen war, erhoben sich die meisten Gäste und rasch bildeten sich Gesprächsgrüppchen. Lukas stand mit Nicole, deren Schwester Luzie und ihrem Bruder Adrian vor einem der offenen Fenster mit Blick zum Garten.

»Du gewöhnst dich an sie, glaube mir«, versuchte Luzie, Lukas aufzumuntern. »Und so oft haben wir nun auch keine Familienfeier. Aber Tante Gisela ist reich, und man weiß ja nie ...« Sie gluckste vielsagend.

»Irgendwann beerben wir sie, und das ist der gerechte Lohn für die Unappetitlichkeiten, die sie uns bei den Familienessen immer erzählt«, grinste Adrian.

»Und wenn ihr ihr einfach sagt, sie soll damit aufhören?« Lukas fand seinen Vorschlag genial.

»Haben wir schon versucht. Nützt nichts! Tante Gisela interessiert sich einfach überhaupt nicht dafür, was andere wollen oder nicht. Das geht voll an ihr vorbei! Sie plappert einfach munter weiter.« Adrian zuckte mit den Schultern. »Schalte einfach deine Ohren auf Durchzug, dann kommst du schon mit ihr klar.«

»Junger Mann!« Tante Gisela hatte sich von hinten an die jungen Leute herangeschlichen und schob nun Nicole mit einer Energie zur Seite, die ein unbeteiligter Beobachter bei der alten Dame nie und nimmer vermutet hätte. Sie fuchtelte Lukas mit einer Gabel, auf die sie eine mit Paprika gefüllte Olive aufgespießt hatte, vorm Gesicht herum: »Ich habe Ihnen noch gar nicht gesagt, wer meine Augen kriegt!«

Lukas machte auf dem Absatz kehrt und ging nach draußen. Dieses merkwürdige Tantchen war nun wirklich nicht sein Fall. Ganz und gar nicht.

Einige Monate später beschlossen Nikole und Lukas zu heiraten. Sie planten ein großes Hochzeitsfest, und zwar in Bensheim, bei den Eltern der Braut. Gerade ging Lukas die Gästeliste durch, die Nicole verfasst hatte, als er plötzlich erstarrte. Er hatte den Namen »Gisela« entdeckt.

»Die will ich aber nicht dabeihaben. Nicht an diesem Tag. Tu mir das nicht an!«

»Ach komm, so schlimm ist sie nun auch wieder nicht. Und sie hat doch niemanden außer uns. Ich meine, sie hat keine eigenen Kinder. Und keinen Mann mehr, der ist schon lange tot. Vielleicht ist es die letzte Familienfeier, auf die sie gehen wird.«

»Was? So fit wie die ist? Die macht es doch gut noch weitere 20 Jahre. Nein, nein und nochmals nein.«

Lukas überschlug in Gedanken die Anzahl der Familienfeste, die Tante Gisela in Zukunft vermutlich noch mit ihrer Anwesenheit beehren würde. »Das kommt nicht infrage. Wie gesagt, ich will sie auf keinen Fall dabeihaben. Wenn ich mir vorstelle, sie könnte neben meiner Mutter sitzen und ihr den Appetit verderben! Oder sonst einem unserer anderen Gäste. Vergiss es, da mach ich nicht mit.«

Um ihn nicht weiter aufzuregen, ließ Nicole das Thema auf sich beruhen. Insgeheim hoffte sie, Lukas würde sich wieder beruhigen und klein beigeben. Lukas hingegen war der Ansicht, er habe sich klar genug ausgedrückt und die unliebsame Verwandte nähme nicht an der Familienfeier teil.

Als es denn so weit war und sie vor dem großen Tag, an dem vormittags die standesamtliche und am Nachmittag die kirchliche Trauung stattfinden sollte, in Bensheim ankamen, stellten sie zu ihrer Überraschung fest, dass Nicoles Eltern bereits Gäste auf der Terrasse hatten.

Nicoles Mutter, Hilde, machte sie miteinander bekannt. »Frau und Herr Buchmann wohnen derzeit in der Ferienwohnung im Haus gegenüber. Und weil die Vermieter grade selbst verreist sind, kümmere ich mich um die Gäste.«

Nicole wusste, dass ihre Mutter die vertretungsweise Betreuung der Feriengäste sehr gerne übernahm.

»Sogar mit Apfelkuchen«, der korpulente Mann, der den gesamten Stuhl ausfüllte, strahlte. An seiner Backe klebte ein wenig Sahne. »Wirklich köstlich, das Rezept muss Ihre Frau Mutter unbedingt meiner Gattin geben. Nicht wahr, Edelgard?«

Die Angesprochene, die dem Anschein nach mit entschieden mehr Erfolg als ihr Mann auf ihre Figur achtete, erhob sich. »Wir wollen Sie auch gar nicht länger stören. Sie sind also die Braut«, sie lächelte Nicole an. »Ihre Mutter hat uns erzählt, dass sie heiraten werden und heute mit Ihrem Bräutigam anreisen. Da haben Sie ja schönes Wetter mitgebracht, die Sonne strahlt über der Bergstraße und es soll wohl so bleiben, wenn man dem Wetterbericht Glauben schenkt.«

»Sie dürfen gerne noch bleiben«, lächelte Nicole zurück. »Wir müssen sowieso erst unsere Sachen ins Haus bringen.«

Lukas ging ihr nach. »Bis zu unserer Hochzeit sollten sie aber schon verschwunden sein.«

»Wieso? Die sind doch total nett! Mutter hilft der Nachbarin oft mit den Feriengästen, macht ihnen beispielsweise das Frühstück, wenn sie selbst nicht da ist.«

»Na, wenn du meinst«, Lukas wirkte wenig begeistert, wollte aber so kurz vor der Hochzeit keinen weiteren Streit provozieren.

Der Tag war ausgefüllt mit allerletzten Erledigungen. Nicole probierte unter den gestrengen Augen ihrer Mutter und Schwester Luzie ihr Brautkleid an.

»Oh, da kneift es aber ein wenig.« Luzie zwickte sie scherzhaft in die Taille.

»Denk bloß nicht, dass ich es für dich aufbewahre!«, gab Nicole zurück.

»Ich heirate doch nicht in einem gebrauchten Kleid!« Sie lachten beide.

In dem Moment betrat Tante Gisela das Wohnzimmer. Das Lachen verstummte augenblicklich.

»Was sagt denn Lukas dazu, dass sie nun doch kommt?«, raunte Luzie ihrer Schwester ins Ohr.

Die wurde blass. »Oh mein Gott, ich habe ganz vergessen …«

Beherzt nahm Hilde Gisela in Empfang. »Aber Tante, kommst du heute schon? Wir haben erst morgen mit dir gerechnet.«

»Mit mir ist immer zu rechnen! Und zwar noch ganz schön lange. Endlich mal wieder eine Hochzeit! Das wurde ja auch Zeit.« Sie musterte die Braut mit einem beinahe vorwurfsvollen Blick. »Im Übrigen steht mein Koffer draußen vor der Tür. Der Taxifahrer hat ihn dort abgestellt. Da ist mein Geschenk drin! Ich habe ein Wischtuch mit Spitze umhäkelt. Unter der Lupe! Das war sehr aufwendig und hat mich ganz fürchterlich angestrengt. Aber was macht man nicht alles für seine Familie?«

Hilde fasste spontan einen Entschluss. Sie würde Tantchen im Nachbarhaus einquartieren. So wäre sie ihrem baldigen Schwiegersohn fürs Erste aus den Augen, später, in einer hoffentlich ruhigen Minute, würde sie weiter darüber nachdenken, wie sie ihre Anwesenheit vor ihm möglichst lange verheimlichen konnte.

»Tante Gisela«, sagte sie daher beherzt, »ich habe dir ein Gästezimmer im Nachbarhaus hergerichtet. Luzie, hilfst du mir mit dem Koffer?« Sie nickte ihrer jüngeren Tochter zu, die in Windeseile begriff.

»Klar, Mama, und ihr beiden geht schon mal voraus.«

Hilde öffnete die Terrassentür. »Komm, Tante, wir gehen durch den Garten. Die Nachbarn sind verreist und ich betreue ihre Gästezimmer.«

»Aber ich übernachte doch sonst immer bei euch?«

Hilde legte den Arm um die Schultern von Gisela und schob sie sanft in Richtung Garten. »Ich weiß, aber unsere alten Kinderzimmer, die sonst leer stehen, sind alle belegt! Wir müssen doch das Brautpaar unterbringen. Und Luzie ist mit ihrem Freund gekommen.«

»Luzie hat endlich einen Freund? Hat sich ja ganz schön Zeit gelassen. Ich dachte schon, die findet nie einen. Und so jung ist sie ja nun auch nicht mehr! Na, besser spät als nie. Dann wird es ja bald schon die nächste Hochzeit geben!«

Das Ablenkungsmanöver gelang und Hilde manövrierte die plappernde Gisela geschickt ins nachbarliche Haus, wo sie flugs ein weiteres der Gästezimmer herrichtete.

»Ah, noch ein Gast!« Herr Buchmann kam aus dem Zimmer, das er mit seiner Gattin für ein paar Tage bewohnte.

»Nur bis übermorgen. Sie werden sicher gut miteinander auskommen. Darf ich Ihnen später eine Flasche Wein aus dem hiesigen Weingut Bensheim 26 vorbeibringen?«

Hinter Herrn Buchmann, der eifrig nickte, erschien seine Frau im Türrahmen. Unter dem Arm hatte sie ein Buch geklemmt, zwischen dessen Seiten sich der Flyer eines Lesefestivals 27 befand.

»Wie reizend. Kennen Sie sich denn hier aus?«, wandte sie sich an Gisela. »Vielleicht können Sie uns ein paar Tipps geben, was wir heute hier besichtigen können.«

Gisela straffte ihre Schultern. Na, das war aber mal eine

feine Abwechslung! »Wissen Sie was? Ich führe Sie persönlich durch Bensheim. Schließlich bin ich hier aufgewachsen! Ich kenne die Gegend bestens.«

Während Tante Gisela eifrig ihre Sachen im Schrank verstaute, nahm Hilde Edelgard zur Seite. »Frau Buchmann, das ist wirklich reizend von Ihnen, dass Sie sich von meiner Verwandten Bensheim zeigen lassen. Wissen Sie«, nun flüsterte sie verschwörerisch, »Sie tun mir damit einen großen Gefallen. Drüben bei uns sind alle so aufgewühlt wegen der Feier.«

Frau Buchmann legte ihr die Hand auf den Arm. »Das passt doch hervorragend. Wir kümmern uns gerne um die alte Dame.« Sie zwinkerte ihr zu. »So ist doch uns beiden geholfen.«

In der Zwischenzeit hatten sich Nicole und Luzie überhitzt beraten, wie das Schlamassel zu lösen sei. Luzie hatte die rettende Idee: »Mann, wir schummeln einfach ein klein wenig. Ich gehe nachher zu ihr rüber und lasse im Gespräch mit ihr fallen, dass die Hochzeit erst übermorgen ist. Ich tue einfach so, als hätte sie sich im Datum geirrt. Dann überlegen wir uns ein Ersatzprogramm für sie, sodass sie morgen abgelenkt ist.«

Nicole nahm ihre Schwester in den Arm. »Das würdest du für mich tun?«

Luzie verdrehte die Augen. »Nun brauchen wir nur dringend eine Idee, wie wir sie morgen beschäftigen.«

Nicole entließ ihre Schwester aus der Umarmung. »Und wie erklären wir ihr übermorgen, dass die Feier doch ohne sie am Vortag stattgefunden hat?«

»Keine Ahnung. Da wird uns schon was einfallen. Irgendwas mit sie habe sich verhört oder so. Darüber denke ich später nach. Jetzt geht es doch erst mal darum, dir und Lukas euren großen Tag nicht zu verderben.«

Tante Gisela führte ihre beiden neuen Bekannten am Parktheater 28, wo der Eysoldt-Ring 29 vergeben wird, und am Hohenecker Hof 30 vorbei bis zur ehemaligen Domkapitelfaktorei 31. Von dort aus trippelte sie weiter bis zur Mittelbrücke 32.

»Hübsch ist das hier!« Edelgards Blick suchte nach Norbert, der zur Auslage einer Galerie 33 bummelte.

»An der Lauter 34 habe ich oft gespielt, als Kind.« Tante Gisela versank in ihre Erinnerungen. »Wenn ich noch besser zu Fuß wäre, dann würde ich Ihnen den Staatspark Fürstenlager 35 zeigen. Lassen Sie uns jedoch in den Stadtpark gehen. Dort kann ich mich etwas ausruhen.«

Kaum waren sie dort angelangt, sprang Tante Gisela behände zu einem der Bäume und bückte sich zu dessen Wurzeln hinab. »Bärlauch! Wusste ich es doch, dass der hier wächst.« Sanft strich sie über die Blätter, die sich in schmaler Eleganz dem Licht entgegenreckten.

»Bärlauch selbst pflücken?« Norbert machte es sich auf einer der Bänke bequem. »Ist das nicht gefährlich? Den kann man doch leicht mit Giftpflanzen verwechseln.«

»Ich mache das jedes Jahr, sie können mir vertrauen. Ich bin zwar alt, aber nicht doof.« Tante Giselas Ton war schnippisch.

Edelgard hatte wohl ebenfalls unter einem Baum ein paar besondere Blätter gefunden, die sie rasch pflückte und in ihre Handtasche schob. Tante Gisela war dies nicht verborgen geblieben. Die wollte wohl das Beste für sich selbst reservieren! Aber nicht mit ihr, nein, ganz bestimmt nicht.

»Würden Sie uns bitte ein Taxi rufen? Das können Sie sich doch bestimmt leisten.« Tante Gisela schenkte Norbert einen koketten Augenaufschlag.

Norbert grummelte leise vor sich hin. So spendabel, wie

diese Frau glaubte, war er beileibe nicht. Aber was blieb ihm schon anderes übrig? Die alte Dame musste mit ihren Kräften haushalten. So betagt wie sie war, würde der Rückweg ihre Kräfte übersteigen. Das sah er ein, obwohl sein Geldbeutel vor Schmerz knarzte.

»Schade«, seufzte sie, als sie in das herbeigerufene Taxi stieg, »eigentlich hätte ich Ihnen noch das Auerbacher Schloss 36 zeigen können, fällt mir gerade ein.«

An der Ferienwohnung angekommen, sprang Tante Gisela mit erstaunlicher Frische aus dem Taxi. Mit großer Selbstverständlichkeit hatte sie vorne Platz genommen und sich während der Fahrt eingehend mit dem Fahrer unterhalten. »Bringen Sie mir meine Tasche rein?«, flötete sie in Richtung Norbert.

Im Haus angekommen, huschte sie in die Küche. »Ich bereite selbstverständlich das Bärlauchpesto zu.«

Ihr Ton war so bestimmend, dass Edelgard gar nicht anders konnte, als sich zu fügen. Die Frau hatte eine Ausstrahlung, mit der sie trotz ihres hohen Alters locker noch in der Lage gewesen wäre, ein Bataillon zu befehlen.

Tante Gisela verfügte über ein altes Familienrezept für Bärlauch, das sie allerdings für sich behielt. Deshalb duldete sie niemanden in der Küche, während sie das Pesto zubereitete. Was sie an weiteren Zutaten brauchte, fand sie rasch, sogar ohne ihre Lesebrille, die sie gar nicht eingepackt hatte. Aber diese Edelgard sollte bloß nicht denken, sie habe nicht bemerkt, dass sie die besten Blätter der Ernte für sich selbst abgezweigt hatte. Sie war noch lange nicht verkalkt! Das sollte wirklich keiner von ihr denken!

Durch das Küchenfenster sah sie, dass die beiden Feriengäste es sich auf den Liegestühlen im Garten bequem gemacht hatten. Der Mann schien ein Nickerchen zu halten, die Frau las in einem Buch. Darauf hatte Tante Gisela nur gewartet. Leise schlich sie in das benachbarte Zimmer der beiden und fand prompt, wonach sie suchte. Diese Edelgard sollte sie bloß nicht für bekloppt halten! Die hatte doch wirklich die zartesten Blätter für sich selbst auf die Seite geschafft. Entschlossen nahm Tante Gisela das Büschel aus Edelgards Handtasche an sich. Sie musste kichern, als sie wieder in der Küche stand und die Blätter klein schnitt. Diese Edelgard würde ganz schön bedröppelt gucken, wenn sie ihren Verlust bemerkte. Zu gerne würde sie deren Gesicht dabei sehen! Sie gab etwas Öl an die Masse, ein wenig Salz und fand sogar ein paar Pinienkerne, die sie mit einem Mörser zerdrückte. Als sie alles fein verrührt hatte, setzte sie sich voller Vorfreude an den Küchentisch. Denn die erste Portion war selbstverständlich für sie selbst gedacht, als Lohn für ihre Mühe. Das hatte sie sich ihrer Meinung nach redlich verdient. Vergnügt begann sie, ein Kinderlied zu summen, das ihr die Großmutter vor langer Zeit so gern an ihrem Bettchen gesungen hatte.

Wenig später kamen auf dem Nachbargrundstück die Gäste an. Die Gesellschaft hatte Glück mit dem Wetter, der Polterabend konnte im Garten stattfinden. Hilde winkte Edelgard, die auf der Terrasse ihrer Ferienwohnung saß, zu. »Kommen Sie doch auf ein Glas zu uns herüber.«

Als Hilde mit sehr schlechtem Gewissen endlich auch Tante Gisela holen wollte, traf sie sie nicht in ihrem Zimmer an. Im Geiste ging sie nochmals rasch die Ausreden durch, um ihre Verspätung glaubwürdig zu erklären.

Zu ihrem Erstaunen fand sie die Gesuchte schließlich auf dem Küchenboden in ihrem eigenen Erbrochenen liegen. War die alte Dame etwa doch nicht so rüstig, wie sie immer vorgab? In ihrem hohen Alter musste man eigentlich täglich mit dem Tod rechnen. Vorsichtig fühlte Hilde an der Halsschlagader nach Giselas Puls. Doch da war nichts mehr zu spüren. Tante Gisela war tot.

Hilde schloss die Augen. Was sollte sie jetzt bloß machen? Sollte sie die Gesellschaft nebenan stören? Sie atmete entschlossen durch. Nein, sie würde allein handeln und ihrer Tochter nicht den Vortag der Hochzeit verderben. Hilde säuberte die alte Frau und zog ihr frische Sachen über. Tante Gisela war immer so auf ihr Äußeres bedacht gewesen, es wäre ihr sicher nicht recht, von jemand Fremdem in dieser wenig damenhaften Lage gesehen zu werden. Zum Glück hatte die Totenstarre noch nicht eingesetzt und es dauerte nur kurz, die verschmutzten Sachen zu wechseln. Hilde hievte die Verblichene auf das Bett und betrachtete ihr Werk. Tante Gisela wirkte wie friedlich eingeschlafen.

Rasch wischte Hilde die Küche, kippte das Essen, das Gisela sich vor ihrem Tod offenbar noch zubereitet hatte, in die Toilette und stellte das Geschirr in die Spülmaschine, um sie einzuschalten. Sie konnte doch schließlich ihrer Nachbarin nicht zumuten, die Küche aufzuräumen, in die ihre Tante eine solche Unordnung gebracht hatte.

Aus ihrem eigenen Garten klang Lachen zu ihr herüber. Wie gut, dass die Gäste dort nichts bemerkt hatten. Nicole sollte morgen schließlich einen schönen Tag haben. Den schönsten in ihrem Leben. Und sie als ihre Mutter würde alles in ihrer Macht Stehende tun, damit ihre Tochter sich immer gerne an diesen Tag erinnerte. Daher würde sie Tante Gisela bei dem morgigen Trubel auch erst am Abend finden.

FREIZEITTIPPS:

26 Weingut der Stadt Bensheim; am Fuße des Kirchbergs gelegen, wird es seit 1987 von Axel Seiberth geleitet, der sich vor allem auf den Riesling als typische Rebsorte der Hessischen Bergstraße konzentriert. Im Sortiment sind aber auch Weiß- und Grauburgunder, Dornfelder und Spätburgunder. Besondere Spezialitäten des Weinguts sind ein Rosé und ein süffiger Perlwein aus der Rotberger-Rebe. Auch Sekt aus Flaschengärungsverfahren ist erhältlich. Insgesamt setzt das Weingut auf biologischen Säureabbau. Auf dem Kirchberg befindet sich der Gutsausschank, wo man auf einer schönen Terrasse bei leckeren Speisen und einem guten Tropfen den Ausblick über die Rheinebene genießen kann. Winzer Axel Seiberth bietet den Wein auch im gut erreichbaren Laden und im Versand an. Weingut der Stadt Bensheim, Darmstädter Straße 6, 64625 Bensheim. www.weingut-der-stadt-bensheim.de

27 Lesefestival Bensheim; wird seit über 15 Jahren als herausragende literarische Reihe veranstaltet. Ansprechpartner für das Lesefestival sind die Mitarbeiter der Stadtkultur Bensheim. Das jeweils aktuelle Programm ist zu finden unter: www.stadtkultur-bensheim.de

28 Parktheater; abwechslungsreiche Spielstätte für Klassik, Komödien und Kabarett. Ebenso im Programm sind Aufführungen für Kinder und Jugendliche. Neben dem Städtischen Spielplan wird das Haus auch durch die Kunstfreunde Bensheim, die ein ganz hervorragendes klassisches

Musikprogramm bieten, genutzt. Durch Vermietung kommen aber auch Vereine, Schulen und kommerzielle Veranstalter ins Haus. Das aktuelle Programm ist zu finden unter: www.stadtkultur-bensheim.de

29 Gertrud-Eysoldt-Ring; mit 10.000 Euro dotierter Preis, den die Stadt Bensheim seit 1986 zusammen mit der Deutschen Akademie der Darstellenden Künste jährlich vergibt. Stifter des Preises ist der deutsche Theaterkritiker Wilhelm Ringelband, der in Bensheim lebte und in regem Briefwechsel mit der namensgebenden Schauspielerin stand. Ausgezeichnet werden mit ihm herausragende Leistungen im deutschsprachigen Theater.

30 Hohenecker Hof; wurde vom gleichnamigen Baron, dem Mainzer Domdekan, im Jahr 1756 erbaut und später im Jahr 1888 mit einer roten Klinkerfassade mit Bauschmuck im neogotischen Stil ergänzt. Über der Pforte ist ein Schlussstein mit der Jahreszahl 1533 eingemauert, der vermutlich von einem Vorgängerbau stammt.

31 Domkapitelfaktorei; das Mainzer Domkapitel unterhielt in Bensheim eine Außenstelle. Heute sind in dem repräsentativen Barockbau der Domkapitelfaktorei am Bürgerwehrbrunnen die Tourist-Info und das städtische Bürgerbüro untergebracht. Ein historischer Rundgang durch die Stadt ist mit Schildern versehen, auf denen sich Hinweise zu den einzelnen Sehenswürdigkeiten finden.

32 Mittelbrücke; sie verbindet die Altstadt mit der Vorstadt. Schreitet man über die die Lauter überspannende Brücke, öffnen sich links und rechts malerische Panoramen.

33 Galerien; gleich in drei Galerien wird in Bensheim Kunst von regionalen, nationalen und internationalen Künstlerinnen und Künstlern gezeigt: in der Galerie im Gertrud-Eysoldt-Foyer des Parktheaters, in der Rathausgalerie und im Bensheimer Bilderkabinett in den Räumen des Kulturbüros.

34 Lauter; namensgebender Fluss für das Tal. Bis Bensheim heißt das Gewässer so, danach trägt es den Namen »Winkelbach«, bis es bei Gernsheim in den Rhein fließt.

35 Staatspark Fürstenlager; Anlage, die einer der hessischen Landgrafen Ende des 18. Jahrhunderts in Bensheim-Auerbach als Sommersitz für sich bauen ließ. Durch den großzügig angelegten Park führen interessante Rundwege, seinen Mittelpunkt bildet der sogenannte Gesundbrunnen.

36 Schloss Auerbach; oberhalb des Stadtteils Auerbach, der zu Bensheim gehört, steht auf einem über 300 Meter hohen Berg die Ruine des Auerbacher Schlosses. Bereits im 13. Jahrhundert wurde an dieser Stelle mit dem Bau einer Festung begonnen, die über 100 Jahre später zur wichtigsten Burg in der Grafschaft Katzenelnbogen umgebaut wurde.

ALLA DANN, HERR PFARRER (HEPPENHEIM)

Traurig blickte Martha ihm aus dem Fenster hinterher, als er das Haus verließ. Er hatte ein Geheimnis vor ihr, das spürte sie. Schon seit Tagen war er verändert und benahm sich eigenartig. Schritt er nicht sogar anders aus als früher? Sein Gang schien ihr federnder zu sein. So wie er insgesamt etwas drahtiger wirkte. Dachte er wirklich, sie würde das nicht bemerken? Dabei kümmerte sie sich doch schon seit einer geraumen Weile um ihn, seit er hierher versetzt worden war. Sie versorgte seinen Haushalt, kochte und wusch für ihn. Da war es doch normal, dass sie von ihm ziemlich viel wusste. Zum Beispiel, was er partout nicht essen wollte. Etwa Erdnussflips am Abend, weil er eine Erdnussallergie hatte. Deshalb kochte sie immer alles frisch, ohne Fertigprodukte zu verwenden. Da war kein Spielraum für industriell gefertigte Lebensmittel, die meist bei den Inhaltsstoffen Spuren von Erdnüssen auflisteten. Jeden Morgen kam sie aus Heppenheim gefahren und betrat kurz nach neun sein Heim im Nachbarort. Wobei er dann schon in seinem Arbeitszimmer saß. Denn das Frühstück bereitete er sich selbst zu. Ab 11 Uhr war er offen für die Anliegen seiner Gemeindemitglieder, denen sie die Tür öffnete und die sie zu ihm einließ. Wenn sie mit dem Kochen fertig war und den Tisch für ihn gedeckt hatte, so gegen 13 Uhr, verließ sie das Pfarrhaus, in dem er lebte. Bereits für seinen Vorgänger hatte sie gesorgt und der hatte sie weiterempfohlen, als er vor drei Jahren die Gemeinde an ihn übergeben hatte.

Marthas Mann hatte ihr kurz vor seinem 50. Geburtstag verkündet, er wolle jetzt etwas Neues ausprobieren in seinem Leben. Die Zeit verrinne so schnell und er wolle und könne so nicht mehr weiterleben. Die Lebenszeit sei zu kurz, um sie zu vergeuden. Sie erinnerte sich noch ganz genau an das Gespräch, das stattgefunden hatte, als sie am Marktplatz **37** in einem der Cafés gegessen hatten. Erst hatte sie ihn fassungslos angestarrt, danach ihren Stuhl zurückgeschoben und war aufgestanden.

»Wo gehst du hin? Ich rede mit dir!«, rief er ihr nach.

Doch seine Worte verhallten unbeantwortet und er war unter den Blicken der anderen Gäste verstummt. Martha war einfach durch die Schunkengasse **38** weggegangen, ohne sich einmal nach ihm umzudrehen. Sie war weiter durch die Liesengasse zur Gasse Kleine Bach **39** gestreift. Erst in der Werle-Straße, am Martin-Buber-Haus **40**, hatte sie innegehalten. Hier hatte der bedeutende Religionsphilosoph bis zu seiner Emigration gelebt. Martha begriff, dass das, was ihr eben widerfahren war, keine existenzielle Bedeutung hatte. Anderen Menschen war in entsetzlichen Zeiten ganz anderes zugestoßen. Geschichte war eine Aneinanderreihung menschlicher Schicksale. Viele Generationen hatten schon vor ihr hier gelebt. Es gab hier ja sogar schon eine Römerstraße **41**! Als ihr ein Mann in historischem Kostüm **42** mit einer Gruppe Menschen entgegenkam, war sie weitergegangen. Sie hatte eine Freundin angerufen und war bei ihr für zwei Tage untergetaucht.

Trotzdem hatte sie sich damals ziemlich über ihren Exmann geärgert. Seine Zeit mir ihr zu *vergeuden*? So eine Frechheit, dann sollte er ruhig gehen! Sie kam nämlich durchaus ohne ihn zurecht. In der letzten gemeinsamen Zeit war er ziemlich nörglerisch gewesen, nichts hatte sie ihm mehr recht machen können. Auf so einen Griesgram konnte sie wirklich verzichten. Sollte der doch dort hingehen, wo der Pfeffer wächst. Sie konnte gut ohne ihn leben.

Kurz nachdem er sie endgültig verlassen hatte, erfuhr Martha von Freunden, worin »das Neue«, das ihr Mann begonnen hatte, bestand. Besagte Freunde waren ihm nämlich in der Stadt, in der er nun lebte, zufällig über den Weg gelaufen. »Das Neue« war ungefähr eins siebzig groß, blond und teuer gekleidet.

Doch anstatt sich weiter darüber zu ärgern, baute Martha sich ihr eigenes Leben auf. Die geerbten Manschettenknöpfe seines Großvaters jedoch, die er bei ihr vergessen hatte, versenkte sie mit Genugtuung im Bruchsee **43**. Was ihr Ernst-Jochen konnte, das konnte sie schon lange! Sich von Altem befreien und drauflos leben. Aber ihm wünschte sie wirklich herzlich, dass die Ansprüche seiner Neuen bald in Stress für ihn ausarteten. Womöglich begann er endlich damit, sich sportlich zu betätigen, vielleicht in einer der alla-Hopp!-Anlagen **44**. Mit ihr war er jedenfalls nicht dort hingegangen, obwohl sie ihm das mehrfach vorgeschlagen hatte.

Ein 50-Jähriger, der mit einer grade mal 30-Jährigen mithalten wollte. Was die wohl von seiner Angewohnheit hielt, am Wochenende mittags ein Nickerchen zu machen und jeden Abend vor dem Fernseher einzuschlafen? Mit den Geräuschen, die er dabei von sich gab? Martha gluckste bei dieser Vorstellung. Und auch nachts schnarchte er, was das Zeug hielt, daran erinnerte sie sich nur zu gut. Das Leben ohne Ernst-Jochen hatte durchaus seine Vorzüge. Unleugbar.

Ihr eigenes neues Leben bestand darin, ihre Koch- und Backkünste vormittags im Pfarrhaus einzusetzen und am Nachmittag in einer Bäckerei an der Theke zu stehen. Dort wurde der Teig sogar noch selbst zubereitet, wohingegen viele andere kleine Bäckereien diesen aus der Backfabrik bezogen.

Martha gefiel ihr neues Leben sehr. Einerseits hatte sie jemanden, den sie mit ihrer Fürsorge umgeben und bekochen konnte, andererseits war sie in den Stunden danach mit Menschen umgeben, die Wert auf ein Gespräch legten, während sie sich mit Alltäglichem versorgten. Der Verdienst aus beiden Jobs bot ihr ein Auskommen. Das genügte ihr vollends, sie war ja nicht anspruchsvoll. Und so verblasste die Erinnerung an Ernst-Jochen, mit dem sie immerhin 17 Jahre verheiratet gewesen war. Als ihr ihre gemeinsamen Bekannten erzählten, er sei Vater geworden, interessierte sie das schon gar nicht mehr. Mit ihr hatte er keine Kinder haben wollen und heute war sie froh darüber.

Doch neuerdings hatte der Herr Pfarrer Geheimnisse. Ihr lag sehr viel an ihm. Denn er war so etwas wie »der neue Mann in ihrem Leben«, für dessen Wohlergehen sie sich alleine verantwortlich fühlte. Dass er wegen des Zölibats keine Frau haben durfte, kam ihr gerade recht. So redete ihr keiner drein, was die Führung seines Haushaltes anbelangte. Aber er verbarg neuerdings etwas vor ihr, das merkte sie ganz genau. Er verschloss sein Arbeitszimmer, wenn er zu einem Termin außer Haus eilte. Das tat er sonst nie, gehörte es doch zu ihren Aufgaben, auch in diesem Raum nach dem Rechten zu sehen. Was neben Staubwischen den einen oder anderen Blick in seine Unterlagen mit sich brachte. Wenn alles so streng geheim gewesen wäre, hätte er es doch nicht offen herumliegen lassen, nicht wahr? So war Martha immer bestens informiert über die Belange in der Gemeinde. Und das war ihr zum Lebensinhalt geworden.

Am Nachmittag kam Luise Kühbauer zu ihr in die Bäckerei. Die war so etwas wie das wandelnde Schwarze Brett der

Gemeinde. Sonntags verteilte sie, seit sie in Rente war, vor dem Gottesdienst die Gesangbücher. Jetzt jedoch zierte sie sich ein wenig, mit dem herauszurücken, was ihr ohnehin schon auf der Zunge lag. »Bist du alleweil noch beim Herrn Pfarrer?«

Martha strich eine Haarsträhne zurück, die sich aus ihrer Frisur gelöst hatte. »Was soll denn diese Frage? Aber natürlich bin ich nach wie vor bei ihm. Jeden Vormittag. Überdies am Wochenende. Der braucht doch was zum Essen!«

»Nicht nur zum Essen, gell! Der Herr Pfarrer ist ja auch ein Mann!« Luise gluckste bedeutungsvoll.

An Marthas Stirn schwoll eine Ader an. »Was willst du denn damit sagen?«

»Also, gell, *sagen* will ich eigentlich gar nichts, dass wir uns da schon recht verstehen, gell. Ich *meine* ja bloß!«

»Und was meinst du dann?«

»Na ja.« Luise zog am Reißverschlusszipper ihrer karierten Jacke und druckste herum. »Er ist halt gesehen worden.« Dabei legte sie einen bedeutungsvollen Ausdruck in ihr Gesicht.

»Und was ist da gesehen worden?« Martha wurde allmählich ungeduldig, während Luises Blick durch die dicken Gläser ihrer Brille mit Nachdruck auf einer Mohnschnecke weilte. Martha verstand. Sie nahm das Gebäck mit einer Zuckerzange und reichte es Luise über die Theke. Das würde unter Schwund laufen. Manchmal fiel nämlich etwas versehentlich auf den Boden, das konnte dann selbstverständlich nicht mehr verkauft werden und wurde aussortiert.

Luise versenkte ihre leicht schrägen Schneidezähne in dem weichen Gebäckstück. »Köstlich! Also, wirklich, gell, die macht ihr hier schon am allerbesten! So gut kriegt die kein anderer hin.« Genießerisch zerkaute sie den Bissen. Sie ließ sich Zeit dabei.

Währenddessen trat Martha unruhig von einem Bein auf das andere. »Und?«

Luise wischte mit dem Jackenärmel über ihren Mund. »Ja, wie ich gesagt habe, gell, er ist halt gesehen worden, dein Herr Pfarrer.« Sie fügte eine Kunstpause an.

Martha verlagerte ihr Gewicht nach vorne. Sie musste versuchen, sich unter Kontrolle zu halten. Wenn sie ihre Ungeduld nicht besser zügelte, würde Luise ein weiteres Gebäckstück im Gegenzug für ihr Wissen heraushandeln. »Ich sehe auch viel, wenn der Tag lang ist. Sehr viel sogar.«

»Aber du hast ihn nicht mit dieser Frau gesehen!« Nun war es aus ihr herausgeplatzt. Luise verputzte die Mohnschnecke rasch. Puderzucker zerstäubte auf ihrer Jacke. Den wischte sie mit ihren Fingern ab.

Martha musste sich an der Theke festhalten. »Mit dieser Frau?«, echote sie. Sie konnte kaum glauben, was sie da gehört hatte. Würde Luise es wiederholen?

»Im Auto. Auf dem Beifahrersitz hat sie gesessen, gell. Und er ist gefahren. Stur geradeaus hat er geschaut, der Herr Pfarrer, gell, und hat mich gar nicht bemerkt. Aber *ich* habe ihn dafür gesehen! Nach 22 Uhr war es schon, gell. Da fragt man sich ja eh schon, was anständige Leute um so eine Uhrzeit auf der Straße machen, gell. Und dann gar der Herr Pfarrer, also wirklich, gell.«

»Du warst doch selbst noch draußen.« Am liebsten hätte sich Martha auf die Unterlippe gebissen, denn diese Bemerkung war ihr vorschnell herausgerutscht. Aber sie durfte Luise nicht unnötig verärgern, schließlich wollte sie mehr hören. Alles wollte sie hören, über diesen Fall! Unbedingt alles!

»Geh fort! Das ist doch was ganz anderes! Du weißt doch ganz genau, dass ich schlecht schlafe. Und frische Luft ist da das Beste dagegen. Das weiß doch wirklich jeder, gell.«

Und während deiner allabendlichen Spaziergänge kontrollierst du die Gegend mit deinen Luchsaugen, dachte Martha bei sich, aber sie hütete sich wohlweislich, dies auszusprechen. Sonst käme Luise womöglich auf die Idee, sie nicht mehr an ihren Beobachtungen teilhaben zu lassen. Das wollte sie natürlich unbedingt vermeiden. Denn was Luise mitbekam, war immer interessant und bot Stoff für lange Gespräche, bei denen alles jeweils haargenau von verschiedenen Seiten beleuchtet wurde. Beispielsweise, dass die Frau aus dem grünen Haus, das Luises gegenüberlag, nachts gerne ihren Müll in den Nachbartonnen verstaute. Oder dass die neu Zugezogenen sich zu fein waren, selbst zu putzen, und eine Zugehfrau hatten. Obwohl die doch schon immer um halb vier zu Hause waren und sich dann auf ihrer Terrasse sonnten. Die kamen gerne hin und wieder fünf Minuten vor Ladenschluss in die Bäckerei und verlangten dann geschnittenes Brot, obwohl doch die Schneidemaschine da bereits geputzt war. Jedes Mal aufs Neue gab es eine Diskussion darüber, die damit endete, dass Martha das Brot doch in die Maschine legte und diese anschließend erneut von den Bröseln reinigen musste.

Es war jedoch immer gut, den Überblick zu behalten und zu wissen, was um einen herum passierte. Martha fand es wesentlich ergiebiger, sich mit Luise über die Leute im eigenen Umfeld auszutauschen, als bunte Klatschblätter zu lesen und sich darüber zu informieren, welche Hüte die adeligen Damen in dieser Saison trugen und wie lang die Rocksäume jener Kreise in diesem Jahr zu sein hatten. Luises Klatsch war viel näher an ihrem eigenen Leben dran und sie kannte diese Menschen persönlich. Das machte es weitaus prickelnder, sich über sie auszutauschen. Obwohl sie gerne mal der Königin begegnet wäre, die aus Heidelberg stammte. Das wiederum galt ja eigentlich als persönlicher Bezug, denn in Heidelberg war sie selbst schon oft gewesen. Aber dass Luise jetzt dem Pfarrer offensichtlich was andichtete, das ging Martha nun doch zu weit. Entschieden sogar.

»Na und?«, verteidigte sie ihn deshalb, »das wird halt eine gewesen sein, der er einen Gefallen erwiesen hat, indem er sie nicht mit dem Bus fahren ließ. Um die Uhrzeit, eine Frau alleine an der Bushaltestelle! Das weiß doch jeder, wie gefährlich das ist. Als Pfarrer hat man überdies Verpflichtungen gegenüber seinen Gemeindemitgliedern. Nicht auszudenken, wenn der Frau etwas zugestoßen wäre.«

»Wenn du meinst, gell«, gab Luise von sich und verließ beleidigt die Bäckerei.

Insgeheim jedoch nagte es in Martha weiter. Gab es tatsächlich eine Frau in seinem Leben? Wäre sie selbst bald überflüssig, weil eine als Haushälterin getarnte Lebensgefährtin bei ihm einziehen würde? Ihr war er doch in den letzten Tagen gleichermaßen seltsam vorgekommen. Gerade so, als ob er Heimlichkeiten vor ihr hätte. Wann wollte Luise ihn gesehen haben? Martha dachte nach und kam zu dem Schluss, dass das genau der Zeitpunkt war, seit dem sich ihr Herr Pfarrer so merkwürdig benahm.

Ein Paar, das soeben den Verkaufsraum betrat, unterbrach ihren Gedankenfluss.

Die beiden unterhielten sich noch, während die Frau dem Mann die Tür aufhielt. »Sonderbar fand ich das schon.«

»Sollten wir jemanden informieren? Ich habe so ein ungutes Gefühl.«

»Uns einmischen? In Dinge, die uns nichts angehen?« Der Mann verstummte, als er die Auslagen hinter dem Glas sah.

»Was ist aber, wenn wir jemandem helfen können?«

Wovon sprachen die denn um Himmels willen? Verbindlich lächelnd mischte Martha sich in das Gespräch ein.

»Darf ich fragen, worum es geht?« Sie wusste doch eigentlich über alles, was hier in der Straße vor sich ging, Bescheid. Vor allem dank ihrer wertvollsten Informantin, die kürzlich den Laden verlassen hatte.

»Sind die mit Kirschen gefüllt?« Der Mann zeigte mit seinem Finger auf eine Blätterteigtasche.

»Was war es denn, das Sie beobachtet haben?«

»Käse wäre auch in Ordnung.«

»Norbert, vielleicht wäre es wirklich das Beste, mit der Dame hier über die Sache zu sprechen.«

»Oder Spinat. Blätterteigtaschen mit Spinat, die mag ich genauso gerne.«

»Was haben Sie denn beobachtet?« Lieber Himmel, der Mann schien überhaupt nicht mehr an dem interessiert zu sein, was seine Frau eben so aufgeregt hatte. Die Leckereien hatten ihn wohl vollkommen in ihren Bann gezogen, sodass er an gar nichts anderes mehr denken konnte.

Nun räusperte sich die Frau. »Wir sind ja nur auf Urlaub hier und wollen natürlich keine Gerüchte streuen.«

Martha nahm mit ihrer Zange ein kleines Blätterteigstück, legte es auf einen Teller und reichte es Norbert. »Kaffee dazu?« Sie wusste ganz genau, der aromatische Geruch löste vielen die Zunge. »Und die Dame? Einen Latte macchiato?« Sie rang sich ein Lächeln ab, obwohl sie schier gleich platzte. Denn Ungeduld war keine Tugend, die als Pluspunkt aufstrebender Manager für deren Lebenslauf reserviert war.

Als sie den beiden die Getränke auf einem der Stehtische servierte und Norbert obendrein ein Stück Schwarzwälderkirschtorte brachte, erfuhr sie endlich, was das Pärchen beobachtet hatte.

»Da hat ein Mann eine Frau in die Kirche getragen.«

»Aber heute ist doch gar keine Hochzeit angesetzt? Davon wüsste ich! Und über die Schwelle trägt man doch die Braut zu Hause, nicht in der Kirche!« Martha konnte sich so gar keinen Reim auf das Mitgeteilte machen.

»Deshalb kam uns das Ganze ja so seltsam vor. Außerdem waren die beiden allein. Keine Gäste. Und die Frau war auch viel zu schlicht gekleidet für eine Hochzeit.«

»Edelgard, da gebe ich dir völlig recht. Nach einer Hochzeit sah das wirklich nicht aus«, pflichtete der Mann seiner Frau bei, bevor er die kandierte Kirsche von dem Sahnekringel seines Tortenstücks löste, in seinen Mund schob und, während er die Augen geschlossen hielt, gegen seinen Gaumen quetschte. Wäre er ein Kater, hätte er jetzt mit Sicherheit geschnurrt.

»Welche Kirche war das denn?«

»Die hier gleich in der Nähe, zwei Straßen weiter.«

Martha fühlte einen schalen Geschmack im Mund. Das war ja die Kirche ihres Herrn Pfarrers! »Und wie sah der Mann aus?«, fügte sie mit letzter Anstrengung hinzu. Sie brachte die Worte nur knapp heraus, schnürte es ihr doch augenblicklich die Kehle zu. Sie spürte, wie ihre Knie weich wurden. War am Ende doch etwas Wahres dran an Luises Worten, und es war gar kein Gerücht, das sie in die Welt setzte? Es war ihr, als drücke eine bleierne Platte auf ihre Brust.

»Er war groß und schlank.« Norbert wischte mit dem Handrücken über seinen Mund. »Welche Torte können Sie mir denn außerdem empfehlen?«

»Er war ausgesprochen attraktiv. Und er trug eine Brille. Dunkelblaues Gestell.« Seine Frau nahm einen weiteren Schluck von ihrem Kaffee.

»Was heißt denn ausgesprochen attraktiv, Edelgard? So schön war er nun auch wieder nicht, wie du jetzt tust. Meine

Güte, ja, er war ein wenig jünger als ich. Wir waren doch alle mal jünger, nicht wahr?«

Seine Frau senkte den Blick, entgegnete nichts und rührte in ihrer Kaffeetasse.

Martha wollte sich ihren Schrecken vor dem fremden Paar nicht anmerken lassen. Sie verwandte ihre gesamte Energie darauf, sich zusammenzunehmen. Die beiden Kunden ihrer Bäckerei hatten nämlich gerade das Objekt ihrer allmorgendlichen Fürsorge beschrieben. Hatte Luise also doch recht gehabt mit ihrer Beobachtung! Und sie dumme Gans hatte ihr nicht geglaubt. Da trug ihr Pfarrer doch tatsächlich am helllichten Tag eine fremde Frau in die Kirche! Martha schlug zwei Kreuze über ihrer hageren Brust. Sodom und Gomorrha. Also wirklich, alles, was recht war!

»Ist Ihnen nicht gut?«, fragte die Frau sie besorgt.

Währenddessen quengelte ihr Mann: »Kann ich jetzt noch ein Stück Torte haben? Das eben war ja wirklich schmal.«

Als Martha wieder zu sich kam, stellte sie fest, dass sie auf einem Stuhl saß. Die Kundin hielt sie mit einer Hand fest und fächelte ihr mit der Preisliste in der anderen frische Luft zu.

»Norbert, was meinst du, sollen wir einen Arzt rufen?«

Nun beugte sich der Mann besorgt über sie. Braune Augen unter kurzen Wimpern musterten sie prüfend. Seine Wangen lagen ein wenig auf dem hellen Hemdkragen auf. »Geht es Ihnen gut?«

Martha wehrte ab. »Ich brauche keinen Arzt. Es ist …«

»Ich bringe Ihnen Wasser, Sie müssen etwas trinken.«

»Edelgard, dort hinter der Theke ist ein Wasserhahn.«

Während Martha in kleinen Schlucken das Glas leer trank, begann sie nachzudenken. Ihr Herr Pfarrer hatte eine Freundin, so viel stand für sie fest. Die beiden fremden Kunden hatten ihr das eben bestätigt. Sie versuchte, einen klaren Kopf zu bekommen. Als sie das Glas absetzte, stand sie auf. »Geht schon wieder, ist wohl die Hitze heute.« Sie überlegte kurz, dann fügte sie hinzu: »Und was Sie da beobachtet haben, das ist bestimmt in Ordnung. Da hat nur jemand für die bevorstehende Hochzeit geübt.« Nicht auszudenken, wenn die beiden die Polizei informierten und die ins Pfarrhaus käme. Die Beamten würden ihr sicher nicht dabei helfen, diese ominöse Frau loszuwerden. Das musste sie schon selbst in die Hand nehmen.

In dieser Nacht wollte der Schlaf nicht zu Martha kommen. Es schien fast so, als würde er sie wegen ihrer düsteren Gedanken meiden. Traurig stand sie am Fenster und sah zum Schlossberg mit der Starkenburg **45** hinüber, schlich schließlich zum Kühlschrank, trank einen Schluck Wasser und legte sich erneut in ihr Bett. Als die Sonne bereits wieder aufging, wälzte sie sich immer noch unruhig von einer Seite auf die andere. Dass er ihr so etwas antun konnte! Wo sie doch derart treu für ihn sorgte. Alle seine Wünsche las sie ihm von den Augen ab. Und überhaupt! So akkurat wie sie bügelte keine Zweite! Der würde sich ganz schon umgucken, wenn er erst seine ominöse Freundin als Haushälterin eingesetzt hatte. Denn wie sonst wollte er es anstellen, sie offiziell und dauerhaft in seiner Nähe zu haben? Die Frau als Haushaltshilfe einzustellen, war schließlich die einzige Möglichkeit für ihn, mit ihr unter demselben Dach zu wohnen.

Mit schwerem Kopf und Gliedern, die sich wie zerschlagen anfühlten, rappelte Martha sich schließlich von ihrem zerwühlten Laken hoch. Ihr Ehemann hatte sie damals verlassen, das hatte sie ganz gut weggesteckt. Aber das nun mit ihrem

Chef, das ging ihr viel tiefer unter die Haut. Das war nämlich etwas ganz anderes. Während sie seine Wäsche wusch und bügelte, hatte sie immer das schöne Gefühl, damit zugleich etwas Gutes für die Kirche zu tun. Und das würde sie sich nicht widerstandslos wegnehmen lassen! Diese Frau würde ihr nicht ihre Lebensaufgabe stehlen, das würde sie nicht zulassen. Dieses Mal gab sie den Weg nicht so leicht frei für eine andere.

In ihre Aufregung schlich sich die Empörung darüber, dass der Herr Pfarrer es womöglich nicht ganz so genau mit dem Zölibat nahm, wie sie immer angenommen hatte. Sie war sich bislang absolut sicher gewesen, dass er dieses Versprechen ohne Wenn und Aber einhielt. Was bestimmt nicht immer leicht für ihn gewesen war, denn ihr Herr Pfarrer war wirklich ein ausgesprochen attraktiver Mann, da hatte die Kundin in der Bäckerei schon recht gehabt. Die Hand hätte sie in dieser Hinsicht für ihn ins Feuer gelegt! Nun war sie froh darüber, sie sich nicht verbrannt zu haben. Sie arbeitete jetzt schon so lange für ihn und kannte ihn offenbar doch nicht so gut, wie sie immer gedacht hatte. Diese Erkenntnis kränkte sie. War sie nicht immer für ihn da gewesen? Hatte sie nicht sogar abends nochmals nach ihm geschaut, wenn er etwa eine Grippe hatte?

Während sie ihre Kleider anlegte, beschloss sie, heute früher loszufahren. Mit einem Seufzer besah sie im Spiegel ihre dunklen Augenringe und klopfte leicht mit den Fingern dagegen. Kommissar Derrick wäre vor Neid über ihre fulminanten Tränensäcke erblasst. Die bekam sie immer, wenn sie zu wenig oder, so wie letzte Nacht, überhaupt nicht schlief.

Mit großer Vorsicht tupfte sie eine spezielle Creme auf die Gesichtshaut und dachte nach. Sie war schon immer die Pünktlichkeit in Person gewesen, doch wer wusste schon, wobei sie ihren Herrn Pfarrer überraschen würde, wenn sie wie heute unvermutet früher als sonst ankam? Zunächst musste sie sich aber eine gute Ausrede für ihr verfrühtes Eintreffen überlegen.

Um 6 Uhr morgens waren die Straßen von Heppenheim wie leer gefegt und Martha stellte, als sie an einer der von Heinrich Metzendorf, dem Baumeister der Bergstraße **46**, entworfenen markanten Villen vorbeifuhr, überrascht fest, wie gut sie zu dieser Zeit durchkam. Wie weit die Renovierungsarbeiten an dem Kaufhaus wohl vorangeschritten waren, für das der Reformarchitekt die Pläne gemacht hatte? Sie musste unbedingt mal wieder durch Heppenheims Fußgängerzone schlendern. Auch bei der Freilichtbühne **47** war sie schon länger nicht mehr gewesen. Fanden nicht bald schon wieder die Festspiele **48** statt? Ihre gesamte Zeit opferte sie für ihren Herrn Pfarrer, und nun dankte er es ihr so! Sogar zum Gottesdienst fuhr sie an den Sonntagen an ihren Arbeitsplatz. Dabei war sie doch früher immer so gerne in den Dom der Bergstraße **49** gegangen.

Nachdem sie Heppenheim hinter sich gelassen hatte, lagen einige weitere Kilometer Fahrt vor ihr. Obwohl die Fahrerei zu ihren beiden Arbeitsstellen sie manches Mal nervte, so hatte sie ihre Wohnung immer behalten. Sie hatte sie schon mit ihrem Mann bewohnt, der Vermieter hatte seit ewigen Zeiten die Miete nicht erhöht. Der war froh, mit ihr eine ruhige Mieterin im Haus zu haben. Außerdem goss sie seine Pflanzen und versorgte den Garten sowie seine Katze, wenn er selbst im Urlaub war.

Sogar die gemeinsamen Möbel hatte sie alle behalten. Nicht nur der große Kleiderschrank hätte nicht so ohne Weiteres in eine andere Wohnung gepasst, auch die Einbauküche hätte sie nicht mitnehmen können. Womöglich hätte sie sich von allem trennen und für teures Geld eine neue Ausstattung besorgen müssen. Es machte ihr nichts aus, die Möbel damals gemeinsam mit ihrem geschiedenen Mann gekauft zu haben. In dieser Hinsicht war sie völlig unsentimental.

Doch als sie im Pfarrhaus ankam, wies nichts auf etwas Ungewöhnliches hin. Zumindest von außen sah alles aus wie immer. Sie schloss die Tür auf. Der Pfarrer schien oben im ersten Stock zu schlafen, zumindest war alles ruhig im Haus. Als er dann um 8 Uhr in die Küche kam, um sich sein Müsli zuzubereiten, sah er sie erstaunt an. »Guten Morgen, Frau Martha. Heute schon so früh?«

Sie hoffte, nicht rot anzulaufen, während sie ihre auf der Fahrt zurechtgelegte Lüge vortrug. »Ich habe heute Mittag einen Arzttermin und muss eher weg, da dachte ich, ich komme einfach früher.«

»Da hätten Sie doch gestern etwas sagen können.«

Auf diese Einrede war sie vorbereitet. »Die Schmerzen sind erst gestern Abend gekommen. Da war der Herr Doktor nicht mehr in der Praxis, aber die Sprechstundenhilfe habe ich erreichen können. Und die hat gesagt, ich kann heute Mittag kommen.«

»Schmerzen? Um Himmels willen, Frau Martha, und damit kommen Sie hierher?« Besorgnis lag in seiner Stimme.

Feinfühlig nahm sie es zur Kenntnis. Mit Genugtuung stellte sie fest, dass die heimliche Neue ihn offenbar nicht davon abhielt, Mitgefühl für sie zu empfinden. Umso schneller galt es, herauszufinden, wo sich dieses Weib versteckt hielt, und dem Ganzen möglichst rasch ein Ende zu bereiten. »Ich muss Ihnen doch das Essen machen, Herr Pfarrer. Es kümmert sich doch sonst keiner um Sie.« Lauernd beobachtete sie ihn. Würde er sich durch seine Mimik verraten?

Doch er klopfte mit der flachen Hand auf seinen Bauch. »Nun ja, wenn bei mir eine Mahlzeit mal ausfällt, werde ich nicht gleich verhungern.« Er grinste breit. »Aber Sie, Frau Martha, Sie gehen jetzt wieder nach Hause und schonen sich. Und wenn der Doktor sagt, sie sollen den Rest der Woche zu Hause bleiben, dann machen Sie das. Ich komme hier auch mal ohne Sie zurecht. Und die Kiste Wein im Kloster Eberbach 50 hole ich auf dem Rückweg selbst ab.«

Ihr wurde schwindelig. Sie setzte sich. Brauchte er sie etwa gar nicht mehr? Tränen glitzerten in ihren Augen. »Aber, Herr Pfarrer ...«

»Ihre Gesundheit steht im Vordergrund. Ich gehe ins Gasthaus zum Essen, bis es Ihnen wieder gut geht.« Er tätschelte ihren Arm.

Wie benommen saß Martha auf dem Küchenstuhl, als sie längst wieder alleine war. Der Herr Pfarrer hatte sich sein Müsli wie immer selbst zusammengemixt, Milch darüber gegossen und war damit im Esszimmer verschwunden. Sie dachte gar nicht daran, wegzubleiben. Damit er freie Bahn hätte? Nicht mit ihr! Freiwillig würde sie ihren schönen Posten bestimmt nicht aufgeben. Die Neue sollte sie kennenlernen! Die bekam den Herrn Pfarrer nicht, auf gar keinen Fall. Wenn sie diese Weibsperson doch endlich zu sehen bekäme! Die war wie ein Phantom, das man nicht zu fassen kriegte. Am besten, sie ging jetzt erst mal in die Kirche. Gott würde ihr sagen, was zu tun war.

Sobald sie sich im Kirchenraum befand, tauchte sie ihre Fingerkuppen in den Weihwasserkessel und betupfte ihre Stirn in Kreuzform mit dem heiligen Wasser. Ein Tropfen lief ihr dabei ins linke Auge. Während sie in ihrer Tasche nach einem Tuch fingerte, bemühte sie sich, darauf zu achten, ob außer ihr noch jemand hier war. Nachdem sie ihr Auge eingehend gerieben hatte, inspizierte sie die Kirche. Vor dem Beichtstuhl hielt sie inne. Sollte sie sich hineinbegeben und Gott dort ihre Gedanken anvertrauen? Doch als sie Tür aufziehen wollte, klemmte diese. Obwohl sie mit beiden Händen daran rüttelte, tat sich nichts. Komisch, die Tür war doch sonst nie verschlossen? Als sie an der zweiten Tür heftig zog, sprang ihr die an den Kopf, da sie sich in ihrem Eifer zu weit vorgebeugt hatte. Der Platz dahinter war eigentlich für den Herrn Pfarrer reserviert. Ob sie sich trotzdem kurz hineinsetzen konnte? Er hatte jetzt immerhin Sprechstunde und käme bestimmt um diese Uhrzeit nicht ins Gotteshaus.

Ein wenig schämte sie sich, als sie unrechtmäßigerweise Platz nahm. Eng war es hier und genauso unbequem wie auf der anderen Seite, wo sie eigentlich hätte sitzen sollen. Durch ein hölzernes Gitter waren die beiden Bereiche voneinander getrennt. Als sie sich an das Dämmerlicht gewöhnt hatte, war ihr, als ob sie hinter dem Gitter etwas wahrnähme. Saß da etwa jemand? Sie presste das Gesicht an die Stäbe. Allmählich schälten sich die Umrisse eines Kopfes für sie sichtbar heraus. Abrupt fuhr sie hoch und stieß sich dabei selbst schmerzhaft den Kopf an. Da saß doch tatsächlich eine Frau!

»Was fällt Ihnen ein?«, entfuhr es ihr unwillkürlich, als sich der erste Schreck gelegt hatte. »Schämen sollten Sie sich, Sie Weibsbild, unverschämtes! Warten Sie hier etwa auf den Herrn Pfarrer? Das ist ja eine Unverfrorenheit!«

Doch die Frau auf der anderen Seite blieb stumm, reagierte nicht auf sie. Sie hob nicht einmal ihren Kopf. Was war das denn für eine Abgebrühte? War die sich zu fein, um mit ihr zu reden?

Wütend verließ Martha den Beichtstuhl, den sie in ihrer Wut am liebsten angezündet hätte, aber das ging ja nun wirklich nicht. Der Brand würde auf die gesamte Kirche übergreifen.

Vergeblich rüttelte sie erneut an der verschlossenen Tür, um diesem Weib von Angesicht zu Angesicht zu sagen, sie solle sich zum Teufel scheren. Der Pfarrer brauche niemanden, der sich um ihn kümmerte, der habe ja nämlich schon sie. Und sie selbst verfolge keine unlauteren Absichten! Bei ihr kam er in keinerlei Konflikte mit seinem Zölibat. Im Leben nicht! Doch die Weibsperson gab weiterhin keinen Laut von sich und ließ sich einfach nicht aus der Reserve locken.

Um sich nicht noch weiter in ihre Wut hineinzusteigern, verließ Martha schließlich unverrichteter Dinge die Kirche. Diese Person war offenbar nicht dazu bereit, mit ihr zu reden. Martha musste sich dringend einen Plan zurechtlegen.

Den restlichen Tag überlegte sie fieberhaft, wie sie ihre Nebenbuhlerin – denn als solche empfand sie dieses unverschämte Weib – am besten zum Verschwinden bringen konnte. Sie war so mit Nachdenken beschäftigt, dass sie in der Bäckerei zweimal versehentlich etwas Falsches in die Tüten packte, worauf sie jeweils erst die Kunden aufmerksam machen mussten.

Am nächsten Morgen kam sie Punkt 9 Uhr im Pfarrhaus an. Sie war entschlossen, ihren Platz dort nicht zu räumen. Auf jeden Fall nicht kampflos! In der Nacht hatte sie die Entscheidung getroffen, direkt mit dem Herrn Pfarrer zu reden. Es ihm ins Gesicht zu sagen, dass sie von dieser Frau wusste. Wenn er sie dann wirklich wegen der Weibsperson hinauswerfen wollte, dann bekäme er ein Stück Torte mit gehackten Erdnüssen. So weit ging sie schon in ihrer Fantasie! Daran war nur diese fremde Frau schuld. Ihr Hass auf sie war unendlich groß, hatte sich zu einem Monster aufgetürmt und begleitete sie den ganzen Tag über, ließ ihr sogar nachts keine Ruhe.

Als sie an die Tür zu seinem Arbeitszimmer klopfte, hörte sie ihn sprechen. Dazwischen ließ er kleine Pausen – offenbar telefonierte er. Martha presste ihr Ohr an die dünne Tür.

»Jetzt gleich? Wunderbar!«

»Doch, doch, das passt gut.«

»Nein, du, keine Ursache. Habe ich doch gerne für dich gemacht. Wo sie euch doch letztes Jahr geklaut wurde und ihr sie mit viel Schnaps freikaufen musstet.« Er lachte laut und herzlich, so wie es seine Art war.

Als er unvermutet aus der Tür stürmte, hätte er Martha um ein Haar umgerannt. »Frau Martha! Geht es Ihnen wieder besser? Das freut mich aber! Und wie mich das freut!« Er griff nach seinem Autoschlüssel. »Ich muss gleich weg, Frau Martha, meine Sprechstunde fällt heute aus. Wenn jemand kommt, vertrösten Sie ihn auf morgen. Ich fahre gleich zu meinem Cousin. Wissen Sie, ich hatte für seinen Brauchtumsverein die Kerwe 51-Puppe bei mir versteckt. Im letzten Jahr wurde ihnen nämlich die Schlumbel entführt und sie mussten sie freikaufen. Das ist genauso wie beim Maibaumklauen, Sie verstehen. Grundgütiger, und ich durfte niemandem etwas davon erzählen, damit die Puppe bei mir wirklich sicher ist.« Er lachte. »Stellen Sie sich vor, jemand hätte mich mit ihr gesehen und sie für echt gehalten! Da wäre ich doch womöglich unter falschen Verdacht geraten. Ich als Pfarrer mit einer Frau, die keiner kennt! Das wäre doch Wasser auf die Mühlen der Tratschmäuler!« Als er schon beinahe zur Tür raus war, rief er ihr zu: »Heute Mittag esse ich bei meinem Cousin, gell, Frau Martha.«

»Alla, dann, Herr Pfarrer.«

Martha schleppte sich langsamen Schrittes ans Küchenfenster, von wo aus sie beobachtete, wie der Herr Pfarrer eine Frau mit blonder Perücke und dicker Perlenkette aus der Kirche trug. Er setzte sie auf den Beifahrersitz in sein Auto und schnallte sie an.

Als er losfuhr, winkte er fröhlich in Richtung Küchenfenster und hupte zweimal. Martha bemerkte, dass der blonde Kopf auf seine Schulter rutschte und sich an ihn schmiegte.

FREIZEITTIPPS:

37 Marktplatz Heppenheim; wird von sehr schönen Fachwerkhäusern umrahmt, die um 1700 herum errichtet wurden. Die Außenbestuhlung mehrerer gastronomischer Betriebe auf dem großen Platz bietet beim Einkehren einen herrlichen Blick auf die bezaubernde historische Kulisse.

38 Schunkengasse; zu ihren Seiten schmiegen sich herausgeputzte, mit Blumen geschmückte Fachwerkhäuschen aneinander – früher waren hier kleine Läden zu finden. Besonders schön ist sie zur Zeit der Rosenblüte. Von der Gasse führt eine Treppe hoch zur Kirche St. Peter.

39 Gasse »Kleine Bach«; hier verlief früher die Lebensader der Stadt, nämlich der Stadtbach. In der Gasse stehen sowohl das älteste Fachwerkgebäude sowie ein Haus, das im Jahr 1791 von der jüdischen Gemeinde als Synagoge erbaut und genutzt wurde. Auch die jüdische Schule war im selben Gebäude untergebracht.

40 Martin-Buber-Haus; das ehemalige Wohnhaus des jüdischen Religionsphilosophen Martin Buber in der Werlestraße 2 in Heppenheim ist heute Sitz des Internationalen Rates der Christen und Juden, ICCJ, und ein Zentrum der Begegnung. Es finden öffentliche Veranstaltungen statt, die ein Forum für den interreligiösen Dialog bieten. Die Ausstellung »Martin Buber – Leben und Werk« und eine Bibliothek befinden sich ebenfalls in dem Gebäude, das nach Anmeldung im Rahmen einer Führung besichtigt werden kann. Im Haus selbst ist ein Veranstaltungsprogramm erhältlich. Martin Buber lebte von 1916 bis 1938 in seinem Haus in Heppenheim, bis er nach Palästina emigrierte.

41 Römerstraße; bereits die Römer hinterließen ihre Spuren an der Bergstraße. Auf dem Feuerbachplatz in Heppenheim sind Pflastersteine einer römischen Straße zu sehen, die im Jahre 1955 bei Tiefbauarbeiten entdeckt wurden.

42 Historisches Kostüm; Führungen im historischen Kostüm durch Heppenheim bietet der Tourismus & Freizeit Service »Erlebniswelt« an. Auch Events wie Krimidinner, Rittermahl, Odenwälder Abend und spezielle Programme für Kinder umfasst das Angebot. Das Show-Programm bietet unter anderem »Reddoch koa Dabbischzeig, Hessisch-Pfälzischer Mundartabend«. Informationen gibt es hier: www.tfs-erlebniswelt.de

43 Bruchsee; der See bei Heppenheim ist zwar nicht zum Baden geeignet, jedoch für erholsame Spaziergänge auf den umführenden Wegen. Für Ruhesuchende wurden Bänke aufgestellt, um Flora und Fauna zu genießen. Es gibt kostenfreie Parkplätze.

44 alla Hopp!-Anlage; die Dietmar Hopp Stiftung hat in der Region Rhein-Neckar bisher 19 alla Hopp!-Anlagen mit vielen Bewegungsangeboten als Geschenke an die Bevölkerung errichten lassen. Bewegung bis ins hohe Alter ist ein hervorragendes Mittel, um möglichst lange fit zu bleiben. Dabei ist es auch noch mit großem Spaß verbunden, wenn Familien gemeinsam die Anlagen besuchen. Es sind zudem Orte der Begegnung, wo sich soziale Kontakte knüpfen lassen. Die Anlage in Hembsbach umfasst ein circa 15.000 qm großes Gelände. Es befindet sich an der Hüttenfelder Straße. Die Benutzung sämtlicher alla Hopp!-Anlagen ist kostenlos. Informationen zu allen Standorten: www.alla-hopp.de

45 Starkenburg; sie thront auf dem Schlossberg über Heppenheim und ist eine der ältesten Burgen der Gegend. Erbaut haben sie die Lorscher zu Beginn des 11. Jahrhunderts. Die Burg mit der prägnanten Silhouette ist das Wahrzeichen der Region. Direkt an die Burg schließt sich eine Jugendherberge an. Eine ausführliche Broschüre zur Burg ist online einsehbar: www.heppenheim.de

46 Baumeister der Bergstraße; als solcher gilt Heinrich Metzendorf. Er wurde 1866 in Heppenheim geboren und lebte bis 1923. 1906 wurde nach seinen Plänen ein Kaufhaus für die jüdische Familie Mainzer erbaut. Das Gebäude in der Heppenheimer Friedrichstraße war eines der ersten modernen Kaufhäuser Deutschlands. Das ehemalige Kaufhaus in Heppenheim wird nach einer umfassenden Renovierung einer neuen Verwendung zugeführt. Heinrich Metzendorf fertigte für viele markante Gebäude, die heute noch an der Bergstraße stehen, die Pläne, darunter Schulen, Fabrikgebäude und Villen.

47 Freilichtbühne; sie liegt oberhalb der Heppenheimer Altstadt, von wo aus sie in ungefähr 15 Gehminuten erreichbar ist. Sie wurde 1955 auf dem Gelände eines ehemaligen Steinbruchs errichtet und ist auch landschaftlich sehr schön gelegen. Der Blick auf die Starkenburg ist unschlagbar! www.heppenheim.de/heppenheim-erleben/freilichtbuehne

48 Heppenheimer Festspiele; sie finden seit 1974 statt und haben mittlerweile ihren millionsten Besucher begrüßt. Spielstätte ist der Kurmainzer Amtshof, ein historischer Gebäudekomplex aus dem 14. Jahrhundert. Hier werden die Festspiele alljährlich im Sommer abgehalten, wobei die Gäste wie zu Zeiten Shakespeares an Tischen und auf Bänken sitzen. www.festspiele-heppenheim.com

49 Dom der Bergstraße; die wunderschöne Pfarrkirche St. Peter in Heppenheim ist so groß, dass sie auch »Dom der Bergstraße« genannt wird. Sie wurde um 1900 erbaut, nachdem einige Jahre zuvor ein Neubau beschlossen worden war. Auch das Innere der Kirche ist sehr beeindruckend.

50 Kloster Eberbach; das Kloster im Rheingau weist eine lange Geschichte auf und war sogar einer der Drehorte für die Verfilmung des Romans »Der Name der Rose«. Während seiner Hoch-Zeit erstreckten sich die Besitztümer des ehemaligen Zisterzienser-Klosters von Worms bis nach Köln, dazu gehörte auch die Bergsträßer Domäne in der Darmstäder Straße in Heppenheim, das heute größte Weingut an der Bergstraße. Auf dem Gut wird vollständig auf den Einsatz von toxischen Stoffen im Weinbau verzichtet. Hier wurde die erste Riesling Trockenbeerenauslese und der erste Eiswein an der Bergstraße erzielt. Während der Sommermonate wird auf der Weinterrasse ausgeschenkt. Die Vinothek hat täglich geöffnet. Genaue Informationen sind auf der Website zu finden: kloster-eberbach.de/de/weingut/domaenen/domaene-bergstrasse

51 Kerwe, auch Kirchweih; wird an der Bergstraße und in der gesamten Kurpfalz an vielen Orten mit einem großen mehrtägigen Fest gefeiert. Zum Ende der Feierlichkeiten wird die Kerweschlumbel, eine Puppe aus Stroh, nach einem Trauerumzug verbrannt. Gelingt es davor, die Schlumbel zu entführen, wird sie gegen einen entsprechenden Obulus zurückgegeben.

DIE ALTE VILLA (WEINHEIM)

Ein Mann, so groß und breit, dass er einen Raum allein dadurch verdunkeln kann, dass er sich vors Fenster stellt. Sein schlohweißes Haar strebt ungebändigt in sämtliche Richtungen. Über der scharf gebogenen Nase zwei Äuglein, die flink hin und her huschen. Auf der rechten Wange eine Narbe wie von einem Hieb, der zusätzlich das Ohrläppchen um ein kleines Stück gekürzt hat. »Kommen Sie ruhig hoch!«, poltert er. »Interessieren Sie sich für die Wohnung?«

Norbert nickt mir zu. »Komm, Edelgard, die schauen wir uns an!«

Meinem Mann gefällt es so gut an der Bergstraße, dass er damit liebäugelt, sich hier einen Altersruhesitz zu suchen. Er hat nur noch wenige Jahre bis zu seinem vorgezogenen Ruhestand. Und den, so hat er mir verkündet, ist er entschlossen, hier zu verbringen. Bis dahin, so meint er, könnten wir die Wohnung ja als Zweitwohnsitz nutzen. Wo es doch hier so schön ist!

In diesem Punkt gebe ich ihm recht. Denn sogar mir gefällt es hier ganz außerordentlich.

Die Villa steht an einem baumbestandenen Hang. Wir haben sie zufällig bei unserem Spaziergang gleich nach dem Frühstück entdeckt. Die Blüten der Bäume sind dunkelrot und schwer. Sie verströmen einen süßlichen Duft, der einem beinahe die Sinne vernebelt. Die Stufen, die zu der bezaubernden Jugendstilvilla hochführen, habe ich nicht gezählt. Es sind jedoch eine ganze Menge. Oben angelangt, wirkt die verzierte Fassade so ganz aus der Nähe nicht mehr allzu taufrisch.

»Da müsste mal etwas Lack drauf«, Norbert fährt mit dem Finger über das geschnitzte Holz, das an einigen Stellen gesplittert ist. Beinahe pittoresk mutet der kleine Balkon an. Ein Blick über die Brüstung zeigt, dass dort höchstens zwei winzige Klappstühlchen Platz finden, kein robuster bequemer Ohrensessel für meinen Mann, von dem aus er in Ruhe die Aussicht genießen kann. Das heißt, im Winter, wenn er sich warm genug einmummelt. Denn sobald die mächtigen Bäume ihre Blätter tragen, kann er sich lediglich an deren Grün erfreuen. Allem Weiteren versperren sie die Sicht.

Norbert wirft leicht schnaufend einen Blick rückwärts auf die vielen Stufen, die wir eben hochgestiegen sind. »Gewöhnt man sich bestimmt dran.«

Da greift der große Mann mit seiner Pranke schon nach seiner Hand und schüttelt sie kräftig. »Kommen Sie ruhig rein! Sie werden es nicht bereuen! Die Wohnung ist wirklich etwas ganz Besonderes. Sie suchen doch eine, nicht wahr, so wie sie hier herumschlendern.« Er stößt die Haustür auf und geht voran. Die Räume, die er uns anbieten will, liegen im Erdgeschoss. Von einem salongroßen Wohnzimmer, in dem man mühelos einen Ball ausrichten könnte, gehen drei weiß lackierte Türen ab. Eine davon führt in eine schmale und lange Küche. Wenn Norbert hier an der Arbeitsfläche steht, kann höchstens ein Größe-Null-Model an ihm vorbeischlüpfen. Der lange Schlauch mündet in einen Sitzplatz, der rundherum verglast ist. Es wirkt wie die unterste Etage eines Turmes. Die Sicht fällt auf den hinter dem Haus weiter ansteigenden Hang, auf dem das Laub vom letzten Herbst liegt.

»Gibt es denn einen Außensitzplatz, der zur Wohnung gehört?«, wende ich mich an den Mann. Erst jetzt sehe ich, dass seine Hose leicht fleckig ist. Aus der Hosentasche lugt ein zerknülltes weißes Stofftaschentuch hervor.

Er stößt die Terrassentür auf, von deren Holz der Lack ebenfalls abblättert. Quietschend gibt sie nach, um anschließend schräg in den Angeln zu hängen. Nach der Energieeffizienz der alten Fenster frage ich wohl besser nicht. Sie ist sicherlich erschütternd.

»Sehen Sie die Stufen?«

Ja, die sehe ich. Sie sind grob in den Hang gehauen und wirken wie für winzige Geisha-Füßchen angelegt.

Er zeigt mit der Hand nach oben. »Da oben, diese kleine Laube, die gehört zu der Erdgeschosswohnung dazu. Das ist Ihr Außensitz.«

So lange, bis sie der nächste Wind davonträgt. »Aha«, sage ich laut. Ich male mir aus, von dem famosen Außensitz den Blick auf die Rückseite der abblätternden Villa zu genießen.

»Ich zeige Ihnen die weiteren Zimmer. So etwas Besonderes wie diese Wohnung finden Sie so schnell nicht wieder. Diese Räume hier leben, sie erzählen eine Geschichte, genauso wie das ganze Haus. Ich habe es vor etlichen Jahren von meinem Großvater übernommen, der es um 1900 herum erbaut hat, gemeinsam mit seiner Gattin. Eine wunderbare Frau, meine Großmutter! Vielmehr ließ er das Haus erbauen, er hat es ja schließlich nicht mit eigenen Händen gebaut, nicht wahr.«

Er lacht so dröhnend, dass mir bange wird, von der mit Stuck verzierten Decke könne etwas Kalk rieseln. Dann geht er wieder zurück durch den Küchenschlauch und stößt im Salon eine weitere Tür auf. »Hier ist das Schlafzimmer, nicht wahr. Der Mensch braucht ja etwas, wo er sein müdes Haupt niederlegen kann.«

Ich halte kurz die Luft an, weil ich befürchte, gleich dröhne wieder sein lautes Lachen. Aber zu meiner Überraschung bleibt es dieses Mal aus.

Der Raum ist grade groß genug, um ein kleines Bett aufnehmen zu können. Vielleicht lässt sich noch ein Mini-Schrank hineinquetschen, mehr aber auf keinen Fall. Die gesamte Wohnung scheint lediglich auf Repräsentation ausgelegt zu sein, aber bei Weitem nicht mehr heutigen Ansprüchen bezüglich des Komforts zu entsprechen.

»Charmant, charmant«, sage ich zu meinem Mann.

Norberts Gesichtsausdruck kann ich nicht so recht deuten. Gefällt ihm etwa, was er sieht?

»Die Wohnung ist übrigens zu mieten«, tönt der Hüne, »verkauft wird hier nichts. Bleibt alles in Familienbesitz. Geht eines Tages mal auf meinen Sohn über, nicht wahr. Blut ist schließlich dicker als Wasser. Aber seien sie getrost, es dauert noch lange, bis ich das Gras von unten betrachte.« Nun lacht er wieder. »Gute Gene, nicht wahr.«

Ich weiche einen Schritt zurück.

»Wir haben aber eigentlich Interesse an Eigentum.« Norbert blickt aus dem großen Fenster auf Weinheim. »Schade, denn der Blick ist wirklich einmalig.«

Spinnt mein Mann jetzt völlig? Diese Wohnung, die, freundlich formuliert, einen gewissen »Sanierungsstau« hat? Wer weiß, wie erst das Bad aussieht! Das haben wir noch gar nicht in Augenschein genommen.

»Wenn Sie wirklich interessiert sind, muss ich sehen, was sich machen lässt.« Der Mann fährt sich mit seinen Pranken durch das erstaunlich volle Haar. »Ich könnte ja die Wohnung ausgliedern, nicht wahr. Mein Sohn erbt immer noch genug, wenn es eines Tages so weit sein wird. Lassen Sie uns gemeinsam darüber nachdenken und treffen wir uns morgen Nachmittag. Es wäre mir allerdings recht, wenn Sie eine kleine Anzahlung mitbringen würden. Es gibt nämlich viele Interessenten für diese Perle.«

»Wo ist denn das Badezimmer?«, werfe ich ein, in der Hoffnung, einen völlig vergammelten Raum vorzufinden, der meinen bequemen Norbert endgültig von diesem Kaufwunsch Abstand nehmen lässt.

»Das Bad, ah so, jaja. Natürlich. Man hat Bedürfnisse, nicht wahr.« Er öffnet eine Tür neben der Schlafkammer. »Bitte sehr.«

Der Anblick erfüllt mein geheimes Hoffen. Eine Kloschüssel mit Holzdeckel und eine schmale Sitzbadewanne, dazu ein winziges Handwaschbecken. »Schau doch«, flöte ich scheinheilig meinem Mann zu, »wie kuschelig.«

»Das müsste natürlich saniert werden.« Norbert gibt sich unbeirrbar.

Seit wann fährt er darauf ab, in einer Bruchbude zu wohnen? Ich habe zwar nichts dagegen, nach Weinheim zu ziehen, aber doch nicht in dieses alte Haus! Womöglich zwängen sich bereits ganze Mäusefamilien durch die Ritzen in den herrschaftlichen Salon! So schnell gebe ich mich nicht geschlagen und spiele meinen letzten Trumpf aus. »Wie wird denn hier geheizt?«

»Heizung? Selbstverständlich. Folgen Sie mir.« Über den Hausflur führt der Mann uns in den Keller. Hier unten ist die Decke so niedrig, dass er selbst nur gebückt stehen kann.

Bei mir verstärkt sich der Verdacht, hier hausen nicht nur achtbeinige Tiere. Er öffnet eine Holztür, deren Angeln ächzen. Nun habe ich vollends den Eindruck, mich in einer Art Museum zu befinden. Ungläubig starre ich auf ein Monstrum von Heizkessel, der, alt und verrostet, bereits Löcher aufweist. In einer Ecke gammeln Kohlen vor sich hin. Plötzlich sind kleine hastige Schrittchen und ein feines Quieken zu hören. Meine feinfühligen Bronchien zeigen mir Spuren von Schimmelpilzen an. Ich will hier raus. Und zwar möglichst schnell. Das kann doch nicht sein Ernst sein? Der Mann zieht sein offensichtlich schon seit Längerem in Gebrauch befindliches Stofftaschentuch aus der Hosentasche und schnaubt laut hinein. In dem kleinen niedrigen Raum klingt es beinahe wie eine Explosion.

Ich drehe mich um und haste an Norbert vorbei die ausgetretenen Stufen hoch. Der Hüne folgt mir bald. »Sie können natürlich eine neue Heizung einbauen lassen, auf Ihre Kosten. Die Anlage muss dann aber schon für das ganze Haus sein, nicht wahr.«

Trotz allem scheint Norbert aus mir unerfindlichen Gründen einen Narren an dieser Wohnung gefressen zu haben.

Als wir später in der Fußgängerzone bei einem Eisbecher respektive bei einem Glas Bier sitzen, schwärmt Norbert unverhohlen von der tollen Lage und der Panorama-Aussicht. Ich fasse es nicht! Ich ziehe doch in kein marodes Museum!

»Aber die vielen Treppen«, wende ich ein.

»Lieferservice! Kein Problem, die bringen alles an die Haustür.«

»Aber wir werden doch nicht jünger.«

»Noch schaffen wir das. Ich«, er räuspert sich, »wir sind doch im allerbesten Alter!«

Ich muss unwillkürlich an meine Großtante Edelgard denken, nach der meine Mutter mich benannt hat, in der stillen Hoffnung, sie dafür eines Tages zu beerben. Die alte Dame würde sich bestimmt in dem alten Gemäuer heimisch fühlen. Aber doch nicht ich!

»Was hast du denn eigentlich im Keller mit dem Mann noch besprochen, als ich schon raufgegangen bin?«

Norbert weicht mir merklich aus. »Das ganze Haus hat so viel Atmosphäre! Alles ist so lebendig!«

Ich denke an die leisen Schrittchen im Keller. Ja, in diesem Haus ist wirklich mehr lebendig, als einem lieb sein kann.

»Norbert, ich will da nicht einziehen.«

»Edelgard, es ist doch fürs Erste nur unser Zweitwohnsitz. Dieses Haus«, er sucht nach den richtigen Worten, nach welchen, die mich seiner Meinung nach überzeugen könnten, »hat so viel Charme!«

Ich greife nach dem Löffel und nehme etwas Eis aus meinem Becher auf. Während die cremige Masse mit dem Geschmack nach Vanille auf meiner Zunge schmilzt, ist mir klar, dass ich alles tun werde, um Norbert davon abzuhalten, in diesem Geldgrab irgendwelche Scheine zu versenken.

Wir schlendern durch die Fußgängerzone, in der es zu meiner Freude neben großen Einkaufspassagen wie dem Atrium mit der Buchhandlung Beltz **52** zusätzlich eine Vielzahl kleinerer Geschäfte gibt. Zwei bronzene Figuren namens Bas Greth und Vetter Philp **53** erwecken meine Aufmerksamkeit.

»Reizend hier, nicht wahr?« Norbert schiebt seinen Arm in meinen. »Schau mal, über den Dächern dort auf den Hügeln, die beiden Burgen **54**! Hier ist doch wirklich was geboten.«

Ich seufze. Denn schön ist Weinheim wirklich, und rund um die Stadt gibt es prima Wanderwege, wie zum Beispiel den durchs Sechs-Mühlen-Tal **55**. Ich hätte gar nichts dagegen einzuwenden, hierherzuziehen. Jedoch in eine Wohnung mit Komfort! Und keine mit vorgebautem Trimm-dich-Pfad, um überhaupt erst zu ihr hochzukommen.

Wir erreichen den leicht ansteigenden Marktplatz **56** mit der mächtigen Kirche an seiner Stirnseite. An der vorbei begeben wir uns zum Schloss **57**, wo Norbert natürlich sofort die Terrasse des Schlosspark-Restaurants **58** entdeckt. »Wollen wir heute Abend hier essen? Das sieht zauberhaft aus!«

Ich willige ein und lenke unsere Schritte in den gepflegten Schlosspark 59 . »Reizend, nicht wahr?« Beim Betrachten der exotischen Bäume ist meine gute Laune vollends wiederhergestellt. Vergnügt folgen wir dem geteerten Rundweg, vorbei an einer Kapelle 60 .

Zurück über den Marktplatz biegen wir an dessen Ende nach rechts ab und landen auf einem mit Bäumen bestandenen Platz. Eine Brunnenskulptur am Hutplatz 61 erweckt unsere Aufmerksamkeit. Auf einer Stange sitzt ein metallener Hut, der sich durch die Bewegung des Wassers quasi verbeugt.

Während ich das Wasserspiel verfolge, zupft Norbert an meinem Ärmel und raunt mir zu: »Guck mal, Edelgard, da vorne. Das ist doch der Herr aus der Villa?«

Mein Mann hat recht. Aber wieso beginnt der jetzt zu laufen? Wegen uns? Dafür gibt es doch gar keinen Grund! Da entdecke ich zwei Männer, die ihm folgen. »Norbert, das ist komisch. Schau doch, die rennen ja hinter dem her!«

Norbert guckt völlig verständnislos. »Was soll das denn?«

»Komm, wir folgen ihm. Vielleicht braucht er unsere Hilfe.«

Bald schon ist Norbert außer Atem und ich verfolge die drei allein weiter. In der Gerbergasse 62 hole ich sie ein.

Die beiden stämmigen Männer halten den Herrn, den ich erst heute kennengelernt habe, fest. Verzweifelt versucht er, sich ihrem Griff zu entwinden. Aber die beiden scheinen ziemlich kräftig zu sein. Obwohl er größer ist als sie, hat er nicht den Hauch einer Chance.

Ich packe einen der beiden entschlossen am Arm. »Was geht hier vor?«

»Mischen Sie sich nicht ein! Das hier ist privat«, blafft er mich an.

Privat? Die beiden halten einen alten Herrn offensichtlich gegen seinen Willen fest. Wollen die den am helllichten Tag in aller Öffentlichkeit entführen? Hier ist meines Erachtens gar nichts privat!

»Was haben Sie vor? Raus mit der Sprache, sonst hole ich die Polizei!«

Endlich kommt Norbert angeschnauft. »Was machen Sie denn hier?«

»Ein Missverständnis!«, keucht der alte Herr. »Das wird sich rasch klären.« Ihm scheint die Angelegenheit sehr peinlich zu sein.

Nun wendet sich der Mann, den ich immer noch am Arm halte, an mich. »Das mit der Polizei lassen Sie mal besser bleiben. Dieser Herr ist Klient in unserer Einrichtung. Wir suchen ihn seit heute früh und bekamen eben eine Meldung, dass er in der Altstadt gesehen wurde. Daraufhin sind wir sofort los. Wir sind sehr froh, ihn gefunden zu haben. Er ist hilflos und braucht seine Medikamente.«

Der alte Herr sprüht beinahe giftige Funken.

»Hilflos? Den Eindruck habe ich aber ganz und gar nicht gewonnen. Wir haben den Mann heute Morgen kennengelernt.« Ich lasse nun doch den Jackenärmel des Fremden los. Der alte Herr war mir höchstens ein wenig sonderbar vorgekommen, keineswegs aber verwirrt oder gar hilfsbedürftig.

»Wir wollen seine Wohnung kaufen.«

Ich werfe Norbert einen Blick zu. Mit dem »wir«, das er verwendet, bin ich nicht so ganz einverstanden.

»In der alten Villa? Die hat er vor Jahren bewohnt, aber sie steht längst leer. Und verkaufen kann er ihnen da gar nichts, das Haus gehört nämlich seit einiger Zeit schon jemand anderem.«

»Aber warum denn?« Norbert blickt verständnislos.

»Das kann ich Ihnen jetzt wirklich nicht sagen.«

Ich bin nicht so völlig überzeugt davon, dass der alte Mann bei den beiden in guten Händen ist. »Sie sagen uns jetzt, wo sie ihn hinbringen. Ich werde das überprüfen. Irgendwie scheint mir die ganze Situation hier sonderbar zu sein.«

»Kommen Sie doch mit uns mit. Dann können Sie sich selbst überzeugen, dass hier alles seine Ordnung hat. Bevor Sie extra die Polizei informieren …«

Wir folgen den dreien auf dem Fuße. In dem großen Parkhaus gegenüber der Altstadt gehen die beiden mit dem alten Mann in ihrer Mitte zu einem weißen Kleinbus. Er hat aufgehört, sich zu wehren. Gegen die Schraubstockgriffe der beiden durchtrainierten Kerle kann er nichts ausrichten. Auf dem Fahrzeug steht »Seniorenglück«. Welch ein Witz, in Anbetracht der Situation! Der Abgeführte sieht alles andere als glücklich aus. »Schicksalhaft ergeben« umschreibt es treffender.

Nach wenigen Minuten erreichen wir ein ziemlich großes Haus, auf dessen Fassade derselbe Schriftzug zu sehen ist wie auf dem Auto. Der Fahrer wendet sich an uns und greift nach seinem Mobiltelefon: »Sie gehen jetzt zur Pforte, und ich gebe dort Bescheid, dass man Sie zu unserem Chef führt. Der wird Ihnen alles erklären. Dann sind Sie hoffentlich beruhigt und lassen uns in Ruhe unsere Arbeit machen.«

Na, mal sehen. Sollte die Erklärung nicht zu unserer Zufriedenheit ausfallen, werde ich die Presse informieren. Wir verfügen schließlich über Kontakte. Immerhin kennen wir eine Journalistin namens Marja, die bestimmt für eine solche Story dankbar ist. Und wir sind sogar Augenzeugen.

Wenig später führt man uns in einen hellen Raum, den bald darauf auch ein Mann mittleren Alters in einem weißen Kittel betritt. Er stellt sich uns als Dr. Knobel vor. »Der alte Herr hat alles verloren«, erklärt er bedauernd. »Erst seine Familie bei einem Tsunami in Asien und später dann auch noch seine Firma, um die er sich nicht mehr kümmern konnte. Nachbarn haben veranlasst, dass er bei uns unterkommt. Er hat jeglichen Bezug zur Realität verloren. Er leugnet den Tod seines Sohnes und seiner Frau, sogar seine Firma existiert für ihn immer noch. Hin und wieder gelingt es ihm, auszubüxen. Dann läuft er zu seinem früheren Haus, das ihm schon lange nicht mehr gehört. Von dem Erlös wird sein Aufenthalt hier bei uns finanziert, das hat ein vom Gericht bestellter Betreuer alles für ihn geregelt. Sein heutiges Fehlen haben wir beim Mittagessen bemerkt.«

»Hat er denn gar keine Angehörigen mehr?«

Der Arzt schüttelt verneinend den Kopf.

»Aber warum steht das Haus denn leer? Man könnte es doch renovieren!« Norbert ist verblüfft.

»Ein Investor hat es gekauft. Er will es abreißen lassen und dort hochwertige Wohnungen im oberen Preissegment entstehen lassen. Er kämpft seit Jahren um die Genehmigung. Es ist nicht einfach, weil die Villa unter Denkmalschutz steht. Offenbar hat unser Klient heimlich einen Schlüssel, den er irgendwo auf dem Grundstück versteckt hält. Wie haben Sie ihn denn eigentlich kennengelernt, wenn ich fragen darf?«

Norbert steht die Verlegenheit ins Gesicht geschrieben. Daher übernehme ich diesen Part für ihn.

»Wir sind beim Spazierengehen zufällig an der Villa vorbeigekommen und haben sie bewundert. Der alte Herr hat das wohl bemerkt und uns zu sich hochgewunken. Alles Weitere ergab sich dann im Gespräch.«

Norbert räuspert sich. »Wir suchen nämlich tatsächlich eine Immobilie in Weinheim. Dieser Zufall wirkte auf mich wie eine glückliche Fügung. Alles schien so einfach zu sein.«

Am Abend, als wir zum Schlossparkrestaurant unterwegs sind, kommen wir erneut an der alten Villa vorbei. Traurig blicke ich zu dem Haus hoch. Was für eine Geschichte! Ich bin wirklich froh, dort nicht einziehen zu müssen.

FREIZEITTIPPS:

52 Buchhandlung Beltz; im Atrium in der Bahnhofstraße unterhält die Weinheimer Verlagsgruppe Beltz eine eigene Buchhandlung. In hellen, freundlichen Räumen wird eine Vielzahl von Büchern mit den Schwerpunkten Belletristik und Kinderbuch angeboten.

53 Bas Greth und Vetter Philp; die beiden lebensgroßen Figuren in der Weinheimer Fußgängerzone stellen originelle Mundartfiguren des Heimatdichters Karl Zöller dar. Geschaffen wurden sie vom Bildhauer Martin Hintenlang. In Auftrag gegeben hat sie der Weinheimer Zeitungsverleger Heinrich Diesbach, in dessen »Weinheimer Nachrichten« Bas Greth und Vetter Philp von Januar 1928 bis Februar 1954 das Stadtgeschehen in einer eigenen Kolumne kommentierten. Die beiden humorvollen Figuren sind fester Bestandteil der Weinheimer Fasnacht. Link zu den »Weinheimer Nachrichten«: www.wnoz.de

54 Burgruine Windeck und Wachenburg; sie thronen über Weinheim und machen die Stadt damit zur Burgenstadt. Burg Windeck wurde zu Beginn des 12. Jahrhunderts erbaut und ist die zweitälteste Burg an der Bergstraße. Der Aufstieg wird von einem tollen Blick über die Rheinebene belohnt.
Im Gegensatz zur gegenüberliegenden Burg Windeck wurde die Wachenburg nicht als mittelalterliche Verteidigungsanlage gebaut. Sie entstand zu Beginn des 20. Jahrhunderts. Zu den Öffnungszeiten ist die Anlage zu besichtigen. www.diebergstrasse.de

55 Wanderweg durchs Sechs-Mühlen-Tal; er beginnt im Gerberbachviertel in Weinheim und führt an folgenden Mühlen vorbei: die Hildebrand'sche Untere Mühle und Obere Mühle, die Untere und Obere Fuchs'sche Mühle, die Kinscherf'sche Mühle und die Carlebachmühle. Der Weg führt von Weinheim bis nach Birkenau. www.diebergstrasse.de

56 Marktplatz; er ist das eigentliche Herz der Stadt Weinheim. Der leicht ansteigende, an einem Hang liegende Platz ist umsäumt von schmucken Fackwerkhäusern. Vorm alten Rathaus steht ein Brunnen, Cafés und Restaurants sind mit Außenbestuhlung ausgestattet und verströmen südliches Flair. Während der Adventszeit findet ein zauberhafter Weihnachtsmarkt statt.

57 Weinheimer Schloss; die hübsche Anlage erhebt sich über der Altstadt. Ihre einzelnen Gebäude entstanden über einen längeren Zeitraum hinweg. Heute sind im Schloss das Rathaus der Stadt und die Verwaltung untergebracht.

58 Restaurant Schlosspark Weinheim; hier kann man eine genussvolle Zeit verbringen und sich in außergewöhnlichen Räumen kulinarisch verwöhnen lassen. Die Terrasse grenzt direkt an den Schlosspark an und gewährt schöne Blicke. Obertorstraße 9, 69469 Weinheim; www.schlosspark-weinheim.de

59 Schlosspark Weinheim; der Park ist im Stil eines englischen Landschaftsgartens angelegt. Zu seinem Bestand zählen exotische Bäume, die sich im milden Klima an der Bergstraße wohlfühlen. Der kurfürstliche Gartendirektor Ludwig von Sckell hat den Garten einst angelegt. Neben dem Exotenwald gibt es auch einige Skulpturen zu bewundern. Gemütliche Parkbänke laden zum Verweilen ein. An den Park grenzen Kinderspielplätze an, im Park selbst gibt es eine Teichanlage sowie einen Heilpflanzengarten und Volieren mit Vögeln.

60 Kapelle; im Jahr 1913 wurde über der Gruft der gräflichen Grablege eine Kapelle im Jugendstil erbaut. Das Mausoleum befindet sich im oberen Schlosspark, direkt neben dem Eingang Bodelschwinghstraße.

61 Hutplatz; die Brunnen-Skulptur am Hutplatz, in der Weiterführung der Hauptstraße vorbei am Alten Rathaus, kehrt die Verbeugung, die in »Wilhelm Tell« gefordert wird, um. Der Hut verbeugt sich, vom Wasser angestoßen, hier nämlich vor dem Volk. Geschaffen hat ihn laut der angebrachten Tafel Künstler Kissel aus Ladenburg, gestiftet die Volksbank Weinheim.

62 Gerbergasse; Gasse im Gerberbachviertel der Weinheimer Altstadt. Immer am zweiten Wochenende im August findet hier mit der Weinheimer Kerwe das größte Sommerfest der Bergstraße statt. Im gesamten Gerberbachviertel wird Kunsthandwerk feilgeboten, Straußenwirtschaften öffnen extra zu diesem Anlass. Mutige können über eine Holzrutsche über die Höllenstaffel hinunter ins Gerberviertel am Gerberbach rutschen.

MONIQUES BESTES MENÜ
(HIRSCHBERG)

Monique hantierte in ihrer hellen Wohnküche. Eine Seite des großen Raums war vollständig mit Regalen ausgefüllt. Ordentlich waren Gläser mit Marmeladen, Konfitüren und eingelegtem Gemüse aufgereiht, versehen mit fein säuberlich beschrifteten Etiketten. Gerade rührte sie mit dem Holzlöffel in einer großen Teigschüssel, aus deren Inhalt später ein Geburtstagskuchen werden sollte. Denn Monique kochte und buk für Kunden. Alles frei von Fertigprodukten und rein vegetarisch. Das entsprach ihrer eigenen Überzeugung. Seit ihrer Jugend ernährte sie sich fleischfrei und war ziemlich glücklich damit. Eventuellen Mängeln beugte sie mit der Einnahme von zusätzlichen Vitamin-Präparaten vor, aber, wie ihr ihre Hausärztin bestätigte, erfreute sie sich bester Gesundheit. Monique befand sich in einer ausgesprochen guten Lebensphase. Ihr kleines Geschäft lief prima. Wenn sie als Eventköchin gebucht wurde, brachte sie immer einen Korb ihrer selbst eingemachten Lebensmittel zum Verkauf mit, der, wenn sie heimging, meist leer war. Sie öffnete die Verandatür zum Garten, denn durch das gekippte Fenster war eine Biene hereingeflogen. Monique hoffte, diese würde dem Luftstrom folgen und wieder ins Freie finden. Was sie prompt tat.

Draußen schien die Sonne auf ihre Beete mit dem selbst gezogenen Gemüse. Sogar Beeren erntete sie selbst. Alles bei ihr war frei von Pestiziden. Regelmäßig holte sie von einem nahen Gehöft einige Pferdeäpfel, kompostierte sie drei

Monate lang und verteilte sie dann zerkleinert auf der Erde. Die Pflanzen dankten es ihr mit üppiger Ernte.

Das Haus mit dem Garten hatte sie von einem kinderlosen Großonkel geerbt, dessen Patenkind sie gewesen war. Demnächst war wieder die Zahlung der Grundsteuer fällig und Monique kam es deshalb gerade sehr recht, wieder Feriengäste in der kleinen Wohnung im Obergeschoss zu haben. Deren Ankunft erwartete sie für heute.

Als sie den Teig in die Form umfüllte, klingelte es an ihrer Haustür. Monique machte ihre Hände frei und öffnete. Vor ihr stand der Postbote, der ihr einen Stapel Papiere entgegenstreckte. »Hier, Ihre Post, die Werbung ist unten, obenauf die Briefe.«

Wie immer hatte er ihre Sendungen bereits sortiert.

Als sie alles entgegengenommen hatte, fragte er: »Und? Etwas Wichtiges dabei?« Ungeduldig wippte er auf seinen Füßen.

Monique lächelte. Sie wusste, Willi lebte für seinen Job. Postboten wie er gehörten einer aussterbenden Spezies an. »Ich kann Ihnen heute leider keinen Kaffee anbieten, ich bin total in Eile«, sagte sie, und das Bedauern in ihrer Stimme war echt.

»Ah, verstehe. Kommen wieder Gäste in Ihre Wohnung?«

»Ja, genau. Ich muss schnell die Betten beziehen und vorher einen Backauftrag erfüllen.«

Der Postbote nickte verständnisvoll. »Ich erzähle immer allen von Ihren Kuchen. Jedem, bei dem ich die Post vorbeibringe. Sie sind hier überall bekannt.«

Wie früher auf dem Land bei meiner Oma, dachte Monique bei sich und lächelte dankbar.

Kaum war sie in die Küche zurückgekehrt, klingelte es erneut. Dieses Mal war es ein Mann eines Paketdienstes, der sie fragte, ob sie für die Nachbarn gegenüber etwas annehmen könne.

Monique seufzte. Sie musste sich nun wirklich damit beeilen, den Kuchen endlich in den Backofen zu bringen. Schließlich musste sie ihn laut ihrem Auftrag noch aufwendig verzieren, denn er war für einen runden Geburtstag bestimmt. Wäre sie doch bloß heute Morgen früher aufgestanden! Aber sie hatte mal wieder vergessen, ihren Wecker zu stellen. Als der Kuchen endlich im Ofen war, hörte sie hinter sich ein Geräusch. Abrupt drehte sie sich um. Ein Mann, ein wenig älter als sie selbst, stand ihr unvermittelt gegenüber.

»Entschuldigung, aber sie stand offen.« Er wies auf die Verandatür.

Monique war empört. Was fiel dem Kerl denn ein? Einfach durch den Garten ungefragt in ihr Haus zu schleichen! »Und da kommen Sie einfach so herein? Das ist doch nicht die Haustür!«, wies sie ihn zurecht.

Der Mann beschwichtigte sie. »Ich wollte mir den Garten ansehen, das Gemüse und so. Ich will Sie nämlich buchen. Sie sind doch die Eventköchin?«

»Ja, die bin ich.« Monique hätte ihn zwar am liebsten sofort hinausgeschmissen, konnte derzeit aber wirklich jede Einnahme gebrauchen. »Wie viele Gäste erwarten Sie denn?«, fragte sie daher nach.

»Fünf.« Die Antwort kam wie aus der Pistole geschossen.

»Wie viele Gänge?«

Er musterte sie eingehend. »Drei.«

Monique überschlug im Kopf die Summe, die sie mit diesem Auftrag verdienen würde. Eigentlich sah der Typ gar nicht übel aus. Vielleicht eine Spur zu akkurat gekleidet. Er trug ein kariertes Hemd zu einer leichten Flanellhose. Und braune Lederschuhe, das erkannte sie auf Anhieb. Sie selbst achtete ganz genau darauf, dass selbst ihre Kleidung nichts enthielt, was tierischen Ursprungs war.

»Und wann?«

»Morgen. Abends um 20 Uhr treffen die Gäste ein.«

Sie griff nach ihrem Smartphone und prüfte den Termin. »Gut.« Sie wies zum Küchentisch. »Setzen Sie sich.« Sie selbst nahm ebenfalls Platz. Sie zog einen Block aus der Schublade des antiquarischen Tisches hervor und zückte einen Stift. »Was stellen Sie sich vor? Sie wissen aber schon, dass ich rein vegetarisch koche.«

»Kein Problem.«

Das Zucken um seine Mundwinkel nahm Monique nicht wahr, da sie sich in diesem Moment bereits eifrig Notizen machte.

Kaum waren sie mit der Besprechung durch und hatten sich bezüglich der Kosten geeinigt, klingelte es schon wieder an der Tür. Diesmal standen zwei Personen davor.

»Haben Sie gut hergefunden?«, erkundigte Monique sich, die in dem Pärchen sofort ihre Feriengäste erkannte.

Aus der Küche ertönte ein schrilles Geräusch. Die Zeitschaltuhr ihres Backofens!

»Entschuldigen Sie, bitte, mein Kuchen darf auf keinen Fall verbrennen!« Sie rannte in die Küche, riss die Backofentür auf und stelle die Uhr ab.

Ihr Gast von vorhin war offenbar über denselben Weg verschwunden, über den er gekommen war. Jedenfalls war er weg und nichts deutete darauf hin, dass er bis vor Kurzem noch da gewesen war. Sie zog ihre Topfhandschuhe über und nahm die Kuchenform heraus. Immerhin sah das, was sie in Händen hielt, gut aus. Der Teig war während des Backens gleichmäßig aufgegangen.

Das Paar war ihr in die Küche gefolgt, die Frau zog einen Rollkoffer nach.

»Wie das duftet!« Der Mann betrachtete mit leuchtenden Augen den Kuchen.

»Leider kann ich Ihnen von dem hier nichts anbieten. Der ist für eine Kundin. Herrje, ich habe ja ihr Zimmer noch gar nicht hergerichtet! Nehmen Sie doch bitte Platz.« Hektisch stellte sie die Form auf einen stabilen Untersetzer. »Möchten Sie einen Kaffee trinken? In der Zwischenzeit beziehe ich Ihr Bett.«

»Das kann doch meine Frau …«, der Mann verstummte nach einem vernichtenden Blick seiner besseren Hälfte.

»Sie sind also Frau und Herr Buchmann. Tut mir leid, ich habe Sie etwas später erwartet. Ich hoffe, es macht Ihnen nichts aus, hier eine Viertelstunde zu warten?« Monique drückte auf die Tasten ihres Kaffeevollautomaten, den sie ebenfalls für ihre Einsätze als Eventköchin angeschafft hatte. Mit blubberndem Geräusch floss das dunkle Getränk in zwei Tassen. Die stellte sie anschließend vor ihren Gästen ab.

»Haben Sie Zucker?« Die Augen des Mannes hingen unnachgiebig an dem Kuchen.

»Natürlich. Milch ebenfalls?«

»Gerne.« Die Frau lächelte.

Wie die es bloß mit diesem Mann aushält?, dachte Monique. Der schien ja hauptsächlich auf Essbares fixiert zu sein. Ob der sich außerdem noch mit etwas anderem beschäftigte? Ein Hobby, das ihn interessant machte? Seinen beigefarbenen Anzug hätte er gut in einer Nummer größer tragen können, das hätte seine Figur nicht derart unvorteilhaft ins Licht gerückt. Und überhaupt, Breitcord! Wo bekam man denn so etwas noch zu kaufen? Sie hatte ein solches Modell schon lange nicht mehr im Laden gesehen. Der Anzug musste uralt sein und konnte beinahe schon als retro bezeichnet werden. Die Brille war allem Anschein nach ein Null-Preis-Modell einer bekannten Optiker-Marke. Die Frau hingegen war schlank und mit zurückhaltender Eleganz sehr geschmackvoll gekleidet. Ihr dunkelblondes Haar trug sie in einem halblangen Bob. Monique hätte wirklich gerne gewusst, was diese Ehe zusammenhielt. Aber wer konnte schon in andere Menschen hineinblicken? Irgendeinen Kitt gab es offenbar, der die beiden zäh wie Kaugummi verband.

Sie nahm immer zwei Stufen auf einmal und riss oben im Gästezimmer erst einmal das Fenster auf. Vor dem Haus gegenüber parkte ein Auto. Komisch, die Nachbarn waren doch derzeit in Urlaub in der Dominikanischen Republik? Sie waren dort zu einer längeren Kreuzfahrt aufgebrochen. In dem Auto saß ein Mann, auch das konnte Monique von hier oben aus erkennen. War das der, der soeben hintenrum in ihre Küche geschlichen war und ihr den Auftrag erteilt hatte? Doch bevor sie ihn im Gegenlicht wirklich erkennen konnte, startete der Fahrer des Wagens den Motor und fuhr davon.

Mit geübten Handgriffen zog Monique die Bettwäsche auf, wischte geschwind mit einem Lappen über die Kommode und brachte das Bad im Eiltempo auf Vordermann. Als sie das Waschbecken gesäubert hatte, sah sie in den Spiegel. Ihre Haare waren zum Teil aus dem Zopf gerutscht, die Wangen gerötet, der Ausschnitt des T-Shirts in der Eile, mit der sie durch das Gästezimmer gewirbelt war, verrutscht. Sah so eine seriöse Geschäftsfrau aus? Sie brachte ihre Frisur in Ordnung und zupfte ihre Kleidung zurecht.

Wieder in der Küche angelangt, stürzte sie den erkalteten Kuchen aus der Form auf einen großen Teller. »Sie können jetzt nach oben gehen, Ihr Zimmer ist fertig.«

»Aber wir haben mit Frühstück gebucht, gell?«

»Selbstverständlich, Herr Buchmann. Morgen bereite ich Ihnen ein Frühstück zu. Hier unten, in meiner Küche. Sie werden staunen! Um wie viel Uhr soll ich für Sie decken?«

»Um neun, bitte«, sagte die Frau. Und zu ihrem Mann gewandt: »Norbert, bringst du unseren Koffer nach oben?«

Wenig später hörte Monique die Haustür klappen, ihre Gäste unternahmen offenbar einen Spaziergang. Jetzt hatte sie doch prompt vergessen, sie auf die Villa Rustica **63** hinzuweisen. Die vielen Brunnen **64** würden sie bestimmt von selbst finden. Aber von der Synagoge **65** musste sie ihnen unbedingt noch erzählen.

Moniques Küchentisch war übersät mit dünnen Marzipanplatten, Zuckerblüten und allerlei Dekomaterial für den Kuchen. Sie hatte den Auftrag, eine essbare Blumenwiese darauf zu zaubern, und um 16 Uhr schon hatte sie den Kuchen zu liefern. Sie musste sich jetzt aber wirklich beeilen!

Am nächsten Tag sahen die Buchmanns nicht viel von ihrer Gastgeberin, da diese sogleich nach dem Frühstück verschwand, um die Besorgungen für ihren neuen Auftrag zu erledigen. Sie hatte ihnen noch geschwind einen schönen Tag gewünscht.

Den hatten die beiden dann auch wirklich in dem malerischen Ort, der sich in seinen Ausläufern sanft an einen Hügel schmiegte. Sie waren mit Herumstreifen durch Gassen, zu deren Seiten alte Höfe standen, beschäftigt und vollends zufrieden mit ihrem Urlaubsort.

Als sie abends zurückkamen, verschwand Norbert nach seinem üblichen Glas Bier nach oben, um sich hinzulegen. Sie waren in ein Gasthaus eingekehrt und er hatte dort ein üppiges Mahl genossen. Edelgard hatte ihr Buch geholt und sich gemütlich auf dem Sofa in der heimeligen Wohnküche niedergelassen. Nach einer Weile erhob sie sich, da sie Durst verspürte. Sie legte das Buch zur Seite und ging zum Kühlschrank, um sich etwas zu trinken zu holen, als sie ein Auto vorfahren hörte. Mit ihrer Gastgeberin rechnete sie eigentlich noch nicht, da diese ihnen am Morgen noch gesagt hatte, es könne wegen eines Auftrags sehr spät werden. Sie wunderte sich, wer das wohl sein könnte.

Kurz darauf kam Monique ins Haus und zu ihr in die Küche gestürzt, wo sie erschöpft auf einen der Küchenstühle sank. Ihr Haar war zerzaust, die Wimpertusche klebte verschmiert auf der Haut unter den Augenbrauen. Sie wirkte verschwitzt.

»Was ist denn mit Ihnen passiert?« Edelgard zog einen Stuhl neben sie und setzte sich ebenfalls.

Monique brachte kein Wort hervor. Sie war bleich.

»Kann ich irgendetwas für Sie tun? Einen Tee zubereiten vielleicht?« Edelgard legte ihr die Hand auf den Arm.

Monique nickte. Etwas Wärmendes würde ihr jetzt sicher guttun.

Als die dampfende Tasse vor ihr stand, zog sie mit geschlossenen Augen den Geruch der Kräuteressenzen ein.

»Und jetzt erzählen Sie, was passiert ist. Mein Mann liegt oben, der geht immer früh schlafen. Wir sind also ganz unter uns. Reden Sie! Das hilft immer.«

Monique gab sich einen Ruck: »Ein Mann hat mich als Eventköchin gebucht. Als ich ankam, hatte der ein riesengroßes Steak in der Küche liegen, T-Bone oder wie das heißt. Das lag da schon, als ich reinkam. Er sagte, ich solle meine Sachen im Auto liegen lassen, die bräuchten wir gar nicht. Dann verschloss er rasch hinter mir die Tür. Das Steak …«, sie brach ab.

»Wie lange leben Sie schon vegetarisch?«

»Eine halbe Ewigkeit.« Monique putzte ihre Nase. »Er sagte, er würde das jetzt zubereiten und wir würden es zusammen verspeisen. Da sei alles drin, was ein Mensch braucht. Proteine und so. Und ich müsse doch Mangelerscheinungen haben. Das würde er an meiner Haut und an meinen Haaren sehen. Er würde mich heilen.« Sie griff nach der Tasse und nahm einen Schluck. »Er beobachte mich schon seit einer Weile, ich sei *die* Frau für ihn. Aber mit einer Vegetarierin könne er keine Kinder haben.«

»Der ist ja komplett durchgedreht.« Edelgard schüttelte ihren Kopf. »Was fällt dem ein, Ihnen vorzuschreiben, wie Sie sich zu ernähren haben? Und er hat Sie beobachtet? Er will Kinder mit Ihnen? Ohne Ihre Einwilligung? Der ist doch verrückt.« Erschrocken riss sie die Augen auf. »Meine Güte, das ist ja ein Stalker! Aber die Polizei wird in solchen Fällen immer erst tätig, wenn was passiert ist.«

Monique erzählte weiter: »Er nahm ein großes Messer und säbelte an dem Fleisch herum. Dann stellte er zwei Gläser Wein auf den Tisch.« Nun liefen Tränen über ihre Wangen. »Er versuchte, mich zu umarmen. Von weiteren Gästen war keine Spur! Da war nur er alleine. Der hat mich bloß unter einem Vorwand zu sich nach Hause gelockt! Plötzlich bekam ich Angst, große Angst sogar.«

Edelgard strich ihr über den Arm. »Wie haben Sie es geschafft, von dort wegzukommen?« Sie versuchte, sich nicht anmerken zu lassen, dass sie soeben Blutspuren in Moniques Armbeuge entdeckt hatte.

Monique hielt beide Hände vor ihr Gesicht. »Sein Griff wurde immer enger und fordernder und plötzlich war da überall Blut …«

»Was ist genau geschehen?«

Monique schwieg. Sie hob ihre Hand und deutete mit der Kante einen Schnitt quer über den Hals an.

Edelgard verstand. »Hat Sie jemand gesehen? Denken Sie ganz genau nach.«

Monique schüttelte den Kopf. »Der Typ wohnt abgelegen. Das kam mir irgendwie schon komisch vor. Hätte ich bloß auf mein Bauchgefühl gehört und wäre da erst gar nicht reingegangen! Alleine! Wie dumm von mir. Aber mich hat das Geld gelockt. Ich brauche im Moment jeden Cent.«

»Hatten Sie Ihr Navi an?«

»Wozu? Ich habe die Adresse so gefunden, ich kenne mich aus in der Gegend, schließlich bin ich hier aufgewachsen.«

Während Edelgard überlegte, wie sie die nächste Frage formulieren sollte, sagte Monique: »Das Messer habe ich ins Auto geworfen. Ich trage immer dünne Einweghandschuhe bei meinen Aufträgen, aus hygienischen Gründen. Die hatte ich vor dem Hineingehen bereits im Auto übergestreift. Das zweite Weinglas habe ich zurück in den Schrank gestellt.« Nun überfiel sie ein Weinkrampf. »Mein schönes Essen liegt noch im Kofferraum. Ich habe mir so viel Mühe bei der Zubereitung gegeben. Das Geld kann ich abschreiben. Wie hätte ich denn wissen sollen, dass das ein Irrer ist, der mir eine Falle stellt?«

»Sie bleiben jetzt hier sitzen.« Edelgard erhob sich. »Ich hole das Essen herein und stelle es in den Kühlschrank. Mein Mann wird sich morgen Abend darüber freuen. Den Rest entscheiden Sie selbst. Wenn Sie sagen, dass Sie heute Abend die ganze Zeit über hier waren, werde ich das bestätigen. Aber wie hat dieser Kunde Kontakt zu Ihnen aufgenommen? Wurden Sie zusammen gesehen? Oder hat er Sie nur angerufen? Die Polizei wird seine Anrufliste überprüfen. Wenn er Sie per Telefon kontaktiert hat, finden die Ihre Nummer.«

Monique schüttelte den Kopf. »Er hat nicht angerufen. Er kam über den Garten ins Haus und stand gestern plötzlich vor mir.« Sie schlug sich mit der Hand gegen die Stirn. »Das hätte mir doch gleich komisch vorkommen müssen! Jeder normale Mensch klingelt an der Haustür, wenn er jemanden zum ersten Mal besucht. Ich kam mir so ausspioniert vor irgendwie.«

»Kann ihn dabei jemand beobachtet haben?«

»In meinen Garten und zur Garage können nur die Nachbarn von gegenüber blicken. Und die sind im Urlaub.«

»Das ist gut so. Dann gibt es also keinerlei offizielle Verbindung zwischen Ihnen beiden. Sie geraten erst gar nicht in den Fokus der Ermittlungen.«

Monique wischte sich ihre Tränen aus dem Gesicht und musterte Edelgard nun eingehend. »Warum helfen Sie mir?«, wollte sie schließlich wissen.

»Wir Frauen müssen doch zusammenhalten! Also, ich war den ganzen Abend hier in der Küche. Und wir haben uns über den neuen Blog unterhalten, den Sie demnächst einrichten.«

»Ein Blog?«

»Mit Rezepten. So traumhaft, wie Sie kochen können! Mein Sohn hat mir von solchen Blogs erzählt. Sie werden bestimmt eine enorme Klickrate erzielen! Und ich, ich schweige wie ein Grab.« Sie nippte an ihrem Glas. »Vielleicht steuere ich sogar ein paar Rezepte bei.«

FREIZEITTIPPS:

63 Villa Rustica; ihre Reste wurden in Hirschberg-Großsachsen ausgegraben, als in den 1950er-Jahren am »Alter Weg« römische Siedlungsreste gefunden wurden. Das Bodendenkmal wurde erhalten und ist der Öffentlichkeit zugänglich. Ausführlich über die Römerzeit in der Gegend informiert das Lobdengau-Museum in Ladenburg.

64 Brunnen; Hirschberg besteht aus den beiden Ortsteilen Leutershausen und Großsachen, die zu einer Gemeinde zusammengeschlossen wurden. Insgesamt befinden sich hier 17 Brunnen. Leutershausen, wo alleine elf davon stehen, wurde deshalb auch als Brunnendorf bezeichnet.

65 Synagoge; in Leutershausen steht eine ehemalige Synagoge, die dem Zerstörungswahn der Nationalsozialisten entging. Sie wurde im Jahr 1868 eingeweiht.

RUHE SANFT (SCHRIESHEIM)

Niemand vermutete ihn hier. Da war er sich ziemlich sicher. Ein paar Tage stillhalten, irgendwo. Er wäre nämlich beinahe aufgeflogen. Plötzlich waren die Bullen da gewesen. Es hatte sich wirklich um einen blöden Zufall gehandelt, dass die gerade ums Eck an der Imbissbude gewesen waren, um sich mit einem Döner zu versorgen. Durften die das überhaupt, während der Dienstzeit? Er lachte leise. Er hatte sie wirklich clever abgehängt. Das lag denen jetzt sicher schwer im Magen, mehr als der Döner, den sie eben noch in sich hineingestopft hatten.

Er fummelte einen flachen Stein aus dem Kies, auf dem er saß. Er hatte von seinem Stiefvater gelernt, die Dinger so zu werfen, dass sie mehrmals übers Wasser hopsten. Er zählte mit. Achtmal schlug der Stein auf die Wasseroberfläche auf, bevor er versank. War die Acht nicht die Glückszahl seiner Mutter gewesen?

*

Es war eine Schnapsidee, das hatte ich gleich gewusst. Auf keinen Fall hätte ich zustimmen sollen! Aber hinterher ist man meist schlauer, nicht wahr? Mein Göttergatte Norbert wollte unbedingt auf unserer Tour einige Tage auf einem Campingplatz 66 verbringen. Hätte ich geahnt, was auf uns zukommt, wäre ich nie und nimmer damit einverstanden gewesen.

Mein Mann hatte tatsächlich im Internet ein Angebot gefunden, das die Miete für ein Zelt und die Abholung des

Gepäcks vom Bahnhof beinhaltete. Wobei ich unseren Sohn Julian verdächtigte, dass er seinem Vater bei dieser Buchung behilflich war. Ist es doch Norbert, der bei W-LAN stets nach dem Stecker sucht. Selbstverständlich gebe ich Julian keine Schuld an den Ereignissen, die dann folgten.

Unser Zelt stand direkt am Neckar, es war das vorletzte in der Reihe. Dahinter begann dichtes Gestrüpp. Wobei ich schon zugeben muss, dass die an nichts gespart haben. Das Zelt war so groß wie ein Wohnzimmer, der Schlafplatz mit den beiden Feldbetten sogar abgetrennt. Die gemeinschaftliche Duschanlage war blitzblank sauber, meine schlimmsten Befürchtungen wurden also nicht bestätigt. Es roch zitronenfrisch und selbst bei genauerem Hinsehen war keine Spur von irgendwelchem Ungeziefer zu entdecken.

Das Zelt neben unserem bewohnte ein alter Herr. Gleich nach unserer Ankunft kam er zu mir herüber. »Auf gute Nachbarschaft! Erich Mühsam, mein Name.«

Ich überlegte, während ich mich ihm ebenfalls vorstellte, was der in seinem Alter wohl auf einem Campingplatz wollte. Er wirkte ziemlich hutzelig, mochte früher aber größer gewesen sein. Jetzt jedenfalls war er klein und wirkte auf eine seltsam berührende Art gebrechlich. Auf seinem beinahe kahlen Kopf befanden sich rudimentäre Haarinseln.

»Ich habe einen Wasserschaden im Haus.« Er schmunzelte. »Besser als ein Dachschaden, nicht wahr? In meinem Alter zählt: Hauptsache, unten und oben dicht!« Er setzte sich auf einen unserer Campingstühle, der unter seinem Gewicht kaum nachgab. »Und mit den Handwerkern im Haus ist es ein Graus. Die haben mein ganzes Bad rausgerissen. Das dauert, bis ich da wieder wohnen kann, nicht wahr.«

»Und so lange bleiben Sie hier?« Ich wollte nicht unhöflich erscheinen, aber unter Entspannen am Neckar hatte ich mir etwas anderes vorgestellt, als sogleich von jemand Wildfremdem unter Beschlag genommen zu werden.

Er wiegte den Oberkörper vor und zurück. »Übrigens haben Sie einen Kühlschrank im Zelt. Da ist etwas zu trinken drin.«

In dem Moment kam Norbert aus dem Zelt. Er trug eine ockerfarbene Badehose mit orangenen Streifen, die bis über seinen Bauchnabel reichte und von einer dicken Kordel, deren Enden er zu einer Schleife gebunden hatte, gehalten wurde. Seine Mutter hatte sie ihm mit den Worten »Du hast zwar immer noch deine athletische Figur, mein Kleiner, aber du solltest vielleicht trotzdem etwas Sport treiben« von einem Ausflug zu einem der zahlreichen Weihnachtsmärkte 67 der Region mitgebracht. Auf seiner Brust ringelten sich zwischen wenigen rötlichen ein paar weiße Haare. Die bisherigen Sonnenstunden an der Bergstraße im kurzärmeligen Hemd hatten ihre Spuren hinterlassen. Er sah aus, als trage er ein helles T-Shirt, während er an den Armen, am Hals und im Gesicht immerhin eine gewisse Bräune vorwies. »Edelgard, wo sind denn meine Badeschuhe?«

»Sie entschuldigen mich?« Ich erhob mich und schob meinen Campingstuhl zurück an den Tisch.

»Suchen Sie ruhig in Ruhe nach den Schuhen Ihres Mannes. In meinem Alter hat man Zeit, wissen Sie, ich warte hier solange auf Sie.«

Im Zelt rolle ich genervt die Augen.

Norbert war mir gefolgt. »Edelgard, sei doch nicht so unhöflich. Womöglich ist der alte Mann einsam.«

Mein Mann und Mitgefühl? Seit wann ging denn das zusammen? Wenn er unbedingt meinte, konnte er sich ja gerne mit dem Herrn zusammensetzen. Entschlossen schritt ich zum Kühlschrank und zog nach kurzer Inspektion zwei

Flaschen Bier heraus. »Schau, was ich gefunden habe«, flötete ich mit Unschuldsmiene. »Hier gibt es bestimmt irgendwo Becher.« Unser Zelt konnte es locker mit der Einrichtung einer Ferienwohnung aufnehmen. Abgesehen von der kargen Ausstattung der Wohnung im Ried bei Kriemhild, Gott hab sie selig.

Ich huschte nach draußen und stellte die Getränke auf den fragil wirkenden Campingtisch. »Mein Mann trinkt gerne ein Bier mit Ihnen.«

»Das kann man nicht ausschlagen, nicht wahr.« Herr Mühsam griff ohne Umschweife nach der Flasche.

Solchermaßen animiert konnte Norbert nicht umhin, ebenfalls Platz zu nehmen.

»Zum Wohlsein!« Der alte Mann nahm einen großen Schluck.

»Prostata!«

Herrje, mein Mann konnte diesen Trinkspruch einfach nicht bleiben lassen. Nicht einmal, wenn er sich außerhalb der Altherrenrunde seiner Verbindung befand. Vorfreude auf die Zeit, wenn dieser Ausruf nicht mehr mein Ohr erreichte, erfüllte mich.

Doch Herr Mühsam nahm keinerlei Anstoß daran. Ganz im Gegenteil. »Alte Garde, nicht wahr? Haben Sie gedient?«

Norbert rollte mit seinem linken großen Zeh einen Kieselstein hin und her. »Edelgard, hast du ein Häppchen zu essen für mich?«

»Wann hätte ich denn etwas besorgen sollen? Wir sind doch grade erst angekommen!«

»Sie können am Kiosk etwas einkaufen.«

»Edelgard, wir sitzen hier so gemütlich. Hol mir doch eben was.«

»Sie können auch dort essen. Currywurst und Pommes.«

Die Augen meines Mannes bekamen ein Leuchten, das er sich speziell für seine Vorfreude auf Essen reserviert zu haben scheint. »Edelgard, dann hol mir doch eine Currywurst mit Pommes.«

Am liebsten hätte ich ihn mitsamt seinem Campingstuhl in den Neckar geschubst. Aber Herr Mühsam kam wohl trotz seines hohen Alters noch als Zeuge in Betracht. Es galt, Vorsicht walten zu lassen. Meine Witwenzeit stellte ich mir schließlich außerhalb von Gefängnismauern vor.

Am Kiosk stand die nette Frau, die ich schon bei der Ankunft kennengelernt hatte. Ich schätzte sie auf Anfang 30.

»Haben Sie schon Bekanntschaft mit Ihrem Zeltnachbarn geschlossen?«

»Herrn Mühsam?«

Sie nickte. »Er ist mein Großvater. Im Sommer wohnt er immer hier, so habe ich ein Auge auf ihn. Ich hoffe, er stört Sie nicht!«

Irritiert schüttelte ich den Kopf. »Aber er erzählte etwas von einem Wasserschaden?«

»Nein, nein. Er hat keinen Schaden. Zumindest keinen mit Wasser.« Sie lächelte nachsichtig. »Er vergisst über den Sommer, dass er den Winter in einem Heim verbringt. Schon seit Jahren.« Sie zuckte mit den Schultern. »Obwohl ich bei ihm nie weiß, ob er es wirklich vergisst oder eher verdrängt. Jedenfalls habe ich ihn im Sommer immer hier, so hat er ein wenig Unterhaltung. Da ist er an der frischen Luft und«, sie zögerte etwas, »billiger ist es obendrein. Er freut sich immer so über nette Nachbarn. Spielen Sie Karten?«

»Mein Mann.«

»Wunderbar. Dann sind Sie ja die perfekte Gesellschaft für meinen Opa!«

Ich orderte die Currywurst mit Pommes und balancierte das Tablett über den gepflasterten Weg bis zu unserem Zelt. Ganz schön voll hier, bemerkte ich unterwegs. Jedes Zelt schien belegt zu sein, denn entweder lagen Sachen davor oder die Eingangsplane war hochgerollt. Bald schon hörte ich wohlbekannte Stimmen. Der zarte Herr Mühsam hatte trotz des Fehlens eines mächtigen Resonanzkörpers ein erstaunlich lautes Organ. Ich seufzte. Eigentlich hatte ich mir den Aufenthalt direkt am Fluss nicht als Seniorenbetreuerin vorgestellt.

»Sie haben nicht gedient? Sie haben dem Vaterland den Dienst verweigert wegen eines Rückenleidens?«

Ich grinste. Hatte Norbert also wieder die Geschichte mit seinem Rücken zum Besten gegeben. Natürlich war der in seiner Jugend völlig in Ordnung gewesen, aber vor der Musterung hatte er damals zwei Nächte durchgemacht und sah dementsprechend gering vital aus. Eine zusammengesunkene Haltung bekam er aufgrund des Schlafmangels glaubwürdig hin.

»Dann will ich Ihnen erzählen, was Sie alles verpasst haben. Kameradschaft! Das war es, was uns zusammenhielt. Für unsere Kameraden hätten wir alles getan! Wir gingen durch dick und dünn, nicht wahr. Die anderen, das waren die Feinde. Wer zuerst schoss, überlebte, nicht wahr. So einfach war das. Ganz einfach. Irgendwann zählt nur, nicht derjenige zu sein, der die Kugel abkriegt. Das ist alles, was zählt, nicht wahr.«

Herr Mühsam zauberte, nachdem Norbert sein Essen verdrückt hatte, tatsächlich ein Kartenspiel aus seiner Hose, deren Gummibund ein wenig ausgeleiert zu sein schien. Ich entfernte mich unauffällig und ging Richtung Neckar.

Gras wuchs bis ans Wasser. Dunkel lag der Fluss vor mir,

wie eine träge Schlange beim Verdauungsnickerchen an der Sonne. Ich dachte nach. Einige Stationen unserer Reise lagen bereits hinter uns. Mir blieben nicht mehr allzu viele Gelegenheiten, mich meines Ehemannes zu entledigen. Der Nachbar auf dem Zeltplatz passte nicht in mein Kalkül, so wie es aussah, würde es schwierig sein, ihn loszuwerden. Der alte Herr hing ja schon jetzt wie eine Klette an Norbert und machte dabei einen zähen Eindruck. Womöglich kam er mit wenig Schlaf aus und nahm Norbert bis spät abends in Beschlag. Da wäre der schlaffördernde Konsum einiger Bierchen sicherlich hilfreich, um ihn loszuwerden. Bei seiner Enkelin im Kiosk würde ich bestimmt ein paar Flaschen bekommen. Manchmal musste man eben etwas investieren, um an sein Ziel zu gelangen. Und so teuer würden die paar Bierchen schon nicht werden.

Mein Smartphone machte sich bemerkbar. Als ich es entsperrte, ploppte Julians Bild auf.

»Hi, Mom, alles klar?«

»Julian! Ja, ja, alles klar. Wir sind auf dem Campingplatz angekommen.«

»Fein! Ist das Zelt denn groß genug?«

»Alles bestens, mein Schatz. Wir haben sogar Feldbetten.«

»Ja, und wenn Dad auch noch was zu essen hat, dann ist die Welt ja in Ordnung bei euch.« Julian lachte.

»Hast *du* denn heute schon gegessen?«

»Ja, Mom, habe ich.«

»Was denn?«

»Vergessen. Etwas Leckeres jedenfalls.«

»Julian, nimmst du genügend Vitamine zu dir?«

»Oh, Mom, ich glaube, ich muss jetzt Schluss machen. Wollte nur eben hören, wie es euch geht.«

Mein Großer. Mein Einziger. Julian ist mein Ein und Alles. Für ihn gab ich damals kurz vor seiner Geburt meine Stelle als Assistentin bei einer Forschungseinrichtung auf. Jahrelang hatte ich nur für ihn und für den Haushalt gelebt. Aber das war nun schon eine Weile vorbei. Es war verdammt schwierig gewesen, beruflich wieder einen Fuß in die Tür zu bekommen, als Julian damals aufs Gymnasium übergetreten war. Da war mir die Stelle bei der Kirchengemeinde grade recht gekommen. Die war halbtags und ich konnte Julian morgens auf der Hinfahrt an der Schule absetzen. Meist ließ es sich so einrichten, ihn auf dem Nachhauseweg mit meinem kleinen grünen Auto auch wieder abzuholen. Denn die Frau Pfarrerin ermöglichte ihrer Gemeindesekretärin flexible Arbeitszeiten. Sie ist überhaupt eine herzensgute Frau, das muss man ihr wirklich lassen. Obwohl sie selbst keine Kinder hat und nicht einmal einen Mann, hat sie doch großes Verständnis für Familienangelegenheiten.

Ach, Julian. Um wie vieles lieber hätte ich ihn weiterhin versorgt, als mich um Norbert zu kümmern. Aber Julian war nach dem Studium, während dessen er noch zu Hause wohnte, nach Malta gezogen. Gleich seine allererste Arbeitsstelle lag so weit weg von seinem Zuhause.

Während ich in meinen Erinnerungen schwelgte, blickte ich auf das Wasser. Ein kleines Boot fuhr stromabwärts und verursachte leichte Wellen auf der Oberfläche, die sich bis zum Ufer fortpflanzten und dort mit einem leichten Platschen aufschlugen. Zwei Wildgänse gingen mit ihren Jungen an Land. Sie reckten ihre Hälse und schüttelten ihre Federn trocken, wobei sie die kleinen Flauschküken nicht aus den Augen ließen und darauf achteten, dass diese dicht beieinander blieben. Wer sich zu weit von der Flotte entfernte, wurde mit einem Schnabelschubser sanft, aber bestimmt zurück zur Familie befördert.

Es fällt mir zugebenermaßen schwer, mein einziges Kind so weit von mir entfernt zu wissen. Bestimmt war Julian nur wegen seines Vaters von uns weggezogen, davon bin ich überzeugt. Wegen mir ist das Kind bestimmt nicht ins Ausland gegangen! Eine kleine Träne stahl sich über meine Wange. Aber insgeheim bin ich sehr stolz auf Julian. Von ihm gibt es immer etwas Aufregendes zu erzählen und bestimmt beneiden mich viele um den erfolgreichen Sohn. Dazu kommt, dass er ausgesprochen gut aussieht.

Ich nahm mir vor, Julian bald auf Malta zu besuchen. Er schwärmte immerzu von der Insel. Wenn sie meinem Sohn gefiel, würde ich mich dort bestimmt auch wohlfühlen.

Mit einem letzten Blick auf die kleinen Gänschen trat ich den Rückweg an. Erst jetzt bemerkte ich einen Mann, der von einem Busch halb verdeckt ein paar Meter von mir entfernt saß. Er schien mich jedoch nicht zu beachten. Der Typ hatte eine Ausstrahlung, die mir unangenehm war. Hätte ich ihn früher bemerkt, wäre ich nicht so lange am Wasser geblieben. Es gibt so Leute, denen geht man besser aus dem Weg. Leise entfernte ich mich.

Herr Mühsam und Norbert spielten bis zum Einbruch der Dunkelheit Karten, dann zog sich der alte Herr endlich zurück. Immerhin schläft er nicht bei uns, ging es mir durch den Kopf. Norbert war wohl nach dem langen Spielen nicht nach kulinarischen Hochgenüssen zumute, denn er deckte sich höchst selbst am Kiosk mit Essbarem ein. Immerhin war ihm wieder eingefallen, wozu Beine eigentlich gut sind. Ich hatte für mich noch etwas Knäckebrot sowie einen Apfel im Koffer. Ich achte nämlich auf mich, halte seit Jahren meine Figur und hätte jederzeit in mein Hochzeitskleid gepasst. Was man von Norbert und seinem Hochzeitsanzug weiß Gott nicht behaupten kann. Ich aber wiege das Gleiche wie in meinen Jugendjahren.

*

Die Stechmücken brachten ihn schier um den Verstand. »Du hast süßes Blut«, hatte seine Mutter oft behauptet, während sie ihm kalte Umschläge gegen das Jucken machte.

»Du machst viel zu viel Gedöns um den Balg«, maulte sein Stiefvater dann herum.

Er kratzte sich am linken Unterarm, bis er blutete. Erich war sein Name gewesen. Seine Lippen wurden jedes Mal schmal, wenn er an ihn dachte. Er hatte ihn aus dem Bett der Mutter vertrieben, in dem er sich so gerne verkroch. »Hau ab, Rotzlöffel«, war noch einer der harmlosesten Ausdrücke gewesen, mit dem er ihn bedacht hatte. Er würde nichts taugen, genauso wenig wie sein Vater. Wie oft hatte der Stiefvater diese Worte ausgestoßen und ihn dabei voll Verachtung angesehen. Den Gesichtsausdruck der Mutter, die seinem Blick dabei immer auswich, vergaß er nie.

Aber dieses Mal würde er es allen zeigen. Denn er war durchaus in der Lage, etwas zu bewegen. Und sich dabei nicht erwischen zu lassen. Er war nämlich clever, auch wenn sein Stiefvater selbst viel zu dämlich war, um dies zu bemerken. Verächtlich spuckte er aus.

*

Zu meiner Überraschung erwies sich das Feldbett als bequemer, als es dem ersten Anschein nach wirkte. Doch mitten im Schlaf schreckte ich hoch. Im Traum war ich soeben über eine Brücke gegangen, jemand hatte ein Lied gesungen. Das

Geräusch, das ich jetzt zu hören bekam, war jedoch real. Da war ich mir absolut sicher. Jemand war an der Zeltplane zugange. Und zwar an unserer. Es klang, als ob jemand versuchte, sie aufzuschlitzen. Im Bruchteil einer Sekunde saß ich aufrecht. Mein Atem stockte. Plötzlich ertönte unartikuliertes Geschrei von draußen. Norbert hatte natürlich mal wieder den Schlaf einer Mumie. Peinlich darauf bedacht, kein Geräusch zu verursachen, erhob ich mich und rüttelte ihn wach.

Benommen jammerte er: »Was ist denn los, Edelgard?«

»Da ist jemand an unserem Zelt. Du musst nachsehen«, flüsterte ich ihm zu.

»Warum denn ich?«

»Herrgott noch mal. Willst du etwa, dass ich gehe?«

Norbert erhob sich unerträglich langsam, wie in einer Art Zeitlupe: »Wir schauen zusammen, was da los ist.«

Als wir aus dem Zelt schlichen, wobei er sich dicht hinter mir hielt, brauchten wir eine Weile, bis wir uns an das wenige Licht gewöhnt hatten, welches eine Funzel spendete. Dann sahen wir endlich die Übeltäter. Zwei Waschbären [68] stritten sich um den leeren Pappteller, der von Norberts Abendmahl zeugte. Bei unserem Auftauchen verschwanden sie schimpfend im angrenzenden Dickicht der Büsche.

»Warum hast du den auch nicht aufgeräumt?« raunzte Norbert mich an.

Mir bleib vor Empörung die Spucke weg.

Kaum hatte er sich erneut auf sein Feldbett gelegt, schnarchte er prompt los. Mit meinem Schlaf war es nun vorbei. Zumindest fürs Erste. Lange wälzte ich mich von einer Seite auf die andere, während mein Feldbett unter mir knarrte. Ich wunderte mich, dass Norbert davon nicht wach wurde. Er strapazierte jedoch weiterhin sein Gaumensegel und bewies eine große Ausdauer darin. Da es bei dieser Geräuschkulisse völlig sinnlos war, weiter zu versuchen, in den Schlaf zu finden, stand ich auf und setzte mich, so, wie ich war, im Nachthemd auf einen der Stühle vorm Zelt. Um die Uhrzeit sah mich ohnehin keiner. Und wenn doch, konnte es mir auch egal sein, schließlich kannte mich hier ja niemand. Bei uns zu Hause, wo ich für viele von meiner Tätigkeit im Kirchengemeindesekretariat her bekannt war, war das etwas anderes. Da ging ich selbstverständlich nur picobello aus dem Haus. Was sollten denn die Leute von mir denken, wenn ich ungeschminkt herumlief?

Plötzlich wurde ich so müde, dass ich beinahe auf dem Stuhl eingenickt wäre, und begab mich daher lieber wieder nach drinnen.

Noch vor dem ersten Hahnenschrei aus der nahe gelegenen Kleingartenanlage rüttelte jemand an mir herum.

Herr Mühsam stand, mit Kniestrümpfen und Feinrippunterwäsche bekleidet, an meinem Feldbett. Als er bemerkte, dass ich wach war, sprang er behände weiter zu Norbert, der sich ebenfalls die Augen rieb.

»Ein Schuss!«, rief Herr Mühsam, ich habe einen Schuss gehört. »Kommen Sie!« Er fasste den schlaftrunkenen Norbert am Arm. »Es hat hoffentlich keinen Kameraden getroffen!«

»Edelgard! Was ist denn hier los?« Norbert sah zwischen dem Eindringling und mir hin und her.

»Was rufen Sie nach Ihrer Frau? Seien Sie ein Mann und folgen Sie mir!« Herr Mühsam trippelte von einem Fuß auf den anderen. »Es gilt zu helfen! So stehen Sie doch endlich auf. Haben Sie denn den Schuss nicht gehört?«

Ich zog mir die dünne Zudecke bis zum Kinn. Ein Schuss? Der alte verwirrte Herr wollte einen Schuss gehört haben? Laut sagte ich: »Verlassen Sie bitte unser Zelt, ich möchte mich erheben.«

»Aber Ihr Mann kommt mit! Ich brauche Verstärkung, wissen Sie? Ganz dringend!«

Er zerrte solange an Norberts Arm, bis der sich endlich erhob.

»Edelgard, ich verstehe das nicht. Ich will doch hier Urlaub machen!« Kopfschüttelnd folgte er Herrn Mühsam.

Nach etlichen Minuten, während derer ich mich ankleidete, kam mein Mann zurück. »Da ist nichts. Absolut nichts«, berichtete er. »Ich habe Herrn Mühsam zu seiner Enkelin geführt. Die war immerhin schon wach.«

»Hat die ebenfalls was gehört?«

»Von wegen. Ihr war das Ganze ziemlich peinlich. Außerdem sagte sie, ihr Opa könne gar nichts gehört haben, weil die Batterien seines Hörgerätes leer sind. Gestern Nacht noch kam er zu ihr und sagte ihr, sie muss ihm neue kaufen.«

Etwas später vernahmen wir die Stimme der Zeltplatzbetreiberin auf unserem Vorplatz.

»Hallo? Frau und Herr Buchmann?«

Kaffeeduft stieg in meine Nase, als ich die Plane zur Seite schob.

Die junge Kioskbetreiberin stellte ein voll beladenes Tablett auf unserem Tisch ab. »Ich möchte mich für meinen Großvater entschuldigen. Es tut mir leid, wenn er Ihnen Unannehmlichkeiten bereitet hat.«

»Halb so wild«, wehrte Norbert ab, der ebenfalls aus dem Zelt gekommen war.

Am liebsten hätte ich ihm gegen das Schienbein getreten. Ich für meinen Teil fand es nämlich nicht so prickelnd, plötzlich eine wildfremde Person an meinem Bett stehen zu haben. Denn meine Privatsphäre ist mir wichtig. Irgendwie scheine ich doch nicht so recht für einen Urlaub auf einem Zeltplatz geeignet zu sein. Trotzdem rang ich mir ein Lächeln ab. Schließlich werden wir alle mal alt. Na ja, Norbert hoffentlich nicht. Ich will nämlich meinen Lebensabend *genießen*. Aber wenn ich selbst mal älter werde, ist es vielleicht ganz angenehm, wenn meine Umgebung Rücksicht auf mich nimmt. Deshalb nickte ich nur.

Norbert griff bereits nach einem der Brötchen.

»Die habe ich ganz frisch aufgebacken. Die Konfitüren«, sie tippte mit dem Finger abwechselnd auf zwei Gläschen, »bereite ich selbst zu. Geht natürlich aufs Haus, ähem, ich meine, Sie sind eingeladen. Kleine Wiedergutmachung.« Sie lächelte.

Norberts Hemd war schnell voller Brösel. Bevor er die Frau womöglich noch einlud, sich dazuzusetzen, blockierte ich selbst den zweiten Stuhl. »Und wo ist Ihr Herr Großvater jetzt?«

»Ich habe ihm ein Beruhigungsmittel gegeben. Das habe ich für solche Fälle extra von seinem Hausarzt bekommen. Er wird ein paar Stunden schlafen, dabei erholt er sich hoffentlich. Ich darf Sie wirklich um Entschuldigung bitten. In seiner Fantasie erlebt er immer wieder die Kämpfe in Frankreich. Wissen Sie, er war ganz jung, als sie ihn eingezogen haben. Er ging mit einigen seiner Klassenkameraden. Er war der Einzige, der zurückkam.« Sie strich ihre Bluse glatt. »Und manchmal, da meint er eben, Schüsse zu hören. Aber das passiert nur in seinem Kopf.«

»Kann man denn gar nichts dagegen tun?« Norbert griff nach dem duftenden Schinken.

»Leider nein. Außer den Beruhigungsmitteln wie gesagt. Die Erlebnisse haben sich tief eingegraben in sein Gedächtnis. Früher war das nicht so schlimm. Aber jetzt, im Alter, scheint das alles wieder hochzukommen.«

»Rührend, wie Sie sich um ihn kümmern.« Ich nahm einen Schluck von dem Kaffee. Der war schön stark, genauso, wie ich ihn mochte. Ohne Milch und Zucker.

»Ich bin bei meinen Großeltern aufgewachsen, wissen Sie. Also bin ich ihm das gewissermaßen schuldig. Meine Eltern hatten einen tödlichen Motorradunfall, als ich noch ganz klein war. Solange meine Großmutter lebte, hat sie sich um meinen Großvater gekümmert, aber jetzt hat er außer mir niemanden mehr.« Sie straffte die Schultern. »Also dann, lassen Sie sich das Frühstück munden. Genießen Sie den Tag! Der Wetterbericht für heute ist ganz toll. Soll ich Ihnen ein paar Tipps für Unternehmungen geben? Kommen Sie doch nachher zu mir in den Kiosk. Ich habe eine Liste mit Ausflugszielen für meine Gäste, die kann ich Ihnen geben. Wenn Sie ein Stück wandern wollen, kann ich Ihnen den Themenweg Kuhberg **69** empfehlen. Wenn Sie dann noch weitergehen, kommen Sie bis zu dem ehemaligen Steinbruch **70** bei Dossenheim. Nach Dossenheim können Sie auch abends, zu Kunst und Kultur in der Scheuer **71**. Sehr schön zum Wandern ist der Schriesheimer Fußweg **72** längs des Kandelbaches bis nach Ladenburg.«

Frau Mühsams Liste war ganz schön umfangreich. »Strahlenburg **73** «, las ich laut vor.

»Das klingt ziemlich interessant«, entgegnete Norbert. »Sollen wir da hochlaufen?«

»Hoch?« Norberts Stirn lag blitzschnell in Falten.

»Nun ja, wie das bei Burgen so üblich ist, steht sie ja sicherlich auf einem Berg.« Ich las ihm vor: »Der Weg zur Burg führt durch einen malerischen Weinberg.«

Zwei Stunden später standen wir auf dem historischen Marktplatz von Schriesheim **74**. Unweit der Haltestelle, wo wir zu einer Straßenbahnrundfahrt **75** hätten einsteigen können, bummelten wir durch die Gassen und standen vor einem Laden. »Da können wir doch Wein kaufen für zu Hause?«, schlug ich vor.

»Ja, aber auf dem Rückweg«, entgegnete Norbert. »Dann musst du nicht so viel schleppen.«

Widerwillig gab ich nach, denn vermutlich würden wir das später wieder vergessen.

Einige Häuser weiter blieb er an einem der Schaufenster von Utes Bücherstube **76** stehen, nicht ohne mich auf ein Buch über Biersorten hinzuweisen, das ich ihm gerne zu Weihnachten schenken könne. Kurz dahinter bogen wir ab und schlenderten durch die Gassen. Ein Haus erweckte unsere Aufmerksamkeit, an dem Handwerker gerade dabei waren, ein neues Fenster einzusetzen.

»So eine Sauerei«, seufzte ein älterer Herr.

»Was ist denn hier passiert?« Norberts Neugierde war geweckt.

»Ein Einbruch. Grauenvoll. Dass ich so was erleben muss! Und stellen Sie sich vor, mein Tresor wurde ausgeraubt.«

»Ihr Tresor?«

»Da stand plötzlich einer mit Knarre vor mir. Glauben Sie mir, da zögert man nicht lange und gibt alles her, was man hat.«

»Sie sind doch hoffentlich versichert?«

»Ja, natürlich. Aber dieses Erlebnis! Das werd ich wohl mein Lebtag nicht vergessen. Stellen Sie sich bloß vor, der Mann hätte geschossen! Der stand doch ganz nah vor mir.«

»Hat man den Kerl denn erwischt?«

»Die Polizei war sogar zufällig in der Nähe. Aber nein, er ist ihnen entkommen. Mit der Beute.«

»Können Sie mal herkommen?« Einer der Handwerker winkte den Hausbesitzer eifrig zu sich.

»Dann mal alles Gute für Sie«, gab ihm Norbert mit auf den Weg.

»Die Welt ist schlecht«, sagte er im Weitergehen seufzend zu mir. »Einfach jemanden auszurauben, anstatt es mit ehrlicher Arbeit zu versuchen. Grauenvoll.«

Auch mir tat der arme Mann leid. Überfallen zu werden, stellte ich mir wirklich schrecklich vor. »Der Täter ist bestimmt längst über alle Berge«, entgegnete ich. Zu dem Zeitpunkt konnte ich ja noch nicht ahnen, dass mir selbst auch ein Überfall bevorstand.

In der Talstraße angekommen, besuchten wir zunächst das Museum Kerg **77**, bevor wir eine Gaststätte für eine Einkehr auswählten.

Abends vor unserem Zelt öffnete Norbert eine Flasche Bier.

»Heute haben wir doch eine Menge gesehen«, stellte er zufrieden fest.

»Nachdem der Tag hier so turbulent begonnen hatte«, entgegnete ich.

»Wie es dem alten Herrn jetzt wohl geht?«

»Keine Ahnung. Ich hoffe nur, er steht morgen früh nicht wieder an meinem Bett. Erst die Waschbären, dann der Nachbar, das ist etwas zu viel für mich. Hoffentlich hat Herrn Mühsam seine Fantasie wirklich nur einen Streich gespielt und er hat nichts Reales gehört.«

»Natürlich waren das nur uralte Erinnerungen, die in ihm hochkamen. Du hast doch auch schon gehört, dass alte Menschen sich angeblich haarscharf an ihre Kindheit erinnern können. Und was soll denn hier auf dem idyllischen Zeltplatz schon groß passiert sein! Außerdem hätte er doch ohne die Batterien in seinem Hörgerät gar nichts hören können.«

Oh ja, ich kann ein Lied davon singen, wie das ist mit dem Langzeitgedächtnis im Alter. Die Kindheitserinnerungen von Norberts Mutter sind detailgenau. Ich habe sie erst ungefähr 937 Mal gehört. Wenngleich in mehreren Variationen, aber wer will schon päpstlicher sein als der Papst? Laut sagte ich: »Kommst du mit ans Wasser?«

»Ich? Edelgard, du kannst gerne alleine gehen.« Er klatschte mit der Hand auf seinen Oberarm. »Wenn du dich ganz von den Mücken zerstechen lassen willst ... Mir reichen die hier schon.«

»Wer wollte denn auf den Zeltplatz?«, warf ich ein.

»Mücken gibt es überall, nicht nur hier!«

»Komm doch mit. Es ist so schön am Wasser.« Unsere Urlaubszeit verrann wie Sand durch die Finger. Norbert am Neckar, wie er am Ufer ausrutscht ... Ich hatte den Gedanken noch nicht zu Ende gesponnen, da löste er sich in Luft auf.

»Geh du ruhig. Ich bleibe hier sitzen. Meine Fußsohlen brennen. Wir sind heute ganz ordentlich gelaufen. Mich kriegst du hier nicht mehr weg.«

Nun ja, vielleicht war das eine gute Gelegenheit für mich, am Ufer nach Maiglöckchenblättern zu suchen. Einer leckeren »Bärlauchpaste«, nach Spezialrezept zubereitet, würde Norbert gewiss nicht widerstehen können.

Den unangenehmen Kerl, der mir gestern schon auffiel, nahm ich auf Anhieb wahr. Er stand am Ufer und telefonierte. Als er mich bemerkte, wandte er sich ab und senkte seine Stimme. Ich blieb indes nicht lange. Da sich Herr Mühsam bei meiner

Rückkehr bereits wieder zum Kartenspielen eingestellt hatte, ging ich ins Zelt und schlug mein Buch auf.

Nachts, als Norbert längst wieder sein Gaumensegel strapazierte und ich wach wurde, weil ich zur Toilette musste, nahm ich aus einem der Nachbarzelte Stimmen wahr. Da stritten sich zwei, so viel war sicher. Ich war froh, dass die beiden auf gymnastische Übungen verzichteten und mich immerhin mit dieser Art von Geräuschkulisse verschonten. Ringsherum war alles leise, bis auf die Grillen, die durch ihr Zirpen Artgenossen zum Paarungsakt anzulocken versuchten. Es überraschte mich immer wieder, wie laut diese kleinen Tiere sein konnten. Doch nachdem ich zurückkam und mich auf mein Feldbett legte, schlief ich sofort wieder ein.

*

Die blöde Kuh hatte es seiner Ansicht nach nicht besser verdient. Was musste sie denn so rumkreischen? Sie wusste doch, dass er die härtere Gangart bevorzugte, sonst kam er nicht auf seine Kosten. Warum war sie auch plötzlich so zimperlich? Er konnte es sich nicht leisten, dass womöglich die neugierige Alte aus dem Nachbarzelt aufwachte und herüberkam. Die war ihm entschieden zu interessiert an ihrer Umgebung. Sogar am Wasser war er ihr schon begegnet. Nun musste Aglaia weg. Sie hätte einfach nur ruhig sein sollen. Verdammt, er wollte doch nur, dass sie aufhörte zu schreien. Aber sie hatte ja unbedingt hierherkommen müssen. Das hatte er von Anfang an für eine dumme Idee gehalten. Blöd nur, dass er ihr nachgegeben hatte. Okay, es stimmte, auf die Nummer mit ihr war er natürlich schon scharf gewesen. Aber nun hatte er ein weiteres Problem an der Backe. Der Schmerz in seinem Kopf strahlte bis zu den Schläfen aus. Er musste rennen. Weit rennen. Dann ließ der Schmerz nach, das kannte er schon. Aber erst musste Aglaia weg. Sein Zelt war kein guter Platz für sie. Hoffentlich kreuzte die Alte von nebenan nicht wieder auf.

*

Norbert schlief, als ich aufwachte. Ich schlüpfte in meine Kleider, um die frische Morgenluft direkt am Wasser zu genießen. Die Luft war wirklich kühl, und ich empfand es als äußerst angenehm, als sie mich mit einer leichten Brise umstrich. Es war noch nicht ganz hell. Ich liebe die Dämmerstunden, sowohl morgens wie abends. Diese Übergänge zwischen hell und dunkel, wenn sich alles verwischt und nichts eindeutig ist. Zeit, im Tagesablauf innezuhalten und ein neues Kapitel aufzuschlagen. Auch ich würde demnächst ein neues beginnen. Ob der Boden zu kalt war, um mich ein wenig zu setzen? Das Gras sah weich aus und wirkte auf keinen Fall feucht. Die Halme kitzelten an meinen Waden. Die Wildgansfamilie schwamm auf dem Wasser. Während die Eltern gründelten, paddelten die Kleinen hin und her und tauchten ihre Schnäbelchen ebenfalls ins Wasser. Welch ein Idyll! Plötzlich genoss ich es, hier zu sein. So etwas erlebte man in keinem Hotel und in keiner Ferienwohnung. Nirgends war man so nah an der Natur dran wie hier. Während ich meine Blicke genussvoll schweifen ließ, blieben sie an etwas Rotem im Gebüsch hängen. Es glänzte. Meine Neugierde war geweckt. Ich rappelte mich hoch, bog die Zweige auseinander und konnte kaum glauben, was da hing.

Ich schlich mit meinem Fund zwischen den Zelten hindurch. Außer mir war keiner draußen. Aber Frau Mühsam, emsig wie immer, werkelte bereits in dem kleinen Raum neben dem Kiosk, den sie als Büro benutzte. Ohne Umschweife legte ich mein Fundstück auf den Tisch.

»Frau Buchmann, was soll ich damit?« Sie sah mich verwundert an. »Der hat außerdem gar nicht meine Größe.«

»Den habe ich gefunden. Am Wasser. Dort hing er in einem Busch.«

»Meine Güte, den wird halt jemand verloren haben.« Sie beäugte den Gegenstand skeptisch.

»Verloren? Also, ich weiß nicht. Wer trägt denn auf einem Zeltplatz rote Highheels? Außerdem habe ich nachts einen Streit mitbekommen. Aus dem Zelt, das auf der anderen Seite neben unserem steht. Und heute Morgen finde ich diesen Schuh. Das ist doch alles sehr eigenartig.«

»Stimmen aus diesem Zelt? Da müssen Sie ein Telefonat belauscht haben. Da wohnt nämlich nur eine Person.« Frau Mühsam trommelte mit ihren lackierten Fingernägeln auf die Tischplatte.

Belauscht? Hatte die tatsächlich belauscht gesagt? »Ich lausche nicht! Das ist doch unerhört! Da waren *zwei* Personen. Ganz eindeutig!«

»Wenn ich es Ihnen doch sage: Da wohnt nur *einer*. Dann hat er halt mit jemandem am Telefon gestritten. Oder Selbstgespräche geführt. Aber Herr Emrich hat das Zelt alleine gemietet, das weiß ich ganz genau.«

»Der kann doch Besuch gehabt haben?«

»Besuch, hier?« Sie dehnte die Wörter betont in die Länge und hob dabei spöttisch die Augenbrauen. »Zum Candle-Light-Dinner auf dem Zeltplatz? Mit der Wurst von meinem Kiosk?« Sie schüttelte ihren Kopf. »Die ist zwar gut, aber so gut nun auch wieder nicht. Da würde man sicher besser einen Partyservice bestellen! Und der Schuh da«, sie tippte auf den roten Stöckel, »damit läuft man doch nicht im Dickicht am Ufer herum. Den hat jemand bewusst dahin gelegt.«

»Aber wer sollte denn so etwas machen?«

Sie zuckte mit den Schultern. »Keine Ahnung. Die Welt ist voll Verrückter. Die einen spinnen mehr, die anderen weniger. Mein Großvater hört Schüsse, irgendjemand verteilt Stöckelschuhe in der Gegend.«

»Das glaube ich nicht. Nein, da steckt was anderes dahinter. Ich rufe wohl besser die Polizei.«

»Die Polizei?« Auf Frau Mühsams Dekolletee glänzten kleine Schweißperlen. »Das war doch bestimmt nur Teil eines Scherzes. Vermutlich eine Schnitzeljagd im Rahmen eines Junggesellinnenabschieds.«

Sie deutete meinen Blick offenbar zu Recht als Skepsis, denn rasch fügte sie hinzu: »Das Feiern des Junggesellenabschieds nimmt so zu, manche meinen, sich mit Ausgefallenem regelrecht überbieten zu müssen. Vermutlich liegen da noch mehr Accessoires herum. Und übermorgen gibt es dann eine große Hochzeit. Dann sind Braut und Bräutigam für den Rest ihres Lebens brav. Kreuzbrav sogar.« Sie beugte sich leicht vor. »Ich kann auf meinem Campingplatz keine Polizei gebrauchen. Wie sieht denn das aus? Das ist keine Werbung für mich, glauben Sie mir.«

Obwohl ich hier lediglich in Urlaub war und mit den Gepflogenheiten der Gegend nicht vertraut, hielt ich solche Bräuche doch für ziemlich eigenartig. Um Frau Mühsam nicht weiter bezüglich hier auftauchender Polizisten zu beunruhigen, sagte ich aber: »Sie kennen sich damit bestimmt besser aus als ich.« Obwohl ich ihr kein Wort glaubte.

»Ja, ja, so sind die Leute. Nochmals ausgelassen einen draufmachen und nach der Hochzeit dann treu bis in den Tod.«

Ich machte mich mit dem Schuh unterm Arm davon. Insgeheim hegte ich allerdings kein bisschen die Absicht, jetzt aufzugeben. Denn da war irgendwas faul, das war mir klar. Ich jedenfalls glaubte nicht an übermütige Junggesellinnen am Ufer. Da steckte mehr dahinter. Meine Nasenspitze juckte, was schon immer ein untrügliches Zeichen dafür war, dass etwas Ungewöhnliches vor sich ging.

Norbert schlief noch immer. Beinahe schien es mir, als habe er von Herrn Mühsams Beruhigungsmitteln genascht. Eine gute Gelegenheit für mich, mich erneut etwas umzusehen. Vielleicht gab es Weiteres zu finden? Den rot glänzenden Schuh ließ ich in unserem Zelt. Ich konnte ja Frau Mühsam durchaus verstehen, dass sie keine Polizei auf ihrem Zeltplatz haben wollte. Aber wenn hier womöglich ein grausames Verbrechen an einer Frau verübt worden war? Der Mann in dem Zelt hatte nicht telefoniert, da war ich mir ganz sicher. Wäre ich 30 Jahre älter, könnte man auch bei mir von Sinnestäuschungen ausgehen, aber davon konnte bei mir keine Rede sein. Mein Hörvermögen war tadellos, ebenso wie meine Kombinationsgabe. Die Lektüre zahlreicher Kriminalromane erwies sich als gute Schulung.

Obwohl ich meine Blicke fest auf den Boden heftete, auf dem Weg zum Fluss ließen sich keine weiteren Spuren finden. Keine Fasern von Kleidern, keine Haare in Zweigen der Büsche, sosehr ich auch danach suchte. Die Wildgansfamilie war ans Ufer geschwommen, die beiden Alten hielten wie üblich ihre Jungschar zusammen. Eine Durchforstung des Busches, in dem der Schuh gehangen hatte, erbrachte ebenfalls nichts.

Als ich mich über den Uferrand beugte und im klaren Wasser nach etwas Auffälligem suchte, spürte ich eine Hand in meinem Nacken. Gleich darauf wurde mir der Arm auf den Rücken gedrückt. Ich öffnete meinen Mund, um dem Schmerz

Ausdruck zu verleihen, aber eine Hand hielt ihn sofort zu und erstickte den Schrei.

»Alte Schlampe, was schnüffelst du hier herum?«

Ich konnte nicht sehen, wer so unfein mit mir umging. Die Stimme jedoch erkannte ich sofort. Sie gehörte dem seltsamen Typen aus unserem Nachbarzelt. Vergebens versuchte ich mich aus seinem Schraubstockgriff zu befreien. Wie war das gleich noch mal? Vor wenigen Jahren hatte ich einen Selbstverteidigungskurs für Frauen absolviert. Ich versuchte fieberhaft, meine Erinnerung an die beigebrachten Kniffe abzurufen.

»Wo hast du den Schuh hingebracht? Den hast du doch vorhin gefunden, alte Schnüfflerin. Du bringst ihn mir jetzt sofort zurück, denn er geht dich einen Dreck an, und dann vergessen wir beide das Ganze hier. Sonst …«

Es fiel mir wieder ein: Ein Bein rasch hoch nach vorne ziehen, anwinkeln, mit voller Wucht nach hinten treten und hoffen, eine empfindliche Stelle zu treffen.

Er ließ mich sofort los.

Schnell drehte ich mich um und rammte ihm das Knie volle Kanne nochmals in seine Kronjuwelen. Besser zweimal getroffen als keinmal.

Wimmernd ging er in die Knie und hielt seine Hände schützend über die delikate Stelle. »Das wird dich teuer zu stehen kommen«, presste er keuchend hervor.

Hinter ihm tauchte ein beleibter Mann im Schlafanzug auf. »Edelgard? Was ist hier los?« Norberts Blick wechselte zwischen dem Typen und mir hin und her. »Da liegt so ein komischer Schuh in unserem Zelt. Solche trägst du doch gar nicht! Wo kommt der her? Ich bin jedenfalls gleich nach dir suchen gegangen, als ich merkte, dass du nicht da warst. Was ist denn hier eigentlich los?«

Ich zog meinem Mann mit einem beherzten Griff die Kordel aus der lässigen Hose und zischte ihm zu: »Hilf mir, das muss jetzt ganz schnell gehen.«

Gefesselt hatte der schmierige Typ keine so große Klappe mehr wie noch vor wenigen Minuten.
Zum Glück hatte ich wie meist mein Smartphone bei mir. Julian könnte ja anrufen. Oder sonst etwas Wichtiges passieren. Ich tippte die 110 und bat um Polizeiverstärkung, ohne Rücksicht auf das Renommee des Zeltplatzes.
»Guck doch mal, was die Enten da machen.« Norbert fuchtelte mit seiner Hand in Richtung Neckar.
»Gänse! Das sind Gänse, Norbert.«
Er ignorierte meinen Einwand völlig. »Eine hat sich in etwas verfangen, schau doch mal!«
Norbert hatte recht. Eine der beiden Elterngänse hatte sich etwas um den Hals gewickelt. Als ich jedoch näher kam, schnatterte sie aufgeregt und hieb mit ihrem großen Schnabel in meine Richtung.
Ich trat den Rückzug an. »Das sollen sich lieber die Polizisten ansehen.«

Das Klicken der Handschellen werde ich noch lange in Erinnerung behalten. Ebenso wie den Blick, mit dem dieser Mensch mich bedachte. Nur die Anwesenheit der Polizisten hielt ihn davon ab, mir erneut an die Gurgel zu springen, das war ihm deutlich anzusehen.
»Der hat mich angegriffen«, gab ich zu Protokoll. »Wenn mein Mann nicht dazugekommen wäre ...«
Der hielt mit beiden Händen den Bund seiner Hose fest. »Kann ich vielleicht ...« Er zeigte auf die Kordel, die nun, da die Polizisten sie gelöst hatten, achtlos auf dem Boden lag.

Der fremde Kerl machte weiterhin den Eindruck, als ob er mich innerlich verfluchte, während ihn die beiden Beamten links und rechts an den Armen packten. »Sie werden uns auf dem Revier erklären müssen, weshalb Sie hier wehrlose Frauen überfallen. Wir nehmen Sie auf jeden Fall in Gewahrsam.«

Ein dritter Polizist versuchte derweil, bewehrt mit einem dicken Handschuh, die Gans aus ihrer Notlage zu befreien.

»Was wird jetzt mit seinen Sachen? Wo sollen die hin?«, rief Frau Mühsam aus, die soeben herbeieilte.

Einer der Männer reichte ihr eine Karte. »Rufen Sie morgen auf dem Revier an, dort erfahren Sie mehr.«

Die Zeltplatzbetreiberin schüttelte traurig den Kopf. »Die Polizei, hier, auf meinem Zeltplatz! Das wird Gerede geben.«

»Ich hab's!« Der Beamte hielt ein Stück Stoff in der Hand, von dem er soeben die Gans befreit hatte. »Ein Tanga?«

Erst jetzt fiel mir ein, dass in unserem Zelt dieser rote Schuh lag. »Moment bitte, ich muss Ihnen etwas zeigen.«

Als ich mit dem Schuh zurückkehrte, wurde es hektisch. Nachdem ich dann noch von dem Streit erzählte, den ich letzte Nacht mitbekommen hatte, riefen die Beamten Verstärkung herbei.

»Und Sie, Sie rühren nichts an«, ermahnte einer der Beamten Frau Mühsam, die immer betretener wirkte. »Das Zelt wird genau untersucht. Ein Schuh, ein Slip, dem müssen wir natürlich nachgehen.«

Während zwei der Männer den Typen, der die ganze Zeit über geschwiegen, mich aber mit hassvollen Augen angestarrt hatte, wegbrachten, machte der dritte sich auf den Weg, um sich vor dessen Zelt zu postieren.

Ich hätte zu gerne einen Blick hineingeworfen, als wir wenig später daran vorbeispazierten. Aber der Beamte hinderte mich mit strengem Ausdruck daran.

Norbert fasste mich am Arm. »Komm, Miss Marple, lass den Mann seine Arbeit machen.«

»Aber ich bin doch womöglich eine wichtige Zeugin.«

»Sie müssen den Weg jetzt bitte frei machen«, erklärte der Polizist mit ernster Miene. »Gleich kommen die Kollegen von der Kripo und die Spurensicherung.«

Wenig später wurden von den Spurensicherern in ihren weißen Anzügen zwei Rucksäcke aus dem Zelt getragen. Sie nahmen den Inhalt sehr genau unter die Lupe, wie ich aus einer gewissen Distanz beobachten konnte. Ich schnappte etwas auf von »Beute«, »Geld«, »Raub in Schriesheim« und »Gegenüberstellung«.

Am selben Tag stieß ein Schwimmer stromabwärts im Neckar auf eine weibliche Leiche. Davon hörten wir später im Radio.

FREIZEITTIPPS:

66 Campingplätze gibt es längs der Bergstraße sehr schöne. Auf ihnen kann man im Zelt, im Wohnwagen oder im Wohnmobil übernachten. Der Tourismus Service Bergstraße e. V. hält eine Liste bereit: www.diebergstrasse.de

67 Weihnachtsmärkte; auch davon lassen sich längs der Bergstraße in der Adventszeit ganz zauberhafte besuchen. Besonders schön sind jene, die sich inmitten der Kulisse alter Stadtkerne mit wunderschönen Fachwerkhäusern befinden, wie beispielsweise in Weinheim, Ladenburg und in Bensheim. Darmstadt und Heidelberg brillieren mit großen Weihnachtsmärkten. Informationen zu sämtlichen Märkten in der Adventszeit gibt es bei der Tourismus Service Bergstraße e. V. in Weinheim, Großer Markt. www.diebergstrasse.de

68 Waschbären; in der Region sollen die Tiere schon mehrfach gesichtet worden sein, es ist also durchaus möglich, dass Ihnen welche begegnen. Die putzigen Waschbären fühlen sich hier zunehmend heimisch. Sie sind allerdings nicht nur nett anzusehen, sondern können ganz schön Radau machen. Zudem sind sie sehr geschickt! Deshalb am besten nichts auf der Terrasse des Hotels oder der Ferienwohnung stehen lassen, was den findigen Räubern nicht in die Pfoten fallen soll!

69 Kuhberg; leicht begehbarer Themenweg bei Schriesheim. Am Wegesrand angebrachte Schilder informieren über Weinanbau, Flora und Fauna sowie über die

Stadt. Der Weg ist ungefähr drei Kilometer lang und zu jeder Jahreszeit empfehlenswert. Von Schriesheim aus ist er dank guter Beschilderung leicht zu finden.

70 Ehemaliger Steinbruch bei Dossenheim; hier wurden in den 1930er-Jahren Wildwestfilme gedreht. Bei einer Wanderung in der großartigen Kulisse kann man die Wahl für den Drehort sehr gut nachvollziehen. Die geschlagene Wunde in den Berg ist bis heute weithin sichtbar.

71 Kunst und Kultur in der Scheuer; einmal im Monat bietet die Gemeinde Dossenheim »Kunst und Kultur in der Scheuer« an. In der ausgebauten Museumsscheuer im alten Rathaus finden Konzerte von Klassik über Pop bis Jazz, Kabarett und Lesungen statt. Museumsscheuer in der Rathausstraße 47, 69221 Dossenheim. www.dossenheim.de

72 Schriesheimer Fußweg; längs des Kandelbaches (auch Kanzelbach genannt) von Schriesheim bis nach Ladenburg führt ein schöner Weg, der zu Fuß oder auch sehr angenehm mit dem Fahrrad zurückgelegt werden kann, der »Schriesheimer Fußweg«. Bei Ladenburg fließt der Bach in den Neckar.

73 Strahlenburg; die Ruine der Burg über Schriesheim ist weithin sichtbar. Auch nachts, wenn sie beleuchtet ist, bildet sie einen markanten Punkt der Bergstraße. Von der Burg bietet sich ein weiter Blick über die Ebene. Ein Orientierungspunkt für Mannheim ist dabei das Kohlekraftwerk am Neckar mit seinen drei Türmen. Direkt neben der Ruine der Strahlenburg befindet sich ein Restaurant. Der Aufstieg zur Burg führt durch die Weinberge des Schriesheimer Schlossberges, der sich direkt hinter der Stadt erhebt. Von der Terrasse aus hat man einen schönen Ausblick über die Rheinebene.

74 Schriesheim; den historischen Stadtkern prägen viele gepflegte Fachwerkhäuser. Am alten Rathaus ist am Eckpfosten ein Pranger erhalten. Beim Schlendern durch romantische Gassen ergeben sich schöne Blicke auf die Strahlenburg. Bekannt ist Schriesheim auch für den Mathaisemarkt, der jährlich am ersten Wochenende im März stattfindet, und das seit weit über 400 Jahren. Der Name Schriesheim ist untrennbar mit dem Weinanbau verbunden. Durch die Weinberge führen sehr schöne Wanderwege.

75 Straßenbahnrundfahrt; mit der Straßenbahnlinie 5 ist ein Großteil der badischen Bergstraße mit dem öffentlichen Verkehrsmittel erreichbar. Die Bahn fährt auf einem großen Rundweg von Heidelberg über Schriesheim bis nach Weinheim und von dort über Käfertal nach Mannheim, wo sie auch am Hauptbahnhof hält. Die komplette Rundfahrt dauert nicht ganz zweieinhalb Stunden.

76 Utes Bücherstube; sie ist in Schriesheim in der Heidelberger Straße 10–12 zu finden. Gerne darf man im umfangreichen Angebot stöbern und sich beraten lassen. www.utes-buecherstube.de

77 Museum Théo Kerg; beherbergt auf drei Etagen eines restaurierten Fachwerkhauses die Stiftung des Luxemburger Künstlers. Der Schüler Paul Klees und Oscar Molls und Gastprofessor der Werkkunstschule Kassel hatte sich kurz vor seinem Tod dafür entschieden, der Stadt Schriesheim die nun in einer ständigen Ausstellung gezeigten Werke zu hinterlassen. Zusätzlich zur ständigen Ausstellung finden jährlich zwei Sonderausstellungen statt. Das Museum wird betreut vom Kulturkreis Schriesheim e. V. Leiterin des Museums ist die Künstlerin Lynn Schoene, die selbst mit mehreren Preisen für ihr Werk ausgezeichnet wurde. Website Museum: www.kk-schriesheim.de, Website Lynn Schoene: www.lynnschoene.com

78 Partyservice Salbinger; die Metzgerei in Hirschberg bietet einen Partyservice an, zur Selbstabholung oder zur Anlieferung. Auch ein Gasgrill und Geschirr kann bei Bedarf gemietet werden. Breitgasse 13, 69493 Hirschberg, www.partyservice-bergstrasse.de

SPEED-DATING (LADENBURG)

Wir haben den Aufenthalt auf dem Zeltplatz abgebrochen. So schnell kriegt mich keiner mehr zum Zelten! Genau betrachtet kann ich doch außerdem in der Natur herumlaufen, ohne mich dann abends unter einer Plane vor den gierigen Stechmücken zu verkriechen. Zu meiner Freude ist es mir geglückt, spontan ein Hotelzimmer in Ladenburg, wo das Lobdengau-Museum [79] die Geschichte einer der ältesten Städte Deutschlands darstellt, in der Nähe des Neckarstrandes [80] und des Wasserturms [81] zu ergattern. Und heute Abend ist dort ein ganz tolles Event, da muss ich unbedingt hin. Gilt es doch, mich abzulenken von diesem blöden Erlebnis am Neckar. Norbert hat keine Lust, mich zu begleiten. Er will sich in unserem Zimmer ausruhen. Obwohl ich wahrlich nicht weiß, wovon er sich auszuruhen gedenkt, habe ich nichts dagegen, mal einen Abend ohne ihn zu verbringen. Ich habe nämlich vor, mich endlich zu amüsieren!

Ein freundlicher Herr hat mich beim Einchecken auf die Veranstaltung aufmerksam gemacht. »Hier, Ihre Karte für die Zimmertür. Und wenn Sie heute Abend etwas unternehmen wollen, ohne dafür unser Haus zu verlassen, kann ich Ihnen unser Speed-Dating empfehlen. Hier in unserem Tagungssaal.«

»Speed-Dating?« Norbert guckt verständnislos.

Ich weiß natürlich auf Anhieb, was das ist. Ich lebe schließlich nicht hinterm Mond wie gewisse meiner Zeitgenossen. »Da gehst du reihum an verschiedene Tische und lernst dabei Leute kennen, Norbert. Immer, wenn es klingelt, stehst du auf und gehst zum Nächsten und sprichst mit dem.« An den Rezeptionisten gewandt frage ich: »Aber wir sind doch ein Ehepaar, was sollen wir beide denn beim Speed-Dating?« Insgeheim überlege ich, ob die womöglich einen Swingerklub im Keller haben? Heutzutage muss man wirklich auf alles gefasst sein!

»Woher weißt du denn so genau, was das ist?«, mault Norbert dazwischen. Vielleicht denkt er dabei an die Geschichte mit dem Blumenstrauß, den ich auf Burg Frankenstein gleich zweimal fing.

»Das kommt davon, wenn man liest. Dann ist man eben informiert.« Lesen bildet bekanntlich, das sollte mein Mann eigentlich wissen. Schließlich ist er seit etlichen Jahren mit mir verheiratet.

»Nein, nein, bei uns geht es nicht darum, einen Partner kennenzulernen. Wir bieten das an, um Künstlerinnen und Künstlern eine Plattform zu geben. Also, das läuft so: In unserem Saal stehen mehrere Tische, an denen jeweils ein Kunstschaffender sitzt, der zehn Minuten lang sämtliche Fragen zu seinem Metier beantwortet. Da können sich gerne mehrere Gäste dazugruppieren. Beim Tönen der Glocke wechselt man zum nächsten Tisch.«

Das klingt spannend. Zumindest für mich.

»Also, Edelgard, wenn du da hinwillst ...«

»Natürlich.« Ich bin ja nicht so ein Banause in Kunstdingen wie mein Mann. »Wann, sagten Sie, geht es los?«

»19.30 Uhr.«

»Das rote Kleid oder das blaue? Norbert, was meinst du?«

Mein Ehegatte hat es sich bereits auf dem geräumigen Doppelbett mit einer Tüte Chips bequem gemacht. Ich hoffe, er bleibt mit den knisternden Bröseln auf seiner Seite.

»Wieso ist dir denn so wichtig, was du da anziehst?« Er beäugt mich argwöhnisch.

Er hat mal wieder keine Ahnung. Wenn man zu einer kulturellen Veranstaltung geht, macht man sich doch ein wenig schick. Na ja, immerhin bleibt er selbst hier, so muss ich mir keine Gedanken um *sein* Outfit machen. Was mir beim Inhalt seines Koffers mittelschwere Probleme bereiten dürfte.

»Ich gehe im Kostüm.« Das liegt, für besondere Höhepunkte der Reise, im Kleidersack ganz unten im Koffer.

Das Event ist gut besucht, wie ich beim Betreten des Veranstaltungsraumes bemerke. Beim Betrachten des Publikums stelle ich zufrieden fest, mit meiner Kleiderwahl ins Schwarze getroffen zu haben. Auch die anderen Anwesenden haben sich mit Sorgfalt gekleidet. Gleich am Eingang bekomme ich einen Zettel in die Hand gedrückt.

»Da sind die Teilnehmenden mit ihren Tischnummern verzeichnet. Bitte halten Sie sich an die Regeln: Beim Tönen der Glocke begeben Sie sich an einen anderen Tisch.«

»Der Reihe nach?«

Die blonde Mittzwanzigerin schüttelt ihre Locken. »Nein, das können Sie sich aussuchen. Aber bitte nicht zweimal an denselben Tisch.«

Ich überfliege den Zettel: eine Bildhauerin, ein Schauspieler, eine Kulturkaufhausbetreiberin, ein Sänger, eine Reiseführerin, ein Autor, ein Veranstalter, eine Journalistin ... Keine Ahnung, wo ich zuerst hinsoll. Vielleicht zur Bildhauerin? Tisch Nummer 8.

Als ich ihn finde, sitzen da bereits vier Personen. Die Künstlerin lächelt mir zu. »Nehmen Sie ruhig schon Platz. Wir müssen aber auf den Anpfiff warten.«

Gleich nach dem Pfiff stößt der Mann neben mir die erste Frage regelrecht aus: »Wo haben Sie studiert?«

Die Bildhauerin lehnt sich entspannt zurück. »Studiert? Sie meinen, an einer Universität?« Sie lacht. »Meine Kunst kommt von innen heraus. Die Exponate sind allesamt Ausdruck meiner Seele.« Ihre Hände wirbeln über ihrem Kopf. »Ich bin hypersensitiv. Das heißt, Menschen wie ich«, sie wirkt überlegen, »haben eine ganz besondere Form der Wahrnehmung. Das ist eine Gabe. Man kann es nicht lernen, auch nicht an der besten Hochschule. Entweder man hat es, oder man hat es nicht.« Vor ihr auf dem Tisch stehen einige Klumpen aus Ton, auf die sie nun mit theatralischen Handbewegungen weist. »Das hier sind meine Entwürfe. Von denen mache ich einen Abdruck, der dann mit Bronze ausgegossen wird.«

Der Fragesteller lässt nicht locker. »Aber Sie müssen doch die Grundlagen Ihrer Kunstausübung irgendwo gelernt haben?«

Die Künstlerin guckt verständnislos. »Wieso? Ich drücke lediglich meine Empfindungen aus.«

»Wo haben Sie denn Ihr Atelier?« Die Frau links von mir im blauen Kleid und passendem Umhängetuch hat gefragt.

»Sie können direkt bei mir kaufen. Schauen Sie, das ist meine Karte. Rufen Sie einfach an, bevor Sie kommen.«

Während Sie weiter mit Fragen bestürmt wird, die sie souverän beantwortet, beäuge ich die auf dem Tisch liegenden Figuren genauer. Dabei muss ich an die Sachen von dem Töpferkurs denken, die Julian von einer Ferienfreizeit mitgebracht hat. Stolz zeigte ich sie seinen Großmüttern, die ihren Enkel daraufhin entzückt und in höchsten Tönen für seine Kreativität lobten. Julian wagte sich danach nie wieder ans Töpfern.

Beinahe bin ich froh, als die Glocke zu hören ist. Nun will ich mich mit der Kulturkaufhausbetreiberin unterhalten.

Tisch Nummer 3. Es entsteht ein Gewusel, als alle sich erheben, um sich umzusetzen. Ein untersetzter Herr stößt mich mit dem Ellenbogen an. »Verzeihung, gnä' Frau.« Er lächelt verbindlich und signalisiert Gesprächsbereitschaft.

»Schon gut, schon gut.« Ich eile weiter. Einen untersetzten Herrn habe ich bereits am Hals! Das genügt. Sobald ich wieder frei bin, werde ich mich nach einer sportlicheren Form der Gattung umschauen.

Die Kleidung der Frau gefällt mir sehr gut. Sie trägt ein anthrazitfarbenes Kostüm wie in den 50er-Jahren. Ihre Haare sind hochtoupiert, ihre Lippen stark geschminkt. Am liebsten würde ich nachsehen, ob ihre Nylons hinten eine sichtbare Naht haben. Wären in den 50ern Tätowierungen schon derart modern gewesen wie heute, hätten sich die Frauen durch dauerhaftes Einspritzen der Naht unter die Haut viel Geld für ihre Nylons sparen können.

Ich lege meine Handtasche neben dem Stuhl auf dem Boden ab, denn ich finde, ihr Halten auf meinem Schoß verleiht mir etwas fürchterlich Altmodisches. So eine Biederkeit, wie sie mein Mann ausstrahlt. Auf dieser Veranstaltung hier wird sich hoffentlich keiner von hinten anschleichen und mir meine Tasche entwenden.

Als die Glocke noch einmal ertönt, haben sich zwei weitere interessierte Personen dazugesetzt.

»Irina Klöppel.«

Die Frau hat eine so sympathische Ausstrahlung, dass mein Mann ihr sicherlich auch einen Eierschäler für Linkshänder abgekauft hätte, obwohl er Rechtshänder ist und das Eierschälen ohnehin selten selbst übernimmt.

»Ich verkaufe Events«, erklärt sie nun. »Das Kaufhaus bin ich selbst. Es ist überall dort, wo ich bin. Sie wählen, sagen mir, was Sie wollen, und ich liefere Ihnen das Gewünschte.

Das kann ein Fest zum 40. Geburtstag sein, eine Feier zum zehnjährigen Firmenjubiläum, einfach alles, was sich so feiern lässt.«

Zehnjähriges Firmenjubiläum? Wer hat das denn außer Beamten wie Norbert? Zeitarbeiter und Minijobber sind doch schon froh, wenn sie zwei Jahre lang denselben Arbeitsweg haben.

Sie scheint meine Skepsis zu spüren, denn sie redet weiter. »Im Angebot habe ich darüber hinaus Events wie Gartenlesungen mit Autorinnen und Autoren, Konzerte und Theaterstücke. Ich arbeite eng mit ausgewählten Künstlerinnen und Künstlern zusammen.« Wie auf Knopfdruck zaubert sie ein breites Lächeln in ihr Gesicht. »Sie sagen, was Sie wünschen, und ich organisiere das. Ganz einfach!«

Ich nicke ihr zu, als ich mich erhebe. Dieses Angebot kommt für mich selbst nicht infrage. Eine Feier anlässlich meiner hoffentlich baldigen Witwenschaft wäre doch etwas unpassend.

Um den Tisch des Sängers drängt sich eine ganze Traube von Leuten. Das ist mir zu viel, vielleicht ist bei ihm in der nächsten Runde weniger los. Aber an dem Tisch dort hinten im Eck sitzt noch niemand. Da gehe ich mal hin. Einen Gesprächspartner ganz für mich allein zu haben, ist ja auch verlockend.

Mein Erstaunen ist jedoch groß, als ich feststelle, wer an diesem Tisch sitzt: Es ist Marja, diese angebliche Journalistin, die mit uns den Ausflug zur Burg Frankenstein unternommen hat!

»Meine neue Haarfarbe. Verändert ganz schön, nicht wahr, Frau Buchmann?«

»So ein Zufall, Sie hier zu treffen!«

»Und noch dazu im Einzelgespräch. Fantastisch.«

Ihre weiteren Ausführungen jedoch finde ich alles andere als fantastisch. Da haben wir, wie es mir scheint, verschiedene Betrachtungsweisen. Präziser ausgedrückt, *sehr* verschiedene Betrachtungsweisen. Sozusagen diametral entgegengesetzte.

Kaum, dass ich sitze, beugt sie sich zu mir vor und spricht leise: »Sie sind meine letzte Hoffnung, Frau Buchmann. Meine allerletzte.«

»Aha.« Ich umklammere die Bügel meiner Handtasche. Marja war so an Norbert interessiert, da kommt mir ihr plötzliches Interesse an *meiner* Person nun ziemlich merkwürdig vor. Was will die Frau von mir?

»Ich war nicht ganz ehrlich zu Ihnen.«

Da schau her. Diesen Eindruck hatte ich allerdings auch. Ich bin echt gespannt darauf, was nun kommt.

»Ich suche den Mörder meiner Mutter.«

»Den was?«

»Bitte, sprechen Sie leiser, ich will hier verständlicherweise kein Aufsehen erregen. Ja, meine Mutter wurde vor ein paar Jahren ermordet.«

»Die Polizei hat doch sicher ermittelt.«

»Natürlich, aber leider ohne Ergebnis. Der Typ läuft immer noch frei herum.«

»Und was habe ich damit zu tun?« Irgendwie wird sie mir jetzt unheimlich.

»Meine Mutter hatte damals ein paar Dates, sie und mein Vater waren geschieden. Ich habe den Typen, den sie traf, nie gesehen. Aber so, wie sie ihn beschrieb, so, wie der Mann sich offenbar verhielt, passt das …« Sie bricht ab und scheint nach den richtigen Worten zu suchen.

Mir dämmert etwas. Deshalb hat sie Norbert so neugierig betrachtet und versucht, ihn bei der Fahrt zur Burg Frankenstein auszufragen. »Sie wollen mir jetzt aber wohl hoffentlich nicht sagen, dass Sie denken, mein Mann sei derjenige gewesen, mit dem sich Ihre Mutter getroffen hat.«

»Es ist … ich kenne nur den Anfangsbuchstaben des Vornamens. Meine Mutter hat Tagebuch geführt. In der Nacht, als sie ermordet wurde, war sie zu einem Treffen mit ihm gefahren. In der Nähe von Frankfurt. Und der Anfangsbuchstabe, mit dem sie ihren Freund jeweils abgekürzt hat, war ein N!«

So eine Unverfrorenheit! Norbert für einen Mörder zu halten! Spinnt die denn? Norbert hat, seit ich ihn kenne, und das ist wirklich eine sehr lange Zeit, keinen dieser Fliegenklebestreifen in der Küche aufgehängt, weil er den Anblick der toten Tiere nicht erträgt. Und nun hält diese Marja ihn für einen Killer? Der sich außerdem während der Ehe mit mir mit einer anderen Frau getroffen haben soll? Diese Möchtegern-Journalistin ist doch vollkommen verrückt. Wenn es nicht derart makaber wäre, würde ich jetzt laut lachen.

Und ehrlich: Was würde es mir bringen, wenn Norbert im Gefängnis säße? Rein gar nichts! Ich wäre ihn zwar vorübergehend los, aber die Lebensversicherung zahlt erst, wenn er tot ist. Oder wenn er das Rentenalter erreicht. Aber man muss ja nicht gleich das Schlimmste befürchten.

»Ein N?«

»Sie müssen mir helfen, Frau Buchmann.«

»Das ist alles, was Sie haben? Ein N?« Ich schiebe meinen Stuhl zurück. »Das ist ziemlich dünn, finden Sie nicht?«

»Es gibt gar nicht so viele männliche Vornamen, die mit N beginnen.«

»Nikolaus.«

Sie legt ihre Hand auf meinen Arm. »Bitte, Frau Buchmann. Es ist so wichtig für mich. Ich heirate in zwei Monaten. Und meine Mutter wird nicht dabei sein. Ich will endlich wissen, wem ich das zu verdanken habe.«

Nur weil der Mann, mit dem sich ihre Mutter getroffen hatte, vermutlich ein Phlegmatiker war, der gerne aß, verdächtigt sie Norbert? Lieber Himmel, diese Beschreibung trifft wahrlich auf mehr Männer zu, als sie denkt!

Ich ziehe meinen Arm zurück und wische mit der Hand darüber. Am liebsten würde ich ihn desinfizieren.

»Das war noch nicht alles. Der Mann, der sehr wahrscheinlich meine Mutter ermordete, hatte ein Muttermal am linken Handgelenk. In Herzform. Davon hatte sie mir erzählt, weil sie das so niedlich fand.«

Plötzlich erinnere ich mich. Dass sie den Pigmentfleck auf seinem Handgelenk regelrecht angestarrt hat, war mir sofort aufgefallen. Ich lasse meine immer mit Fruchtpeeling beim Hautarzt entfernen, aber Norbert zieht das für sich nicht in Erwägung, es sagt immer, das seien eben seine Rostflecken. Er altere wie eine Skulptur, die setzten mitunter auch Rost an.

»Wann ist denn Ihre Frau Mutter ums Leben gekommen?«

Marja fixiert mich erst und nennt dann ein Datum.

Ich rücke meinen Stuhl zurück, stehe auf, ohne ihr zu antworten, und verlasse fluchtartig den Raum. Was eigentlich schade ist, denn ich hätte mich sehr gerne noch mit dem Autor unterhalten. Ich stelle es mir toll vor, eines Tages ein Buch mit meinem Namen darauf in der Auslage einer Buchhandlung zu finden. Edelgard Buchmann. Vielleicht wäre das ein Projekt für meine Zeit *nach* Norbert?

Ich streife durch die Ladenburger Altstadt und beglückwünsche mich selbst zur Wahl meines Schuhwerks. Mit den breiten Absätzen lässt es sich bequem auf Kopfsteinpflaster laufen. Zu Zeiten meiner Kindheit, als die sogenannten Pfennigabsätze modern waren, blieben etliche Damen mit ihrem Schuhwerk in den Fugen zwischen den Steinen stecken. Meine Mutter hat mir oft von der Episode erzählt, als sie auf dem Weg zur Hochzeit einer Cousine auf diese Weise einen Schuh verlor und ihre teuren Strümpfe ruinierte. Derart in meine Gedanken versunken, erreiche ich den Marktplatz 82 mit seinem großen Brunnen. In einem der Schaufenster der den Platz umstehenden Häuser erweckt dennoch ein Plakat mit dem Schlagwort »vielerorts« 83 meine Aufmerksamkeit. Es kündigt Literaturtage an, die demnächst in Ladenburg stattfinden. Ich gehe weiter, folge der Straße bis zu einem Auktionshaus 84, dann vorbei an einem Gebäude, das eine Tafel als Wohnhaus von Carl Benz 85 ausweist. Auf dessen Spuren wandelten Norbert und ich auf einer unserer früheren Reisen. Sogar seine letzte Autofabrik, das heutige Dr. Carl Benz Automuseum 86 befindet sich in Ladenburg. Vom Carl-Benz-Haus ist es nicht mehr weit bis zum Fluss.

Ich setze mich auf die niedrige Mauer, die den kleinen Sandstrand vom Weg, hinter dem eine Wiese ansteigt, abgrenzt. Die Fähre liegt im blassen Schimmer des Mondes auf dem Wasser, auf der gegenüberliegenden Flussseite befindet sich Neckarhausen. Von dort aus ist es nicht weit bis nach Seckenheim, wo Norberts Cousine wohnt. Bei Anna haben wir sogar schon einmal das Weihnachtsfest verbracht. Aber momentan ist sie selbst auf Reisen.

Plötzlich steht jemand hinter mir, das spüre ich genau. Schon wieder ein Irrer, der mich angreifen will? Langsam reicht es mir damit. Ich wende vorsichtig meinen Kopf um. Es ist Marja. Sie scheint mir gefolgt zu sein.

»Frau Buchmann«, sie fasst mich am Arm. »Warum sind Sie vorhin weggelaufen? Ihr Mann war an diesem Tag nicht bei Ihnen, stimmt's?« In ihrem Blick liegt Triumph.

Ich packe ihre Hand und drücke sie energisch weg. »Sie haben mir das Datum unseres Hochzeitstages genannt. Diesen Tag verbringen wir seit unserer Heirat gemeinsam. Jedes

Jahr. Er läuft immer gleich ab, das können Sie mir glauben. Wir gehen gemeinsam mit unseren Müttern in ein schönes Restaurant. Die beiden Damen schwelgen in ihren Erinnerungen, Norbert schaufelt Essen in sich hinein und ich trage die alte Kette von Tante Edelgard, das Einzige, was sie aus dem Erbe ihrer eigenen Mutter, worum sie ihre Schwestern betrog, bislang zur Geburt unseres Sohnes herausgerückt hat.« Ich hole tief Luft. »Der Verlust Ihrer Mutter tut mir leid. Das können Sie mir glauben. Aber Sie können nicht durch die Gegend laufen und einfach irgendwen verdächtigen. Beschaffen Sie sich professionelle Hilfe bei Ihrer Suche. Aber lassen Sie mich und meinen Mann in Ruhe. Es ist völlig absurd, ihn zu verdächtigen. Sie haben sich da in etwas verrannt, das sage ich Ihnen.«

Mit diesen Worten lasse ich sie stehen. Marja hat mir den Abend gründlich verdorben. Dabei hatte ich mich dermaßen darauf gefreut. Ohne mich nach ihr umzusehen, haste ich zurück ins Hotel. Morgen reisen wir weiter. Was für ein Glück. Dort wird uns diese Irre hoffentlich nicht aufstöbern.

FREIZEITTIPPS:

79 Lobdengau-Museum; Ladenburg ist die älteste rechtsrheinische Stadt Deutschlands. Bereits die Kelten siedelten hier. Die Merowinger errichteten einen Königshof in »Lobdenburg« – das Lobdengau-Museum, untergebracht in einem Renaissancebau, zeugt durch viele interessante Exponate von der langen Geschichte der Stadt. Das Haus selbst war Sitz der Wormser Bischöfe, zu deren Bereich Ladenburg zeitweise gehörte. Besonders sehenswert ist in der hervorragend beschilderten Ausstellung neben dem »Römerkeller« die Außenstelle »Römisches Forum« in der Metzgergasse. Beeindruckend ist hierbei insbesondere der Nachbau eines Prunkportals, das neben den prächtigen Beschlägen durch seine Größe besticht. www.lobdengau-museum.de

80 Neckarstrand; hinter dem Wasserturm in Ladenburg befindet sich eine große Wiese, auf der hin und wieder Open-Air-Veranstaltungen stattfinden. Direkt am Fluss liegt ein kleiner Strand, der die Sehnsucht nach mehr weckt, während der Blick über das dunkle Wasser des Neckars schweift. Auf einer kleinen Mauer, die den Fußweg – Radfahrer werden hier gebeten, abzusteigen – vom Strand trennt, kann man sitzen und das landschaftliche Ambiente genießen. Der Weg längs des Neckars führt zu weiteren Wiesen, auf denen vorrangig am Wochenende viele ihre Freizeit verbringen. Folgt man dem Radweg weiter, kommt man auf der sehr schönen Strecke bis nach Heidelberg. Vom Neuenheimer

Feld aus gelangt man, vorbei an den Neckarwiesen, zur Alten Brücke.

81 Wasserturm; etliche der die Gegend prägenden Wassertürme sind noch erhalten, jener in Mannheim gilt sogar als Wahrzeichen der Stadt. Auch in Ladenburg steht, wie in vielen Orten der Region, noch ein Wasserturm, der früher die Versorgung der Bürgerinnen und Bürger mit Wasser gewährleistete. Manche Exemplare sind inzwischen zu privaten Wohnungen umfunktioniert worden. Was ihnen allen gemeinsam ist: Sie prägen auf charmante Weise das Stadtbild mit.

82 Marktplatz; der große, von prächtigen Fachwerkhäusern umsäumte Platz war auch schon Kulisse für einen Fernsehfilm, bei dem die Autorin als Kleindarstellerin mitwirkte. Der SWR drehte hier den Thriller »Ein todsicherer Plan« nach dem Skript von Grimme-Preisträger Holger Karsten Schmidt.
Jedes Jahr in der Adventszeit wird der Platz jedoch zur beschaulichen Kulisse für einen besonders heimeligen Weihnachtsmarkt. Um den Brunnen herum entfaltet sich ein wahrer Budenzauber, während der Duft von Glühwein, Maroni und Bratwürsten über der malerischen Szenerie liegt.

83 vielerorts; verborgene, zum Teil in von Rosen gesäumten Seitengassen versteckte zauberhafte Orte werden den Gästen für die Dauer der Ladenburger Literaturtage zugänglich gemacht. Namhafte Autorinnen und Autoren entführen in die Welt der Literatur. Die in Ladenburg wohnende Lyrikerin Carolin Callies und einige

Gleichgesinnte initiierten das jeweils im Sommer stattfindende Event erstmals im Jahr 2017 zum 20-jährigen Bestehen der Freunde und Förderer der Stadtbibliothek Ladenburg. Der enorme Zuspruch des Publikums bestätigt das Konzept und die jährliche Wiederholung. ladenburger-literaturtage.de

84 Auktionshaus Seidel; das moderne Auktionshaus in der Ladenburger Lustgartenstraße wurde im Jahr 2003 eröffnet. Vor den Auktionen können die Sammlerstücke für Spielzeugliebhaber auf einer 450 Quadratmeter großen Ausstellungsfläche besichtigt werden – bei Kaffee und Kuchen. Informationen zu aktuellen Auktionen: www.spielzeugauktion.de

85 Carl-Benz-Haus; der Automobil-Erfinder Carl Benz bewohnte in seinen letzten Lebensjahren eine schöne Gründerzeit-Villa in Ladenburg, fußläufig von seiner Autofabrik entfernt. Das Haus wurde im Jahr 1905 von seiner Ehefrau Bertha erworben. Im großen Park, der zur Villa gehörte und der heute frei zugänglich ist, ließ Carl Benz eine Garage errichten, die ebenfalls noch steht. Sie gilt als eine der ersten Garagen der Welt. Das ehemalige Wohnhaus des Erfinders liegt am heutigen Dr.-Carl-Benz-Platz.

86 Automuseum Dr. Carl Benz; seit 2005 in der historischen Fabrik untergebracht, ist es ein Muss für jeden Oldtimer-Fan und für an der Geschichte des Automobils Interessierte. Am 29. Januar 1886 meldete Carl Benz das Patent für seinen Motorwagen an, den er in den Mannheimer Quadraten entwickelt hatte. Im Jahr 1905 entstand die Firma C. Benz und Söhne in Ladenburg. In authentischer Umgebung werden an diesem Ort heute liebevoll gepflegte Oldtimer gezeigt. Ein großes Fenster bietet Einblicke in das einstige Arbeitszimmer von Carl Benz. Das Automuseum wird mit viel Engagement von Winfried A. Seidel geleitet. Neben der Dauerausstellung gibt es Zusatzveranstaltungen wie Oldtimerfahrten oder den stimmungsvollen Weihnachtsmarkt im Advent. Der Event-Bereich ist für Veranstaltungen buchbar. Ilvesheimer Straße 26, 68526 Ladenburg, www.automuseum-ladenburg.de

EINE SCHIFFFAHRT, DIE MACHT FROH (HEIDELBERG)

»Eeedelgard!«

»Was ist das denn?«

»Eine Buchhandlung 87 . Mit einem besonders schön gestalteten Schaufenster.« Mein Gatte checkt wie üblich gar nichts. Hier liegen nämlich zur Dekoration einige Gegenstände, die zum Inhalt des Kriminalromans passen, der ebenfalls präsentiert wird. Ich luge durch die Tür und erhalte eine Bestätigung meines ersten Eindrucks. Entschlossen lege ich meine Hand auf den Griff und drücke die Tür auf. Bücher 88 , überall Bücher. Womöglich kann ich hier eine Anregung erwerben? Die Zeit drängt, unser Aufenthalt an der Bergstraße neigt sich unaufhaltsam dem Ende entgegen.

»Guten Tag!«

Die Frau, die hinter dem Tresen steht und mich durch ihre Brille ansieht, wird mir helfen! Das erkenne ich auf Anhieb. Sie wird verstehen, was ich brauche. Denn ich kann einfach nicht mehr weiter, ich bin völlig am Ende. Ich muss diese materialisierte Michelin-Männchen-Ausgabe für Traktorreifen namens Norbert endlich loswerden. Wie üblich trägt mein mir Angetrauter seine beigefarbene Breitcordhose, obwohl er genau weiß, dass ich die nicht ausstehen kann. Doch das stört ihn nicht im Geringsten. Die Nähte seiner Hose sind bis zur Belastungsgrenze gedehnt, da er in den Jahren unserer Ehe ordentlich zugelegt hat. Im Lochmuster seiner geliebten hellbraunen Schuhe hat sich etwas Schuhcreme verfangen. Warum in aller Welt habe ich ihn eigentlich geheiratet? Die Erinnerung daran ist mir verloren gegangen, rieselte wie Sand durch die Löcher eines Siebs. Wir sind schon seit unserer Schulzeit zusammen, und vermutlich habe ich bei unserer Eheschließung dasselbe eingeworfen wie meine Mutter, als sie mir diesen vorsintflutlichen Namen verpasste.

Zurzeit verbringen wir unseren Urlaub an der Bergstraße. Dort ist es hügelig und es gibt viele Burgen. Da fällt schon mal jemand runter, von so einer Burg. So dachte ich zu Beginn unserer Reise. Warum also nicht auch Norbert? Doch der Urlaub erweist sich in dieser Hinsicht als kompletter Reinfall. In den entscheidenden Momenten war stets eine helfende Hand zur Stelle, die mich vor dem Witwendasein zu bewahren verstand. Glück für Norbert, Pech für mich. Wie so vieles im Leben hat auch dieser Umstand zwei Seiten. Es kommt lediglich auf den Blickwinkel an, aus dem man es betrachtet.

Aber nun sind wir in Heidelberg [89]. Heidelberg liegt am Neckar [90], und mir ist eingefallen, dass Norbert nicht schwimmen kann. Ich muss ihn unbedingt auf ein Schiff bringen! Es könnte doch sein, dass er sich zu weit über die Reling beugt. Dabei kann er ja durchaus das Gleichgewicht verlieren. Er wird ja kaum heimlich das Schwimmen gelernt haben und sein Seepferdchen- respektive Flusspferd-Abzeichen gemacht haben.

»Darf ich Sie beraten?«

Die Dame ist aber wirklich ausgesprochen freundlich. »Ich suche ...«

»Nach der perfekten Mordmethode. Sie wollen doch nicht etwa die Polizei [91] auf sich aufmerksam machen?« Schalk blitzt in ihren Augen auf.

Nun schaltet sich Norbert ein. »Meine Frau liest gerne. Ich sage immer, du verdirbst dir die Augen. Aber sie ist nicht davon abzuhalten.« Er hat denselben entrüsteten Ton in der Stimme, mit dem er mich abends immer zum Abschalten des Lichtes bewegen will. Ein völlig aussichtsloses Unterfangen. Dass er das nicht endlich einsehen will?

Lesen bildet eben, mein Lieber. Denn ich habe soeben den Entschluss gefasst, mir hier eine kleine Anregung zu besorgen. Natürlich darf ich mir nichts anmerken lassen, Norbert soll seine letzten Tage ruhig genießen, ich bin ja schließlich kein Unmensch.

»Aber wieso denn Mord?«, frage ich und gebe mich verständnislos. Denn womöglich wird die nette Dame später als Zeugin von der Polizei vernommen. Ich nehme Norbert am Arm. »Eine glücklich verheiratete Ehefrau braucht doch keine Anleitung zum Mord!« Ich hauche einen Kuss auf seine Wange, die leicht auf dem Hemdkragen aufliegt. Die Buchhändlerin soll schließlich in einigen Tagen der Polizei ins Protokoll diktieren, ich habe meinen Mann abgöttisch geliebt.

Nun gibt sie mir ein Buch in die Hand. »Sie sind hier in Urlaub, nicht wahr? Wie wäre es mit einer Kurzkrimisammlung? Da können Sie abends vor dem Einschlafen jeweils eine kleine Geschichte lesen und schlafen mit der Gewissheit ein, den Mörder zu kennen.«

»Und dann spricht sie wieder im Schlaf.«

»Norbert, da wir keinen Literarischen Salon [92] in unserer Nähe haben, muss ich eben zu Hause lesen.« Obwohl ich meinem Ehemann liebend gerne gegen das Schienbein treten würde, lächle ich honigsüß und bitte die freundliche Dame mit einem beschwichtigenden Gesichtsausdruck um Nachsicht für meinen Ehemann. »Und die Kurzkrimis, sagen Sie, wo spielen die denn?«

»Hier bei uns, alle bei uns. Kochrezepte, vor allem für Spargel [93], sind auch dabei.« Sie reicht mir das Buch, und ich blättere es auf.

»Kochrezepte? Mit regionalen Spezialitäten?« Norbert entreißt mir das Buch. Seine Manieren befinden sich wie üblich auf einem Tiefpunkt. Immer, wenn er etwas von Essen hört, vergisst er sich völlig. Ich habe schon seit geraumer Zeit den Eindruck, Essen ist die einzige Leidenschaft, die er hat.

»Das kaufen wir! Wir haben eine Immobilie 94 , also eine Ferienwohnung mit Küchenzeile gemietet, da kann mir meine Frau gleich was zubereiten!«

Mein Lieber, ich werde dir ganz bestimmt etwas bereiten, denke ich, nämlich eine kleine Überraschung, immerhin deine letzte. Deine allerletzte.

»Zahlst du?« Mit dem Buch unterm Arm verlässt Norbert bereits die Buchhandlung in Heidelbergs Altstadt 95 .

»Wir haben da etwas ganz Besonderes.«

Ich bin ganz Ohr. Denn Krimis interessieren mich wirklich. Überaus sogar! »Und das wäre?«, frage ich.

»Zurzeit findet das Krimifestival Kurpfalz 96 statt.« Die Buchhändlerin breitet einen Flyer vor mir aus. »Wir haben ganz besondere Veranstaltungen.« Sie räuspert sich. »Zum Beispiel eine Schifffahrt 97 . Ab Heidelberg.«

»Geben Sie mir zwei Karten.« Man muss in der Lage sein, Zeichen zu erkennen. Nur ein Idiot würde da nicht umgehend handeln!

»Für den Fall, dass Sie länger hierbleiben, lege ich Ihnen ein paar Infobroschüren dazu. Im Alten Hallenbad zum Beispiel können Sie die Körperwelten 98 besuchen. Oder Sie unternehmen einen Ausflug zur Tiefburg 99 ! Sehr schön ist auch unser Botanischer Garten 100 . Einen Besuch im Zimmertheater 101 kann ich Ihnen ebenfalls sehr empfehlen.«

*

Norbert hat es sich in unserem Feriendomizil gemütlich gemacht. Seine Füße sind bestrumpft mit den selbst gestrickten grünen Socken, mit denen seine Mutter ihn stets an Weihnachten zu beglücken pflegt. Die Häkelkrawatten, deren Design ähnlich vielversprechend ausfällt, erhält er in einer geballten Ladung zu seinen Geburtstagen.

Ich stehe in der Küche und bereite ein Fischgericht zu.

»Bist du bald fertig?«, kräht Norbert von seinem bequemen Sessel aus.

Schade, dass in den Fischfilets trotz aller Mühe meinerseits keine Gräten zu finden sind. So eine könnte ihm doch im Halse stecken bleiben. Selbstverständlich würde ich nach einer angemessenen Zeit den Notarzt rufen! Ich wische das Fett an meinen Fingern mit einem Küchentuch ab und setze Kartoffeln auf.

Norbert wendet sich genussvoll dem letzten Bissen seines Gerichtes zu, von seinem Kinn tropft etwas Soße auf seinen Pullover. Er reibt mit den Fingern darüber, was es nicht unbedingt besser macht.

In diesem Moment ertönt die Klingel. Norbert schiebt sich ein Stück Odenwälder Bauernbrot zusätzlich in den Mund. »Wer ist das denn? Wir sind doch hier in Urlaub!«, mampft er mit vollen Backen.

»Keine Ahnung.« Ich erhebe mich und öffne die Tür.

Vor mir steht ein Mann, ungefähr 40 Jahre alt und nicht gerade unansehnlich. Um genau zu sein, ist er sogar ziemlich attraktiv.

»Entschuldigen Sie den Überfall.«

Als ich ihn erschrocken anblicke, setzt er rasch nach: »Ich komme natürlich in bester Absicht.« Er macht einen entschlossenen Schritt nach vorne. »Darf ich eintreten?« Schon geht er an mir vorbei ins Wohnzimmer und setzt sich wie selbstverständlich zu Norbert an den Tisch.

»Guten Tag, ich stelle mich mal kurz vor: Reiner Werthör.« Norbert wischt mit dem Handrücken über sein glänzendes Kinn und blickt verständnislos zu mir.

»Sie sind hier Urlaubsgäste, auch wenn Sie nicht in einem Hotel 102 logieren, nicht wahr, das weiß ich wohl. Vorgestern angekommen? Haben Sie denn schon an eine Schifffahrt auf dem Neckar gedacht? Als Appetizer, sozusagen?«

Mir wird warm. Ich habe Norbert noch immer nicht gebeichtet, dass wir für übermorgen eine Krimifahrt gebucht haben.

»Ich? Auf ein Schiff? Und wieso Appetizer?« Norberts Stimme klingt schrill. Normalerweise wird er schon seekrank, wenn er sein Badewasser einlaufen lässt.

»Ich will Ihnen etwas ganz Besonderes anbieten. Dazu müssten Sie im nächsten Urlaub allerdings nach Rotterdam reisen. Da geht es dann an Bord. Aber nicht auf irgendein Schiff. Es handelt sich um die Königin, ach, was sage ich, um die Kaiserin der Meere! 5.000 Passagiere haben darauf Platz. Das ist sozusagen wie eine Stadt auf dem Meer. Mit eigenen Dorfplätzen, Pools und Wellnessbereichen. Selbstverständlich sind sogar Ärzte an Bord. Kreuzfahrtreisen sind *der* Trend überhaupt! Auf so einem großen Schiff wird man natürlich nicht seekrank. Das liegt derart glatt auf dem Wasser, da fühlen Sie sich so sicher und standfest wie an Land. Und selbstverständlich«, sein Blick streift Norberts halb leeren Teller, »mit Gourmet-Restaurants. Alles vom Feinsten. Was dort aufgetischt wird, bekommen Sie nicht alle Tage!«

Der Haken sitzt. Reiner Werthör hat meinen Mann an der Angel, das erkenne ich sofort.

»Gourmet-Restaurants 103 «, gibt er das Echo.

»Alles schon im Preis inbegriffen. Sie zahlen nichts extra!«
»Alles …?«
»Komplett mit drin.« Reiner Werthör zaubert einen Prospekt auf den Tisch, den er rasch aufblättert. »Sie zeichnen Anteile an dem Schiff und erhalten im Gegenzug das Recht, drei Wochen im Jahr Urlaub darauf zu machen. Völlig kostenfrei. Inklusive sämtlicher Restaurants. Die ersten Haubenköche haben bereits zugesagt. Alles nur vom Allerbesten. Im nächsten Monat beginnt der Bau des Schmuckstücks in einer Werft in Wilhelmshaven. Einige wenige Anteile sind noch frei, Sie müssen sich mit Ihrer Zusage also beeilen.« Nun wendet er sich, verbindlich lächelnd, mir zu. »Selbstverständlich ist in jeder Reise ein Kapitänsdinner inbegriffen.«

Vor meinem inneren Auge läuft ein Film ab: Er zeigt mich in einem roten eleganten Abendkleid neben einem schmucken Mann in Uniform, der charmant mit mir plaudert und über vortreffliche Manieren verfügt. Soeben reicht er mir seinen Arm und geleitet mich zu Tische.

Die Stimme meines Ehegatten reißt mich abrupt aus meinem Traum und führt mich in die Wirklichkeit zurück.

»Und was soll das Ganze kosten?«

Mir steht ein gesellschaftliches Großereignis bevor und Norbert fragt schnöde nach dem Preis dafür? Das kann ja wohl nicht wahr sein. Gönnt er mir denn gar nichts?

»Ich lasse Ihnen den Prospekt hier. In drei Tagen komme ich wieder, bis dahin können Sie über mein Angebot nachdenken.« Reiner Werthör erhebt sich.

Mich hat er selbstverständlich restlos überzeugt.

Am späten Nachmittag kann ich meinen Göttergatten immerhin dazu bewegen, sich aus dem Sessel zu erheben und einen kleinen Bummel durch die Altstadt zu unternehmen. Auf dem Weg dahin sehen wir am Straßenrand ein geparktes altes Feuerwehrauto. Es trägt die Aufschrift »Wanderbühne Carnivore« 104 . Norbert, der ein Faible für Oldtimer hat, umrundet das Fahrzeug entzückt. Wenig später bleibt er fasziniert vor einem Schaufenster stehen. Ehe ich etwas einwenden kann, ist er bereits in dem Laden verschwunden. Als ich ihm folge, befinde ich mich in einer Welt aus Glas. Wohin ich auch blicke, sehe ich Flaschen mit verheißungsvollem Inhalt, der in vielen Farben schillert. Wir sind in einem Wein- und Spirituosengeschäft 105 und Norbert lässt sich von einem freundlichen Herrn in die Welt des Gins einführen. Ich selbst kaufe ein Mitbringsel für unseren Sohn, einen »Heidelberger Melonenschnaps«.

Am Universitätsplatz entdecke ich eine in den Boden eingelassene Plakette 106 . »Schau mal«, sage ich zu Norbert, »Luther war hier.«

»Wer war denn nicht in Heidelberg?« Norbert guckt drein, als würde er zu einem längeren Vortrag ansetzen. Er hat offenbar in dem Reiseführer geblättert, den ich ihm hingelegt habe.

»Die haben hier die älteste Universität 107 in Deutschland, da hat alles gelehrt, was Rang und Namen hat.«

»Luther offensichtlich nicht. Schau doch, was hier steht: Die haben ihn zu einer Disputation eingeladen.« So schnell gebe ich mich mit meinem Wissen nicht geschlagen.

Doch mein Mann wechselt abrupt das Thema. »Ob es hier irgendwo was zu essen gibt?«

»Lass uns weitergehen. Wir finden bestimmt ein nettes Restaurant 108 .«

Nach einigen Schritten lenkt eine ganz besondere Fassade unsere Blicke auf sich. Eine asiatische Reisegruppe steht davor und knipst das Haus beinahe weg. Mein Englisch reicht aus, um zu verstehen, dass ihnen die Dame mit dem in die

Höhe gereckten Rüschenschirm erklärt, dies sei das älteste Haus von Heidelberg, das Haus zum Ritter 109 . Gegenüber steht die Heiliggeistkirche 110 . Wir landen in der Haspelgasse 111 und gehen bis zum Neckar, wo sich eine steinerne Brücke über den Fluss spannt. Obwohl Norbert sein Tempo schon deutlich verlangsamt hat, gehe ich einfach auf dem Kopfsteinpflaster voraus. Am anderen Ende weist ein Schild zum Philosophenweg 112 . Von dort aus könnte man weiter zu Fuß bis zur Thingstätte 113 gehen.

*

Das Schiff liegt so souverän auf dem Wasser – mir ist, als stünde ich mit beiden Beinen auf fester Erde. Vor dem Verlassen unserer Kabine sind meine Füße hibbelig in die glitzernden Highheels geschlüpft, die mich größer wirken lassen. Das rote Kleid habe ich kurz vor der Abfahrt extra für mich fertigen lassen. Ich fühle mich wie eine Königin, als ich über weichen Teppichboden den Eingang des Restaurants erreiche, wo mir ein freundlich lächelnder junger Mann beflissentlich die Tür aufhält. Er führt mich zu einem runden Tisch, an dem bereits ein stattlicher Mann in Uniform Platz genommen hat. Nun erhebt er sich charmant, bietet mir den Platz an seiner Seite an und schiebt mir, nachdem ich mich niedergelassen habe, den Stuhl zurecht. Er sieht aus wie eine Mischung aus Pierce Brosnan und Johnny Depp. Ich bin völlig hingerissen.

»Edelgard! Haben wir keinen Senf mehr?«

Senf? Norbert isst mit Vorliebe Senfbrot, aber so etwas wird es an diesem Tisch schwerlich geben. Außerdem genieße ich diesen ganz besonderen Abend ohne ihn. Er liegt mit Kopfschmerzen in unserer abgedunkelten Kabine.

»Haben wir denn keinen eingekauft?« Norbert nölt weiter.

Eine Hand fasst mich an der Schulter und rüttelt mich.

»Bist du eingeschlafen? Ich kann den Senf nirgends finden!« Norberts Stimme klingt empört.

Ich fahre mit der Hand über meine Augenlider. Ich sitze in dem bequemen Ohrensessel am großen Wohnzimmerfenster unserer Ferienwohnung. Von hier aus können wir sogar das Heidelberger Schloss 114 sehen. Oder besser gesagt, das, was von ihm noch steht, denn es ist ja eine Ruine. Das Nieseln vor den Fenstern hat mich wohl schläfrig gemacht. Das Kapitänsdinner war also nur ein Traum. Allerdings ein wunderschöner und er wird mit Sicherheit wahr werden, und zwar nur für mich, als wohlhabende Witwe! Denn mit Norberts Lebensversicherung, die ich nach seinem Tod erhalten werde, habe ich vor, ganz viele Anteile an diesem Meeresriesen zu kaufen. Aber erst einmal muss ich meinen Mann dazu bringen, sich mit mir auf das Krimi-Schiff auf dem Neckar zu der Lesung zu begeben. Dabei wird er über Bord gehen, das steht für mich fest. Wie gesagt, wird er kaum heimlich einen Schwimmkurs gemacht haben, davon wüsste ich. Ich habe ja bereits als Kind das Seepferdchen-Abzeichen gemacht, für Norberts Urkunde müsste allerdings mindestens eine Seekuh herhalten.

Ich zaubere den Senf aus unserem Einkaufskorb, der noch in der Küche steht, hervor. Den hätte er wirklich selbst finden und mich weiter im Traumland belassen können.

Norberts Hand schnappt danach, er schraubt die Tube auf und verteilt auf einer Schnitte Schwarzbrot fingerdick die braungelbe Paste. Beim Hineinbeißen kleckert etwas Senf auf seine Wange, was er nicht bemerkt.

»Essen ist doch das Schönste auf der Welt, nicht wahr, Edelgard?«

Er nimmt erneut einen großen Bissen und verschmiert dabei den Klecks auf seiner Wange großflächig. »Wenn es nichts mehr zu essen gäbe, wäre das Leben doch nur halb so schön.«

Seine günstige Verfassung muss ich unbedingt nutzen! Ich zaubere die beiden Eintrittskarten auf den Tisch. »Schau mal«, beginne ich. »Wir können für die Schifffahrt mit den Gourmet-Restaurants schon mal üben. Quasi als Vorgeschmack für unsere Reise mit der Königin der Meere!«

Mit Misstrauen beäugt er die Karten. »Krimis auf dem Schiff?«

Bevor er etwas einwenden kann, lege ich ihm geschwind eine weitere Scheibe Brot auf den Teller.

Liebevoll, beinahe zärtlich verstreicht Norbert den Senf gleichmäßig auf dem dunklen Backwerk und streut sorgfältig etwas Salz darüber. Das Gesetz vom abnehmenden Grenznutzen greift bei meinem Ehegatten nicht. Die dritte Scheibe schmeckt ihm wenig später genauso fabelhaft wie die erste.

»Es gibt da natürlich etwas zu essen. Und bezahlt ist es im Übrigen auch schon. Wir sollten also hingehen.«

*

Die freundliche Dame, bei der ich schon die Eintrittskarten erworben habe, steht selbst an der Anlegestelle am Neckar.

Ich nicke ihr zu, als ich an ihr vorbei über einen Steg auf das Schiff gehe. Ungefähr 40 Gäste haben sich bereits eingefunden und wir müssen mit einem der hinteren Plätze vorliebnehmen. Ich halte nach einer geeigneten Stelle Ausschau, an der ich später Norbert zu einem Sprung ins Wasser verhelfen kann. Seinem letzten Bad in einem Fluss, seinem allerletzten.

Vor uns sitzt ein Paar, etwa in unserem Alter. Als wir gerade unsere Plätze eingenommen haben, dreht die Frau sich um und spricht uns an. »Sind Sie auch auf Urlaub hier? Ich habe Sie doch in unserem Haus gesehen! Sie haben dort ebenfalls eine Wohnung gemietet, nicht wahr?« Als ich nicke, fährt sie fort: »War bei Ihnen auch so ein komischer Mann?«

»Komischer Mann?« Norbert gibt das Echo.

»Bei Ihnen in der Wohnung?«

»Also, jemand Komisches war nicht bei uns.«

»Aber es war einer da?«

Ich betrachte meine Fingernägel. Ich habe keine Lust, dieser aufdringlichen Person den tollen Tipp mit den Anteilsscheinen zu verraten. Schließlich möchte ich nicht neben *der* am Kapitänstisch sitzen.

»Wollte der Ihnen was verkaufen?«

»Reisen auf einem Kreuzfahrtschiff«, platzt Norbert heraus. Ich trete ihn unauffällig mit meinem Fuß.

»Das lassen Sie mal schön bleiben.«

»Aber wieso denn?« Norbert ist verblüfft.

Die Frau guckt bedeutungsvoll. »Wir haben Nachforschungen angestellt.«

Auweia. Eine Amateurdetektivin. Und das auf einem Krimi-Boot.

»Der Mann ist ein Betrüger! Es wird nämlich gar kein Schiff dieser Größenordnung in Wilhelmshaven gebaut. Wir haben eine Freundin dort, die hat für uns Erkundigungen eingeholt. Dieser Mann ist denen auf der Werft überhaupt nicht bekannt!« Triumph schwingt in ihrer Stimme mit. Nach einer bedeutungsvollen Pause fährt sie fort: »Der wollte bloß mit dem ergaunerten Geld abhauen. Aber da muss der sich schon Blödere als uns suchen, die er austricksen kann. Mit uns nicht!«

Norbert schnappt nach Luft. Ich ramme ihm meinen Ellbogen in die Seite. »Bei uns war gar keiner. Niemand. Mein Mann irrt sich.« Adieu, rotes Abendkleid. Tschüss, schmucker Kapitän. Es wird für mich also keine Fahrt auf einem Kreuzfahrtriesen über die Weltmeere geben. Es bleibt mir nur, diese Fahrt auf dem Neckar zu genießen.

»Na, dann ist ja gut. Ich wollte Sie auch bloß warnen. Falls der bei Ihnen doch noch auftaucht, wissen Sie Bescheid. Lassen Sie den erst gar nicht rein! Oder noch besser: Informieren Sie die Polizei.«

Während ich wie benommen dasitze, raunt mir Norbert ins Ohr: »Da haben wir ja richtig Glück gehabt, Edelgard. Gut, dass wir diese Leute hier getroffen haben.«

Glück liegt manchmal verdammt nah an Leid, aber davon versteht mein Mann ja nichts.

Vorne nimmt jemand ein Mikrofon in die Hand und kündigt die Krimiautorin an. Wie durch einen dicken Nebelschleier dringt eine Begrüßung an meine Ohren, bis dann eine Frau in rotem Jackett und schulterlangen dunklen Haaren übernimmt. Meine Hände fühlen sich taub an. Ich habe das Gefühl, mein Kreislauf macht gerade die Grätsche.

Ich höre nur mit halbem Ohr hin, während Norbert vor Vergnügen über den humorvoll vorgetragenen Krimi gluckst.

Dieser Herr Werthör ist also ein Betrüger und beinahe hätte ich ihm viel Geld anvertraut, sehr viel Geld sogar. Einen Teil der gut dotierten Lebensversicherung auf Norbert hatte ich vor, ihm in Bälde zu übergeben, um mir einen ausgezeichneten Platz in einer Außenkabine mit großen Fenstern zu sichern. Zeit dazu hätte ich ja ganz viel gehabt, so als vermögende Witwe ohne irgendeine Art von Verpflichtung. Ich blicke Norbert von der Seite her an. Mit festem Griff umklammere ich meine Handtasche und lausche dem Krimi. Contenance. Eher würde ich tot umfallen, als mir jetzt irgendetwas anmerken zu lassen.

Als die Autorin am Ende ihrer Lesung angekommen ist, strahlt sie in die Runde. »Geben Sie gut auf sich acht! Mord verringert die Lebensqualität!«

Ehe ich es mich versehe, springt Norbert auf und rennt nach vorne, um ein signiertes Buch zu erstehen. Wieder bei mir zurück, zeigt er mir mit Stolz die Widmung.

»Für Edelgard & Norbert. Zur Erinnerung an die Krimischifffahrt.« Die Unterschrift der Autorin ist ganz schön schwer zu entziffern. Irgendwas mit C am Anfang.

FREIZEITTIPPS:

87 Buchhandlung; Heidelberg verfügt über eine ganze Reihe an Buchhandlungen und Antiquariaten. In der Stadt befindet sich übrigens auch die älteste Bahnhofsbuchhandlung Deutschlands: Im Jahr 1854 gründete Carl Schmitt eine Verkaufsstelle für »Reiselitteralien«, nachdem er sechs Jahre zuvor gemeinsam mit Rudolph Bangel die von Wilhelm Hoffmeister im Mai 1841 gegründete Universitätsbuchhandlung am Universitätsplatz in Heidelberg übernommen hatte. Seit 1998 ist die traditionsreiche Buchhandlung Schmitt & Hahn in den Räumen in der Heidelberger Hauptstraße Nummer 8, vom Bismarckplatz kommend, ziemlich am Beginn der Fußgängerzone auf der rechten Seite und am Bahnhof zu finden. Deutschlandweit betreibt Schmitt & Hahn circa 90 Filialen.

88 Bücher; bereits drei Mal fand in Heidelberg ein Barcamp rund um Bücher statt. Das Literaturcamp Heidelberg war das erste Barcamp zum Thema Literatur überhaupt. Es ermöglicht allen Literaturbegeisterten einen kreativen Austausch auf Augenhöhe. Über die Themen zu den Vorträgen, Workshops et cetera wird, wie bei Barcamps üblich, vor Ort abgestimmt. Die Autorin war mit im Team, welches das erste Literaturcamp in Heidelberg organisierte. Bei allen drei bisher stattfindenden Barcamps bot sie jeweils am Vorabend einen Literarischen Spaziergang durch Heidelbergs Altstadt an. Nächster Termin: literaturcamp-heidelberg.de

89 Heidelberg; Cornelia Lohs, Journalistin und Reisebuchautorin aus Heidelberg, hat ein außergewöhnliches Stadtporträt geschrieben, das einlädt, Heidelberg neu zu entdecken. Sie begleitet interessante Heidelberger und Heidelbergerinnen zu ihren ganz persönlichen Orten in Heidelberg und erzählt ihre Geschichten. »Heidelberg – Porträt einer Stadt«, erschienen im Gmeiner-Verlag.

90 Neckar; der Fluss ist neben dem Rhein, in den er bei Mannheim mündet, eine der Lebensadern der Region. Zum romantischen Bild Heidelbergs vom der Altstadt gegenüberliegenden Philosophenweg hinüber zur Schlossruine gehört untrennbar dieser Fluss. Auf Höhe des Karlstorbahnhofs befindet sich ein Wehr, Schiffe werden durchgeschleust. Ein Stück flussabwärts sind die beiden Stadtteile Bergheim und Neuenheim mit einem Wehrsteg verbunden, der zu Fuß überquert werden kann und einen angenehmen Spaziergang ermöglicht.

91 Polizei Mannheim-Heidelberg; wer nicht in Konflikt mit der Polizeibehörde kommen möchte, sondern ganz im Gegenteil einen vergnüglichen Abend dort verbringen will, kann dies am 8. Dezember, dem Krimitag des Syndikats – der Autorengruppe deutschsprachige Kriminalliteratur. Heidelberg und Mannheim haben ein gemeinsames Polizeipräsidium, das seinen Sitz in Mannheim, L6, gegenüber des Schlosses hat. Seit 2014 organisiert die Autorin für diesen Tag Benefiz-Lesungen im Bezirksratssaal des Präsidiums zugunsten des Weißen Rings e. V. Nächster Termin sowie sachdienliche Hinweise zum Kartenvorverkauf stehen auf der Website der Autorin: www.claudiaschmid.de/lesungen-termine

92 Literarischer Salon; seit 1989 vereint die Literatur-Offensive, kurz LitOff, Autorinnen und Autoren aus der Metropolregion Rhein-Neckar. Die Mitglieder und Gäste der LitOff treffen sich regelmäßig zur Textdiskussion. In einem Literarischen Salon pflegt die Autorengruppe den Austausch kritischer Anregungen und bietet den Vorlesenden die Beobachtung von Publikumswirksamkeiten. Wichtig sind dabei die Pflege der Diskussionskultur und der angemessene Umgang mit Kritik. Der Literarische Salon findet einmal im Monat statt. Termine auf Anfrage unter 06221/166559 oder buero@litoff.de. Weitere Informationen zur Literatur-Offensive unter: www.litoff.de

93 Spargel; zur badischen Küche gehört unbedingt der Spargel, der besonders gut auf sandigem Boden gedeiht, wie es ihn in der Gegend reichlich gibt. Spargel lässt sich in vielen Variationen zubereiten: als schmackhafte Beilage etwa zu Omelette, als Salat oder zu einer leckeren Suppe. Auch Kartoffelgerichte werden im Badischen gerne gegessen. Sehr fein ist auch die Badische Hochzeitssuppe, traditionellerweise eine kräftige Suppe mit vier Einlagen: Markklößchen, Flädle (schmale Pfannkuchenstreifen), kleine Maultäschle und Mehlnocken.

94 Immobilie in Heidelberg; wer sich für eine solche interessiert, sollte ein gut gefülltes Bankkonto mitbringen. Es empfiehlt sich, bei Umzug in die Gegend in preiswertere Wohnlagen in der näheren Umgebung auszuweichen. Kleinere Orte wie etwa Edingen und Seckenheim, die zwischen den großen Städten Mannheim und Heidelberg liegen, haben einen sehr guten Anschluss an den örtlichen Nahverkehr. Die Straßenbahnlinie 5 und der S-Bahn-Verkehr sorgen für eine gute Anbindung der einzelnen Orte. Mit einer Tageskarte (erhältlich an den Fahrscheinautomaten) ist es auch eine reizvolle Möglichkeit für Touristen, während einer Fahrt mit Zwischenstopps die Vielfalt der Region längs der Strecke zu erkunden.

95 Heidelbergs Kernaltstadt; sie erstreckt sich vom Karlstorbahnhof bis zum Universitätsplatz. Das Flanieren in den kleinen Gassen, die links und rechts von der Hauptstraße abzweigen, erweist sich als überaus vergnüglich. Dort ist meist entschieden weniger los, während es in der Hauptstraße oft eng wird. Es lohnt sich auch, Blicke nach oben zu riskieren, wo es einiges zu entdecken gibt, wie etwa den Schriftzug auf einer Fassade »Kümmelspalterei« und sehr schöne Wirtshausschilder. Die Gasse »Fauler Pelz« heißt übrigens nicht so, weil dort faule Leute wohnten, sondern weil es dort – wegen der dort ansässigen Färber und ihrer Arbeit – faulig roch. Im Gefängnis am Faulen Pelz sitzt niemand mehr ein, die Anstalt wurde aufgehoben. Ihren pittoresken Charme verdankt die Stadt vermutlich auch der Tatsache, dass nach dem großen Stadtbrand 1693 die mittelalterliche Stadtaufteilung beibehalten wurde und auf den noch erhaltenen Fundamenten der alten Gebäude barocke Bauten entstanden.

96 Krimifestival Kurpfalz; seit 2011 findet im zweijährigen Abstand in der Kurpfalz ein Krimifestival statt. Initiiert wurde es von Claudia Senghaas, Harald Schneider und Claudia Schmid als »Krimifestival der Metropolregion Rhein-Neckar«. Mit der Übernahme der Organisation der in diesem Rahmen stattfindenden Veranstaltungen durch Julienne Matthias-Gund, Geschäftsführerin Touristikgemeinschaft Kurpfalz, erfolgte die Umbenennung in »Krimifestival Kurpfalz«. Der nächste Termin ist auf folgender Website zu finden: krimifestivalkurpfalz.wordpress.com

97 Schifffahrt; auf dem Neckar sind Ausflugsfahrten per Schiff mit verschiedenen Zielen, etwa nach Neckarsteinach, durch verschiedene Anbieter möglich. Eine Schifffahrt durch das landschaftlich zauberhafte Neckartal ist ein nachhaltig beeindruckendes Erlebnis.

98 Körperwelten; unweit des Bismarckplatzes hat das KÖRPERWELTEN Museum »Anatomie des Glücks« eine Heimat gefunden. Bereits vor etlichen Jahren fand eine Ausstellung in Mannheim statt, die Besucherschlange wand sich damals in Serpentinen vor dem Gebäude. Nun sind 200 Plastinate im Alten Hallenbad in Heidelberg zu sehen. Die Ausstellung zum Thema Glück wurde von Plastinator Dr. Gunther von Hagens und Kuratorin Dr. Angelina Whalley konzipiert. www.koerperwelten.de

99 Tiefburg; im Heidelberger Stadtteil Handschuhsheim steht die Ruine der Tiefburg. Eine Führung ist nach vorheriger telefonischer Anmeldung möglich. www.tiefburg.de

100 Der Botanische Garten im Neuenheimer Feld ist frei zugänglich. Ihn zu besuchen, bereitet zu jeder Jahreszeit Freude. Im angelegten Teich sind Frösche eingezogen, die sich aufgrund ihres Quakens leicht orten lassen. Auch seltene Pflanzen sind hier zu finden. Die Anlage, umrahmt vom stadtteilgroßen Klinikgelände, ist sehr gepflegt und bei freiem Eintritt zu genießen.

101 Zimmertheater; kleines Theater mit großer Leidenschaft in Heidelberg. Seit vielen Jahren wird es erfolgreich von der Intendantin Ute Richter geleitet. Hautnah sitzt man als Gast bei den Schauspielerinnen und Schauspielern, fühlt sich mittendrin im Geschehen. Im Repertoire ist jeweils ein Stück, das pro Spielzeit gegeben wird. Die Plätze in dem Haus mit dem ganz besonderen Ambiente sind limitiert, eine rechtzeitige Kartenbestellung ist daher ratsam. www.zimmertheaterhd.de

102 Hotel Heidelberg; die Stadt bietet eine Fülle an Hotels. Allerdings gibt es auch eine Fernsehreihe in der ARD namens »Hotel Heidelberg«. Bereits mehrere Teile der beliebten Serie mit Hannelore Hoger, Annette Frier und Christoph Maria Herbst in den Hauptrollen wurden abgedreht und ausgestrahlt. Das Hotel Heidelberg im Film steht in der Nähe der Steinernen Brücke. Vom zauberhaften Garten aus hat man einen prächtigen Panoramablick zum Schloss auf der anderen Seite des Neckars. Die Autorin war mehrfach als Komparsin bei den Dreharbeiten dabei.

103 Gourmetrestaurants; hier sei in Heidelberg vor allem Scharffs Schlossweinstube genannt. Das Michelin-Restaurant hat seine Räume direkt im Heidelberger Schloss. Martin Scharff wird seit einem Vierteljahrhundert durchgängig mit dem begehrten Stern ausgezeichnet. Gespeist wird stilgerecht in (kur)fürstlichen Räumen. Dabei sind auch romantische Versionen im Angebot wie das »Dinner for Two« – im Übrigen auch eine sehr schöne Geschenkidee. www.heidelberger-schloss-gastronomie.de/scharffs-schlossweinstube

104 Theater Carnivore; eine der wenigen Wanderbühnen Europas ist in Heidelberg beheimatet. Carnivore ist der Beiname des griechischen Gottes Dionysos, der dem Genuss zugetan war. In dieser Tradition verbindet Gründer Florian Kaiser mit seinem Ensemble Theater und Sinnenschmaus. Erleben lässt sich dies bei den Aufführungen, die beispielsweise auf einem Weingut, am Fluss oder in einem Künstlergarten stattfinden. Mit einem umgebauten historischen Feuerwehr-LKW wird die eigens konstruierte mobile Bühne transportiert. Flugs werden bunte Bänke davorgestellt und schon geht es los. Lassen Sie sich begeistern von einem ganz besonderen Theatererlebnis! Termine auf: www.wanderbuehne.com

105 Alex Wein & Spirituosen; Alexander Bös bietet in seinem Geschäft Wein und Spirituosen für vielfältigen Genuss an. Den hübschen Laden mit dem besonderen Flair gibt es schon seit über 30 Jahren in der Heidelberger Altstadt. Wer Fragen zum umfangreichen Sortiment und zu einem besonderen Gin oder Whisky hat, wird fachkundig beraten. Ein beliebtes Mitbringsel aus Heidelberg ist der »Heidelberger Melonenschnaps«. Märzgasse 16, 69117 Heidelberg, www.alex-webwelt.de

106 Luther-Plakette; am Heidelberger Universitätsplatz erinnert eine Bodenplakette an Luthers Heidelberger Disputation. Der Reformator reiste im April 1518 aus Wittenberg dorthin, um der Einladung der Mitbrüder seines Ordens, den Augustiner-Eremiten, zu folgen. An dieser Disputation nahmen neben den Augustinern, den Universitätsprofessoren und ihren Studenten weitere Männer teil, unter ihnen auch Martin Bucer und Paul Fagius, die Jahrzehnte später gemeinsam nach Cambridge gingen. Die Autorin hat eine Romanbiografie über Paul Fagius verfasst, »Die brennenden Lettern«, erschienen im Gmeiner-Verlag. Paul Fagius gründete später die erste hebräische Druckerei im deutschen Sprachraum. Alle Anwesenden mit Ausnahme der Professoren, die in ihrer Mehrzahl altgläubig blieben, nahmen im April 1518 den Funken der Reformation in sich auf und trugen ihn weiter. Die Heidelberger Disputation war wegweisend für die Erneuerung der Kirche im gesamten südwestdeutschen Raum.

107 Universität Heidelberg; älteste Universität Deutschlands und eine der ältesten in ganz Europa. Im Jahre 1386 wurde sie von Kurfürst Ruprecht I. gegründet. Von ihren zwölf Fakultäten ist immer wieder die medizinische im Fokus, für die sie eine hervorragende Reputation genießt. Die Einrichtungen der Universität befinden sich in verschiedenen Gebäuden der Altstadt, im Stadtteil Bergheim sowie im Neuenheimer Feld. Die Universität hat einige Nobelpreisträger hervorgebracht. In der Alten Universität am Universitätsplatz befindet sich die Alte Aula, ein besonders prächtig ausgestalteter Saal.

108 Restaurants; in der Altstadt Heidelbergs ist die gastronomische Dichte sehr hoch. Urige Gasthäuser mit deutscher Küche sind hier neben Schnellimbissen und gemütlichen Kaffeehäusern zu finden. Es ist für jeden Geschmack und Geldbeutel etwas dabei. Sei es um die Heiliggeistkirche herum oder in der sehr langen Fußgängerzone (Hauptstraße) und deren zahlreichen Seitengassen – kein Gast muss Heidelberg hungrig verlassen.

109 Haus zum Ritter; das Gebäude in der Nähe der Heiliggeistkirche überstand als einziges Haus den großen Stadtbrand im Jahr 1693, der während des Pfälzischen Erbfolgekrieges ausgebrochen war. Die Heiliggeistkirche wurde bei dem Stadtbrand ebenfalls schwer beschädigt. Das mittelalterliche Heidelberg brannte bis auf die Grundmauern nieder. Und eben auf diesen Grundmauern, unter Erhalt der mittelalterlichen Stadtaufteilung, wurde die Stadt im Barock neu erbaut. Dies trägt sehr zum Charme Heidelbergs bei, dem man sich kaum zu entziehen vermag.

110 Heiliggeistkirche; auch sie überstand die Feuersbrunst im Jahre 1693, bis auf den Dachstuhl, der beschädigt wurde. Die vielen Fürstengräber, die sich im Seitengang befanden, wurden während des Pfälzischen Erbfolgekrieges verwüstet. Heute befinden sich nur noch das Grab von Kurfürst Ruprecht III. und seiner Gattin in der Kirche. Bekannt ist die Bibliotheca Palatina, die hier ihren Standort hatte, bevor man sie nach Rom abtransportiere. Die deutschen Handschriften wurden später nach Heidelberg zurückgeführt, sie werden in der Universitätsbibliothek aufbewahrt. Alle Drucke und fremdsprachige Handschriften verblieben in Rom. Die Heiliggeistkirche wurde von 1706 bis zum Jahre 1936 von beiden Konfessionen genutzt. Der Innenraum wurde durch eine Mauer geteilt, die Evangelischen und die Katholischen hatten jeweils einen eigenen Eingang. Seit der Entfernung der Mauer ist die Kirche evangelisch. In den Nischen, die außen ringsum zu finden sind und in denen touristische Artikel angeboten werden, waren im Mittelalter und zur Zeit der Renaissance Händler untergebracht, bei denen es beispielsweise Backwaren und Fische zu erwerben gab. Auch Schreibkundige saßen hier, um im Auftrag Schriftstücke zu verfassen.

111 Haspelgasse; hier befand sich bereits zur Zeit der Renaissance ein Laden, in dem man sich mit Dingen des täglichen Bedarfs eindecken konnte. Heute sind im Haus Nummer 12 die Räume des Kulturamtes der Stadt Heidelberg untergebracht, unter der Leitung von Dr. Andrea Edel. Heidelberg ist UNESCO City of Literature und verfügt über eine breite literarische Szene. Dies findet seinen lebendigen Ausdruck in vielen Veranstaltungen, wie beispielsweise den Heidelberger Literaturtagen. www.heidelberg.de

112 Philosophenweg; von ihm aus bietet sich ein besonders prächtiger Blick über die Altstadt und auf die Schlossruine. Vermutlich rührt der Name des Weges, der von teilweise exotischen Bäumen gesäumt wird, daher, dass die Studierenden hier lustwandelten. Wenngleich es doch sehr berühmte Philosophen waren, die an der Ruperto Carola lehrten, wie etwa Georg Wilhelm Friedrich Hegel und Hans-Georg Gadamer. An der Alten Brücke führen Stufen hoch zu dem Weg. Wer jedoch lieber unten am Fluss entlangwandelt, hat auch von hier aus einen schönen Blick hinüber zur Stadt und zum Schloss. So geht es längs der Neckarwiesen, dem traditionellen alljährlichen Feierplatz der jeweiligen Abiturienten, vorbei an hübschen Villen, aus denen etliche aus der Zeit um 1900 stammen. Wer sich allerdings für eine Immobilie im schönen Heidelberg interessiert, der muss bei der Umsetzung dieses Wunsches etwas tiefer in die Tasche greifen.

Auf dem Philosophenweg und auf der Neckarwiese hat man auch quasi einen Logenplatz, wenn dreimal im Jahr die Heidelberger Schlossbeleuchtung stattfindet. Das Feuerwerk wird auf der Alten Brücke gezündet und zieht Tausende von Besuchern an.

113 Thingstätte; die Stätte auf dem Heiligenberg in Heidelberg wurde zur Zeit des Dritten Reiches gebaut. Sie ist ein Freilichttheater für einige Tausend Menschen. Der Ort wurde gewählt, weil er angeblich bereits ein germanischer Kultplatz war. Heute steht die Thingstätte unter Denkmalschutz.

114 Heidelberger Schloss; es ist die Hauptattraktion Heidelbergs und zugleich das Wahrzeichen der Stadt. Seit Jahrhunderten wird es als Ruine verklärt, was besonders Dichter der Epoche der Romantik, wie beispielsweise Jean Paul, anzog. Die wohl berühmteste Ruine Deutschlands erfreut sich weltweiter Bekanntheit – egal, wohin man in Urlaub reist und nach seiner Heimat gefragt wird, die Erwähnung der Stadt löst Eupho-

rie beim Gegenüber aus. Das Schloss diente einst den Kurfürsten als Residenz, so lange, bis Kurfürst Carl Philipp 1720 Mannheim als Residenz-Ort wählte. Der Terrassengarten des Schlosses, der Hortus Palatinus, ist leider nicht erhalten geblieben. Er war einer der bedeutendsten Gärten der Renaissance und in ganz Europa für seine Schönheit bekannt.

ALLES IM LOT
(WIESLOCH)

Die letzte Station unserer Reise. Hach, wie schnell doch die Zeit verging! Julian hat uns für die letzten Tage ein Haus am Stadtrand von Wiesloch ausgesucht. »Mit allem Komfort und ganz modern! Da lasst ihr es euch zum Ausklang nochmals so richtig gut gehen.«

Etwas überrascht war ich dann schon, wie modern dieses Haus wirklich ist. Schon von außen sieht es ungewöhnlich aus. Also, jetzt nicht so mit Fachwerk und Geranien in den Blumenkästen vor den Fenstern, wie wir es bei unserer Reise vielfach bewundern konnten. Eher eine Mischung aus Beton, Stahl und Glas.

Norbert guckt ebenfalls verwundert auf die Fassade des Gebäudes. »Na ja, zumindest wird es da drinnen hell sein, mit den vielen Fenstern«, murmelt er.

»Transparentes Wohnen«, entgegne ich. Hoffentlich ist wenigstens das Badezimmer abgeschirmt.

Die Frontseite des würfelförmigen Hauses ist komplett verglast. Auf dem Flachdach scheint sich eine Terrasse zu befinden, soweit man das von hier unten erkennen kann. Der Garten sieht pflegeleicht aus. Sein Boden ist mit grobem weißem Kies bedeckt, nur durchbrochen von einem einzigen exotischen Baum. Kein Grashalm zwischen den Steinen. Nicht einmal Vögel halten sich hier auf. Ehrlich gesagt, kommt mir das schon reichlich seltsam vor.

Der Taxifahrer hat unser Gepäck auf dem Gehweg abgestellt, und nun stehen wir hier, alleine am Stadtrand von Wiesloch vor einem futuristisch anmutenden Gebäude, und keine Menschenseele weit und breit ist zu sehen.

Norbert hält seinen Daumen auf die Klingel. »Hoffentlich machen die bald auf, ich muss dringend auf die Toilette.«

Doch trotz mehrfachem Läuten tut sich nichts. Ich zücke mein Smartphone und rufe Julian an.

»Hör mal, Schatz, wir stehen hier vor dem Haus, das du uns gebucht hast. Da ist aber keiner, um uns reinzulassen. Hast du eine Telefonnummer von den Eigentümern? Ruf doch mal an, dass wir jetzt da sind.«

»Oh, sorry, Mom, habe ich verpennt, euch zu sagen. Ihr müsst euch vor der Kamera positionieren und dann klingeln. Dann erkennt euch die Haussoftware und lässt euch hinein.«

»Haussoftware?«

»Ja, Mom, alles vollautomatisch. Kein nerviger Gastgeber, an den ihr euch wenden müsst. Die Elektronik sorgt für euch.«

»Hab ich immer noch nicht verstanden. Was müssen wir jetzt noch mal tun und wie genau soll das überhaupt funktionieren?«

»Pass auf, ich habe den Verantwortlichen Fotos von euch gemailt, die sie im System gespeichert haben. Solange, wie das Haus für euch gebucht ist, öffnet sich für euch die Tür. Ihr müsst euer Gesicht vor die Kamera halten und so gucken wie für ein Passfoto.«

Ich entdecke die Kamera und klingele, während ich versuche, ein Passfotogesicht zu machen. Ein leises Summen ertönt und die Tür öffnet sich wie von Zauberhand.

Norbert stolpert hinter mir ins Haus. »Edelgard, holst du die Koffer?«, ruft er, bevor er im Badezimmer verschwindet.

Über dem Kamin hängt neben einem Aquarell einer Künstlergruppe **115** ein fußballfeldgroßer Bildschirm an der hellen Wand aus Sichtbeton. Als ich mich auf das schwarze Sofa setze, ploppt ein Bild auf und es ertönt eine Stimme.

»Willkommen, Frau Buchmann. Hatten Sie eine gute Anreise?« Das Piktogramm eines Mannes ist auf dem Bildschirm zu sehen.

Ich nicke.

»Bitte sprechen Sie. Ich reagiere auf Ihre Stimme.«

»Ja.«

»Sehr schön. Ich bin erfreut, das zu hören. Sie brauchen keine Schlüssel, das System lässt Sie zu jeder Tages- und Nachtzeit ins Haus. Der Kühlschrank ist mit den Dingen gefüllt, die bei der Buchung des Hauses angegeben wurden. Bei Verbrauch werden sie automatisch nachbestellt und zeitnah geliefert. Ich hoffe, Sie haben einen angenehmen Aufenthalt.«

Der Bildschirm wird dunkel.

Erst jetzt entdecke ich auf der Theke, die die Küchenzeile vom Wohnbereich abtrennt, eine Schale mit Obst sowie eine Karaffe mit Wasser.

Norbert kommt aus dem Bad. »Edelgard! Mit wem hast du gesprochen? War der Vermieter doch hier, um uns zu begrüßen?«

Der Bildschirm aktiviert sich erneut und das Bild von eben ist wieder zu sehen.

»Herr Buchmann, auch an Sie ein herzliches Willkommen. Das Badezimmer haben Sie ja bereits gefunden. Sollte dort etwas fehlen, sprechen Sie es laut aus, dann wird es zeitnah geliefert.«

Norberts Gesichtsfarbe verändert sich. »Im Bad hört jemand zu?«

»Gestatten: Gregor. Seien Sie beruhigt, Ihre Daten sind geschützt. Es dringt nichts nach außen.«

Norbert setzt sich neben mich auf die Couch und blickt mich hilflos an. »Edelgard! Was soll das?«

»Ihr Sohn hat diesen Aufenthalt für Sie gebucht. Ich hoffe sehr, Sie fühlen sich hier wohl.«

Norbert wirkt baff. »Hört der jetzt alles mit?«

»Wie gesagt. Ihre Daten sind geschützt.«

»Was hat Julian sich denn dabei gedacht, uns hier einzuquartieren?«

Mein Mann ist ein Technikmuffel. Im Büro benutzt er seinen Computer nur, weil er es muss. Die meisten Geschäftsleute lassen ihre Steuererklärungen von ihren Steuerberatern nun mal elektronisch einreichen. Aber sobald Norbert Punkt 17 Uhr seinen Arbeitsplatz verlässt, fällt er unter digitalen Gesichtspunkten in die Steinzeit zurück. Das einzig Moderne, das er besitzt, ist sein Mobiltelefon, und das nur, weil Julian es ihm zu Weihnachten geschenkt hat. Es hat viele Stunden gedauert, bis Julian seinem Vater beigebracht hat, allein damit umzugehen. Aber ich weiß genau, dass er außer zu telefonieren nichts damit macht. Ein Seniorenhandy mit extragroßen Tasten hätte als Weihnachtsgeschenk für ihn vollends genügt. Wenn wir mit unserem Sohn per Video telefonieren, erfolgt das immer über mein Smartphone. Was mein Mann mit Begriffen macht, die andere Zeitgenossen bei einer Suchmaschine eingeben? Das ist ziemlich einfach. Er schreitet ins Wohnzimmer an unsere Regalwand und zieht den entsprechenden Band eines angestaubten Lexikons heraus. Natürlich ist das nicht auf dem neuesten Stand, aber in diesem Punkt passen die beiden durchaus zusammen. Aber nun erweist sich Norberts Rückwärtsorientierung als ziemlich praktisch. Er zieht einen Notizblock nebst Stift aus seinem Koffer, legt ihn auf den Tisch und tippt mit der Hand darauf. Ich kapiere sofort. Wir kommunizieren Privates ab sofort schriftlich. Ich komme mir vor wie in 1984!

*

Es ist so erniedrigend, im Keller meines eigenen Hauses logieren zu müssen. Die beiden Pappnasen, die mir mit ihrer Miete die Unterhaltskosten dieses Monats finanzieren, ahnen bestimmt nicht, dass ich keineswegs rein virtuell bin, wie ich ihnen vorgegaukelt habe. Ich kann die beiden übrigens nicht nur hören, sondern auch sehen. Aber das brauchen sie ja nicht zu wissen. Ich will schließlich sicherstellen, dass die mit meinem Eigentum pfleglich umgehen. Obwohl, der Mann sieht ja so aus, als würde er sich nicht allzu viel bewegen. Solche Typen sind viel zu phlegmatisch, um etwas kaputt zu machen. Das Einzige, was der vermutlich verursacht, sind Bierränder auf meinem Granittisch. Oder Urinstein im Klo. Die Frau hingegen wirkt deutlich vitaler. Ich hoffe, sie kommt nicht auf die Idee, in meiner Designerküche zu kochen. Nicht umsonst habe ich diesen Stapel Flyer von Lieferdiensten hingelegt. Sie müssen nur laut vorlesen, was sie begehren, und Gregor bestellt prompt für sie.

Mein System war wirklich gut! Bis dieser eine Trottel von Anleger sein Geld zurückhaben wollte. Das war einfach nicht vorgesehen. Ich verticke grundsätzlich nur langfristig. Zinsen bedienen, ja. Tilgung, nein. Das Geld war doch gut bei mir angelegt! Zumindest waren keine Negativzinsen fällig, wie sie die Banken bald für die Aufbewahrung von Vermögen verlangen werden. Alles ist schief, aus dem Lot. In dieser Schräglage muss es doch für mich möglich sein, etwas abzuschöpfen. Die meisten Anleger sind über ihre Gier zu kriegen. Zehn Prozent Rendite, und sie tragen dir das Geld persönlich ins Haus! Mannomann, ich musste all meine liquiden Mittel zusammenkratzen, um den Kerl halbwegs zufriedenzustellen. Zumindest kann ich ihn eine Weile hinhalten, bevor der Rest fällig wird. Keine Ahnung, wo ich das hernehmen soll. Momentan sind neue Anleger vorsichtig, seit dieser Typ in mehreren Portalen gegen mich pöbelt. Zumindest sichern mir die beiden, die derzeit über meinem Kopf herumtrampeln, die Kosten für Strom und dergleichen für diesen Monat. Die Grundsteuer ist auch noch ausgerechnet in diesem Monat fällig.

Aber wenn die beiden meinen Kaffeeautomaten ruinieren, bringe ich sie um!

*

Ich habe schlecht geschlafen in diesem seltsamen Haus. Immerhin kann man im Schlafraum eine Jalousie herunterlassen. Mag ja sein, dass die Rundumverglasung von außen toll aussieht. In ihr zu wohnen, ist jedoch mehr als gewöhnungsbedürftig. Obwohl Gregor uns nur hört, fühle ich mich doch ziemlich beobachtet. Immerhin habe ich nun einen Zeugen dafür, dass Norbert nachts ganze Wälder absägt.

Der Kühlschrank ist tatsächlich gut gefüllt. Julian hat offenbar alle unsere kulinarischen Vorlieben angegeben. Aus dem hochtechnisierten Kaffeeautomaten blubbern aromatische Getränke. Lieber Himmel, Julian wollte uns einen Gefallen erweisen und etwas ganz Besonderes für uns buchen! Besonders ist es wirklich, das muss ich schon zugeben.

»Sag mal, Norbert.« Ich füge den Namen meines Gatten an, damit Gregor kapiert, dass nicht er gemeint ist und sich womöglich gleich nervig wieder zuschaltet.

»Sollen wir heute zu der historischen Stadt-Apotheke 116 gehen, in der Bertha Benz getankt hat?«

»Diese beeindruckende Frau, die mit dem Automobil hier durchfuhr?«

»Erinnerst du dich an unseren Besuch in Mannheim 117 ?«

»Hör bloß auf damit. Das Ende war wirklich nicht dolle.«

»Ach was, alte Geschichten lässt man besser ruhen. Aber diese Erfinder-Stadt 118 war doch wirklich interessant.«

Norbert lacht. »Die beiden größten Erfinder müssen Sie sich mit Karlsruhe teilen. Karl Drais und Carl Benz wurden nämlich beide in der Fächerstadt geboren, wo sie auch studierten. Ihre Erfindungen machten sie jedoch in Mannheim.«

»Lieber Himmel, wer wird denn so kleinlich sein. Liegt doch beides in Baden.«

»Vielleicht gibt es hier einen Oldtimer-Treff? Finde das doch heraus, Edelgard.«

»Soll ich diesen Begriff für Sie in die Suchmaschine eingeben?« Gregor meldet sich nun doch. »Möchten Sie eine Ausfahrt mit einem Oldtimer unternehmen?«

»Mit meiner Frau?« Der Spott spricht aus seiner Mimik. Ich sende meinem Mann einen giftigen Blick.

»Bei den Prospekten liegt ein Flyer einer Firma, die Fahrten mit Oldtimern anbietet.«

*

Die beiden Idioten nerven mich unsäglich mit ihrer sogenannten Konversation. Stadt-Apotheke! Bertha Benz! Erfinderstadt! Die beiden haben doch überhaupt keine Ahnung davon, was heute alles erfunden und ausprobiert wird! Von wirklich genialen Menschen! Aber es ist ja so verdammt schwierig, an Geld dafür zu kommen. Die Gesellschaften, die Gründerdar-

lehen geben, verlangen einen Businessplan, an dem man mindestens ein Jahr sitzt. Was denken die sich denn, wovon man in diesem Jahr lebt? Risikokapital! Ich kriege gleich einen Lachanfall. Und wenn man dann als Start-up-Unternehmen Rendite erwirtschaftet, saugen die Geldgeber kräftig ab. Da kann ich mich doch gleich beim Discounter an die Kasse setzen, dann weiß ich wenigstens illusionsfrei, wem das Geld in die Tasche strömt, für das ich maloche. Es ist zum Kotzen. Ich fließe über vor Ideen, aber mir fehlt die Kohle, um sie umzusetzen.

Diese Spacken! Jetzt schwadronieren sie über ihren Sohn, der ihnen dieses Haus hier gebucht hat. Dabei könnte ich weiß Gott auf ihre Anwesenheit verzichten! Sollen sie doch das Geld überweisen und zu Hause bleiben! Ich habe Gregor zugeschaltet, denn für jedes Touri-Angebot, welches ich vermittle, bekomme ich Prozente. Kleinvieh macht schließlich auch Mist. Ich muss jedoch verdammt aufpassen, sonst bemerken sie womöglich, dass hinter Gregor sein genialer Erfinder steckt. Der im Keller festsitzt. Es ist so erniedrigend.

Dieser Typ ist doch tatsächlich vorgestern hier aufgetaucht und hat versucht, ins Haus zu kommen. Er will seine Altersvorsorge wiederhaben, hat er gebrüllt. Nach einer Weile hat er sich wieder verzogen. Hat wohl eingesehen, dass ihm solche Auftritte nichts bringen. Ich habe mich völlig ruhig verhalten, das wird ihn davon abhalten, hier nochmals aufzutauchen. Nicht auszudenken, wenn er auf die beiden Pappnasen hier trifft!

※

Dieses Wiesloch gefällt mir ganz außerordentlich. Und zu wissen, dass die couragierte Bertha Benz mit ihren beiden Söhnen persönlich hier durchgefahren ist und in der Stadt-

Apotheke etwas gekauft hat, übt einen gewissen Reiz auf mich aus. Ein paar Schritte weiter finden wir die Buchhandlung Dörner [119]. Wir bummeln durch die Altstadt mit ihren hübschen Häusern. Vor der Laurentiuskirche [120] halten wir inne. Sie sieht wirklich sehr schön aus. Ganz in der Nähe vor einem Haus mit einem markanten Turm [121] stehen Polizeiautos. Das erinnert mich an die Episode auf dem Zeltplatz, wo mich dieser Unhold angefallen hat, und ich will schnell weiter. Unweit davon befindet sich die Stadtkirche [122]. Dabei muss ich an meine Chefin denken und mich überfällt das Heimweh. Ob sie mich und meine mitgebrachten Kuchen ein klein wenig vermisst? Immerhin habe ich meinen gesamten Jahresurlaub genommen. Obwohl, so viele Überstunden wie sich bei mir angesammelt haben, hätte ich die eigentlich abfeiern können.

»Nein, das glaube ich jetzt nicht!«, entfährt es mir. Die Frau, die da vorne plötzlich auftaucht, kenne ich doch! Schnell packe ich den verdutzten Norbert am Arm und ziehe ihn weiter, bis zu einer Eisdiele. Solchermaßen abgelenkt, gibt er bei der Eisverkäuferin, einer Brünetten in gelber Schürze über dem geblümten Kleid, seine Bestellung auf. »Vanille, Schoko und Haselnuss. Im Becher.«

Wohingegen ich mich zu jeweils einer Kugel Zitronengeflüster und Waldbeere verleiten lasse. In der Waffel.

Über den Röhrbuckel gelangen wir an den Leimbach [123].

Wehmütig schaue ich auf das Wasser. Unser Urlaub ist bald zu Ende. Mein Plan, ihn alleine zu beenden, ist immer noch nicht in Erfüllung gegangen. Mir verbleibt nicht mehr viel Zeit. Ich sollte mir nun wirklich was Endgültiges überlegen. Aber es soll schnell gehen. Norbert soll nicht unnötig leiden, immerhin ist er der Vater meines Sohnes.

Norbert hat es mal wieder geschafft, ausgerechnet das braune Nusseis auf sein Hemd tropfen zu lassen. Als er es bemerkt, reibt er mit dem Finger darauf herum, was es natürlich viel schlimmer macht. Dabei hält er den Becher schief und tropft einen Flecken auf seine beige Breitcordhose. Hat die ihm je gepasst, oder hat er sie schon zu eng gekauft? Ich weiß es nicht mehr. Die Sonne scheint hell und freundlich, der ziemlich breite Bach plätschert. Mein Leben wäre um einiges sonniger, wenn ich es so richtig genießen könnte, ohne von meinem Mann ständig ausgebremst zu werden. Und wer weiß, vielleicht lässt sich noch eine gute Partie machen? Schließlich werde ich nach Norberts Ableben nicht mit leeren Händen dastehen. Unser Haus ist bezahlt und er hat eine Lebensversicherung zu meinen Gunsten abgeschlossen.

Von dem Eis hat mein Mann so richtig Appetit bekommen, und wir kehren in einem Gasthaus ein.

Nachdem wir unser Essen vor uns stehen haben, nehmen am Nebentisch drei Männer Platz.

»Sag amol, was ist denn aus deiner Anlage geworden?«

»Geh fort! Mir platzt gleich der Kragen.«

»Also, ich wollt' mein Geld wiederhaben, weil mir das Ganze plötzlich arg komisch vorkam. Seither erreiche ich den nicht mehr! Ich war sogar an der Adresse, wo der wohne soll, ajoh, aber da hat keiner uffgemacht.«

»Wie viel hast du ihm gegeben?«

»Meine gesamte Lebensversicherung. Alles, was die mir ausbezahlt haben. Mein ganzes Geld ist futsch.«

Die drei unterbrechen ihr Gespräch, um Bier zu bestellen. Mir ist es unangenehm, etwas von den Geldsorgen fremder Menschen mitzubekommen.

Doch da öffnet sich die Tür des Gastraumes und die Person, vor der ich vorhin in der Nähe der Eisdiele so geschickt die Flucht ergriffen habe, kommt herein. Marja, die sich erdreistete, diesen ungeheuerlichen Verdacht gegen Norbert zu hegen und mich als ihre Vertraute ins Boot holen wollte. Was nützt mir denn ein Norbert hinter Gittern? Rein gar nichts. Seine Lebensversicherung bekomme ich, wenn er im Grab liegt und nicht auf einer Pritsche in einem Gefängnis.

Als sie vor unserem Tisch steht, wirkt sie zerknirscht. »Frau und Herr Buchmann, ich habe so gehofft, Sie zu finden. Ich weiß doch gar nicht, wo Sie wohnen. Und ich möchte mich entschuldigen.«

»Entschuldigen? Wofür?« Norbert blickt verwundert. »Aber setzen Sie sich doch. Edelgard, rück mal ein wenig.

»Ich habe ein Schreiben bekommen, von der Polizei.«

»Von der Polizei?«

»Man hat den Mörder meiner Mutter gefunden.«

»Ihre Mutter wurde ermordet?«

Ich schweige jetzt besser. Oder soll ich Norbert die Augen über die junge Frau öffnen? Ihm sagen, was sie die ganze Zeit über von ihm gedacht hat?

Marja nickt. »Es gab einen Mord. An der Bergstraße. Jedenfalls fand man einen Mann, der in seiner Wohnung zu Tode gekommen ist.« Sie nennt die Adresse. »Er hatte offenbar Besuch erwartet, das sagen die Ermittler. Es gab keine Einbruchspuren. Und auch sonst keine Spuren. Er muss seinem Mörder selbst die Tür geöffnet haben.«

Ich verschlucke mich an meinem Essen. Die Adresse kommt mir doch bekannt vor! Das ist doch die, wo Monique hinbestellt worden war.

Marja erhebt sich und klopft mir kräftig auf den Rücken. »Trinken Sie doch einen Schluck, Frau Buchmann.«

Man hat offenbar keine Spuren gefunden. Das ist fantastisch. Hatten Moniques Handschuhe also etwas genützt und sie hat nicht versehentlich was liegen lassen. Ich werde also gar nicht aussagen müssen, dass sie den ganzen Abend über zu Hause war, während wir bei ihr in Hirschberg wohnten. Ohne Spuren gibt es keinen Verdacht gegen sie. Die Ermittler werden gar nicht auf sie stoßen.

»Aus Routine haben die die DNA des Opfers mit ihrer Datenbank abgeglichen. Dabei wurde festgestellt, dass dieselben Spuren bei meiner Mutter gefunden wurden. Und an drei anderen Frauen, die im selben Zeitraum ermordet wurden.«

»Und wieso hat man den Mann dann nicht früher festgenommen?«

»Er war niemandem aufgefallen. Also, in dieser Hinsicht.«

»Aber der Mord an Ihrer Mutter ist doch schon eine Weile her ...«

»Er saß fünf Jahre im Gefängnis. Wegen Steuerhinterziehung. Da untersuchte man seine DNA nicht in Verbindung mit einem Mord. Seine genetischen Daten waren zwar in der Datenbank der Ermittler, weil sie auf den Opfern gefunden wurden. Aber als er wegen des Steuerdeliktes verurteilt wurde, machte man keinen Abgleich bei ihm. Er war kein Wiederholungstäter und bewegte sich nicht im kriminellen Milieu, so ergab sich für den Richter keine negative Sozialprognose und damit kein Grund für einen richterlichen Beschluss für diese Untersuchung. Erst jetzt, nachdem er selbst zum Opfer wurde, glich man seine Daten mit der DNA-Analyse-Datei des BKA ab.« Spöttisch fügt Sie hinzu: »Sie wissen doch, für Steuervergehen landet man in Deutschland für eine Weile hinter Gittern. Außer, es geht um Geld im ganz großen Stil. Dann bleibt man natürlich auf freiem Fuß.«

»Die vielen Konzerne, die hier keine Steuern zahlen. Weil

sie ihren Firmensitz auf den Kaimaninseln haben oder sonst wo weit weg. Oder wenn ich an den Dieselskandal denke! Die Vorstände kriegen munter ihre Boni und die Verbraucher hocken da mit ihren Autos, die ihnen als ›sauber‹ verkauft wurden.« Ich bin froh, dass wir ein neues Thema gefunden haben. Noch dazu eines, worüber man sich so herrlich aufregen kann. Aber Marja springt nicht darauf an.

»Vor drei Monaten wurde er aus der Haft entlassen. Vielleicht ist er wieder aktiv geworden und ein Opfer hat sich gewehrt. Keine Ahnung. Zu gönnen ist es ihm. Die Akte wird wohl bei den ungelösten Fällen landen. Aber ich weiß jetzt zumindest, wer meine Mutter auf dem Gewissen hat.«

»Und wofür wollen Sie sich dann bei uns entschuldigen?«

Norbert ist ratlos. Er hat ja keinen blassen Schimmer von Marjas Verdächtigungen gegen ihn. Ich stoße Marja unter dem Tisch an. »Weil sie sich nicht mehr bei uns gemeldet hat. Das wollte sie doch, und mit uns essen gehen, gell. Das hatte sie wohl komplett vergessen.«

Als wir uns von Marja verabschieden, tut sie mir doch wieder leid. Eine junge Frau, die ihre Mutter auf so tragische Weise verloren hat. Das mit Norbert sehe ich ihr nach. Schließlich hat sie ihren Irrtum ja letztendlich eingesehen. Aber sie muss auch verstehen, dass ich zwischenzeitlich sauer auf sie war. Wer möchte denn schon als die Frau eines Mörders gelten?

»Hatten Sie einen angenehmen Tag?«

Schon wieder Gregor.

Entnervt stöhne ich. »Ja.« Ich werde ihm wahrlich nicht von unserer Begegnung mit Marja berichten.

»Für die nächsten Tage liegen neue Flyer für Sie bereit. Wiesloch ist schließlich mehr als die Tankstelle einer Frau

Benz. Es gibt auch einen Hochseilgarten 124, falls Sie sich sportlich betätigen wollen.«

Ich schnappe mir das Bündel Flyer und setze mich damit gemütlich auf die Couch. Zwischen den bunten Zetteln ist einer dabei, der mich innehalten lässt. »Norbert, schau dir das mal an.« Mehr sage ich nicht, da Gregor bestimmt wieder mithört. Wenn ich nicht aufpasse, bestellt er mir womöglich irgendetwas.

Norbert liest und kratzt sich am Kopf. »Das klingt doch nicht schlecht?«

»Neun Prozent?«

»Und was ist mit Heidelberg?«

»Aber, Edelgard, was du schon wieder denkst. Du kannst doch nicht eine schlechte Erfahrung gleich auf alles andere übertragen! Bald wird wieder eine Versicherung ausbezahlt, und ich weiß sowieso nicht, wo ich das Geld daraus anlegen soll. Lieber Himmel, bald schon wird es Negativzinsen geben.«

»Sollen wir dann nicht Renate und Hilde davon erzählen?«

»Deinen beiden Schwestern?«

»Nun ja, die Gelegenheit ist so günstig, da kann man den beiden doch was zukommen lassen?«

Norbert brummelt.

Ich habe keine Ahnung, ob das als Zustimmung zu deuten ist.

*

Bingo. Die beiden Pappnasen hängen am Haken. Und wie sie daran zappeln! Neun Prozent, das klingt unwiderstehlich. Zehn wären zu viel, das habe ich bei dem letzten Typen gelernt. Und noch mehr, da würden selbst Kaulquappen misstrauisch werden. Über die neun Prozent habe ich lange nach-

gedacht und sehe nun wieder, dass ich komplett richtig damit liege. Es gilt, das perfekte Maß zu finden. Einerseits soll die Gier angestachelt werden, andererseits auf keinen Fall die Vorsicht. Obwohl die durchaus angebracht wäre. Aber das wissen die beiden ja nicht. Ich brauche so was von dringend frisches Geld! Der Typ, der seine Kohle wiederhaben will, geht mir echt auf die Eier. Wozu will er es eigentlich zurück? Möchte er es im Garten vergraben, oder was? Oder unter sein Kopfkissen legen?

Immerhin habe ich die beiden, die mir auf dem Kopf herumtrampeln, ziemlich sicher angefixt. Dabei könnte ich, wenn ich sehe, wie der Dicke seine Beine auf meinem Granittisch ablegt, vor Wut hochrennen.

Ich muss mich zusammennehmen. Wenn ich ausflippe, versaue ich alles. Deshalb ist auch Karin gegangen. Sie müsse in Ruhe über unsere Beziehung nachdenken, meinte sie, als ich in der Küche tobte. Dabei hatte sie doch den Topf zum Überkochen gebracht und das Ceranfeld unwiederbringlich versaut. Wie hätte ich da ruhig bleiben sollen? Seit ihrem Abgang hat sie sich nicht mehr gemeldet. Wozu auch. Ich brauche sie nicht. Wirklich nicht. Aber wenn ich an mein Ceranfeld denke, werde ich kribbelig. Und wenn ich diesem Fleischkloß dabei zusehe, wie er auf meiner teuren Couch Chips zerkrümelt, könnte ich rasend werden.

Das Beste wird sein, ich gehe ein wenig an die frische Luft. Gregor wird heute sicher nicht mehr gebraucht. Dass den beiden das Klopapier ausgeht, ist unwahrscheinlich. Der Vorrat im Badezimmer deckt den Monatsbedarf einer vierköpfigen Familie.

Ich verlasse den Keller über die schmale Tür zur Gartenseite hinter dem Bad. Auf dem Gehweg verfalle ich in Laufschritt.

Rennen ist immer gut. Das wird mich beruhigen. Da vorne, der weiße Kastenwagen. Wem gehört der denn? Den habe ich noch nie in der Straße gesehen. Aber den Mann, der jetzt aus dem Wagen steigt, den kenne ich nur zu gut. Er verstellt mir den Weg. Denkt der, ich kann nicht einfach auf der Straße weiterlaufen? Plötzlich spüre ich einen Schlag gegen meine rechte Wade und gerate ins Straucheln. Kräftige Hände packen mich, stoßen mich in den Laderaum. Rasch stülpt mir jemand einen Sack über den Kopf und fesselt meine Hände und die Beine. Ich ringe nach Luft. Der Sack stinkt. War der mit Gammelzeug gefüllt? Doch bevor ich weiter nachdenken kann, fühle ich eine kalte Nadel in meiner Armbeuge.

»Gib ihm nicht zu wenig«, ist das Letzte, was ich höre.

※

Norbert ist vorhin nach oben gegangen. Bestimmt schläft er schon. Ich sitze auf der Couch und genieße ein Glas Wein. Die Rundumverglasung des Hauses hat doch etwas Gutes, so kann ich die helle Nacht genießen. Der Vollmond scheint am Himmel zu kleben, beinahe wie auf einer kitschigen Ansichtskarte. Verschickt man die heutzutage überhaupt noch? Ich überlege. Seit ich mein Smartphone habe, versende ich nur noch Fotos per Nachrichtendienst. Im Pfarramt kamen früher öfter Ansichtskarten an, die ich von innen an meine Bürotür geklebt habe. Bei der letzten Renovierung nahm sie der Maler ab. Habe ich die aufgehoben? Wenn ich wieder »im Geschäft« bin, muss ich nachsehen. Vielleicht habe ich sie in einen der Ordner gesteckt. Der Vollmond scheint mir unnatürlich groß zu sein. Ist er der Erde heute näher als sonst? Unzählige Sterne leuchten. Wenn die Nacht so klar ist, gibt es morgen wieder schönes Wetter. Ich nehme einen Schluck

von meinem Wein. Ob Gregor auch nachts drangeht? Müsste er doch eigentlich. Virtuelle Wesen brauchen keinen Schlaf. Wenn Norbert schon so selig schlummert, könnte ich doch mit Gregor eine Unterhaltung führen. »Toller Mond heute.«
Nichts.
Ach so, er reagiert ja nur, wenn ich etwas haben will.
»Der Wein ist alle.«
Nichts.
»Das Klopapier ebenfalls.«
Nichts.
Was ist los mit Gregor? War heute während unserer Abwesenheit eine Putzfee im Haus und hat beim Staubwischen versehentlich die Kabel an dem Monitor gelockert? Doch die Überprüfung ergibt, dass alles fest in den Buchsen steckt.
»Ich möchte zwei Pferde mieten.«
Nichts.
Seltsam. Springt Gregor nachts nicht an? Als elektronischer Butler müsste er doch immer aktivierbar sein?
Ich nehme mein Glas, das zur Hälfte geleert ist. Das Mondlicht lässt die Kieselsteine im Vorgarten glänzen. Keine einzige Blume da draußen, nichts. Kein Unkraut. Dabei sage ich doch immer, wenn in meinem Garten alles so gut gedeihen würde wie das Unkraut, hätten wir längst einen Dschungel. In diesem Vorgarten jedoch ist nichts dergleichen zu sehen. Nicht einmal ein Schatten.

Morgens nach dem Aufwachen verspüre ich Lust auf eine Tasse Kaffee. Im Schlafanzug gehe ich in die Küche. Doch an dem hochtechnisierten Gerät leuchtet eine Lampe. Rot. Ob ich trotzdem auf einen der Knöpfe drücken soll? Aber es tut sich rein gar nichts. »Gregor? Ich hätte gerne Kaffee. Der Automat ist kaputt.«

Nichts.

Womöglich ist Gregor auch kaputt?

Als ich die leere Flasche von gestern Abend zur Mülltonne bringen will, stelle ich fest, dass die Haustür sich nicht öffnen lässt. Selbst durch kräftiges Rütteln bewegt sie sich keinen Millimeter.

»Norbert?« Ich eile nach oben und wecke meinen Ehemann.

»Was ist?«

»Die Haustür geht nicht auf. Und Kaffee gibt es ebenfalls nicht.«

Norbert zieht die Decke, die ich zurückgeschlagen habe, wieder zu sich. »Gregor wird das lösen.«

»Gregor ist tot.«

»Tot? Noch ein Toter in diesem Urlaub?« Norbert setzt sich auf.

»Ohne Leiche. Er ist ja nur ein Computerprogramm oder irgend so was. Jedenfalls ist er nicht echt.«

»Nicht echt.«

Norbert braucht immer eine Weile, um wach zu werden.

»Jetzt mach endlich irgendwas!« Puh, wie soll ich ihn ohne Kaffee in die Gänge bringen?

Plötzlich klingelt es. Es hört sich an wie eine Haustürklingel.

»Toll, wo die Tür nicht aufgeht. Und angezogen bin ich auch nicht.« Ich schäle mich aus meinem Schlafanzug und schlüpfe in die Kleider, die ich gestern Abend fein säuberlich über den Stuhl im Schlafzimmer gelegt habe. Es klingelt erneut. »Moment, ich komme ja schon!«

»Die hören dich doch nicht. Geh lieber runter.«

»Willst du dich vielleicht endlich anziehen?«

Missmutig verlässt Norbert sein Bett.

Als ich die Treppen nach unten laufe, sehe ich auf dem Gehweg vor dem Haus ein parkendes Auto. Vor der gläsernen Haustür stehen zwei Männer. Ich versuche, durch Gestik zu verstehen zu geben, dass ich die Tür nicht öffnen kann. Es gibt auch keine Fenster in den Glasfronten. Mir fällt ein, dass in einem der Zettel, die für uns bereitlagen, etwas davon stand, dass das Haus mit einem Belüftungssystem und einem Umweltfilter ausgestattet sei. Ein herkömmliches Lüften sei deshalb nicht nötig. Aber wieso geht denn die Tür nicht auf? Hängt es damit zusammen, dass Gregor sich nicht meldet? Haben wir womöglich keinen Strom mehr? Ich drücke energisch auf einen der Lichtschalter. Sofort springt das Deckenlicht an. Endlich ist Norbert nach unten gekommen. In der Eile hat er sein Hemd asymmetrisch zugeknöpft.

»Warum machst du denn die Tür nicht auf?«

»Ich habe dir doch vorhin schon gesagt, dass sie nicht aufgeht!«

»Das gibt es doch nicht.« Auch auf Norberts Rütteln hin tut sich nichts.

Die beiden Männer vor der Tür gucken bereits sehr ungeduldig.

Da habe ich eine Idee. Ich eile zur Couch, wo ich gestern mein Smartphone abgelegt habe. Wieder an der Tür, halte ich es den Herren entgegen und gebe ihnen durch Zeichen zu verstehen, sie sollen mich anrufen.

»Edelgard, die haben doch deine Nummer gar nicht!«

Doch da hält einer der beiden Männer eine Visitenkarte an die Scheibe. »Polizei«, steht da. Schon wieder? Die hatten wir doch erst auf dem Zeltplatz. Da war ich ganz schön froh über ihr Erscheinen gewesen. Aber was wollen die jetzt von mir? Ich tippe die Nummer ein, die auf der Karte steht.

Der Mann mit der Karte greift in seine Hosentasche und zieht ein Smartphone heraus.

»Verraten Sie mir, weshalb Sie die Tür nicht öffnen?«

»Die geht nicht auf! Was wollen Sie überhaupt von uns? Wir sind hier nur in Urlaub.«

»Sie haben hier keine Meldeadresse?«

»Natürlich nicht.«

»Wir wollen den Mann sprechen, der hier gemeldet ist. Gegen ihn liegt eine Anzeige vor, der wir nachgehen müssen.«

»Den haben wir nicht gesehen. Wir sprechen hier nur mit Gregor. Also haben gesprochen, weil jetzt scheint er tot zu sein.«

»Sie haben einen Toten im Haus?«

»Nein!«

»Aber Sie sagten doch …«

»Gregor ist doch bloß eine Maschine, die mit uns spricht. Aber seit gestern eben nicht mehr. Und die Tür geht jetzt auch nicht mehr auf.«

»Und der Kaffeeautomat ist kaputt!« Norbert mischt sich in die Unterhaltung ein.

Ich blicke ihn genervt an. »Das interessiert doch jetzt nicht, Norbert!«

»Warten Sie einen Moment, wir öffnen die Tür für Sie.« Der Mann geht an sein Auto.

Ich ziehe Norbert zur Küchenzeile. »Was, wenn die beiden nicht echt sind?«

»Aber auf der Visitenkarte stand doch ›Polizei‹?«

»Mensch, Norbert, das kann man sich doch mit jedem Drucker selbst machen. Oder irgendwo bestellen.«

Schon steht der Mann wieder neben dem anderen an der Tür und fummelt mit einem Gegenstand an dem Schloss herum.

»Im Fernsehen schießen Polizisten doch immer mit ihrer Waffe auf das Schloss oder werfen sich mit Schmackes gegen die Tür.«

»Edelgard, aber doch nicht in echt!«

Wir sitzen mit den beiden Männern in der Küche unseres gemieteten Glashauses. Wir haben ihnen unsere Ausweise gezeigt. Die Art, wie sie meinen Mann eindringlich befragen, bringt mich schnell zu dem Schluss, dass sie ihn verdächtigen, etwas mit dem Verschwinden des Hauseigentümers zu tun zu haben. Dabei haben wir den gar nicht zu Gesicht bekommen. Kein einziges Mal! Außerdem hat doch Julian das Haus für uns gemietet.

»Denken Sie denn, mein Mann hat etwas damit zu tun, dass der Vermieter nicht hier ist? Wir sind dem doch gar nicht begegnet! Soll er ihn etwa entführt haben? So etwas tut mein Mann nicht«, empöre ich mich. »Was glauben Sie denn eigentlich?«

»Kennen Sie Ihren Mann so genau?« Einer der beiden Beamten mustert mich.

»Hören Sie mal! Wir sind seit unserer gemeinsamen Schulzeit zusammen.«

»Und da wissen Sie immer ganz genau, was er gerade so macht? Haben Sie die letzten Tage mit ihm gemeinsam verbracht? Pausenlos?«

Sein Röntgenblick nervt mich jetzt aber wirklich. Das geht entscheiden zu weit. »Ohne Pause. Nur auf die Toilette sind wir getrennt gegangen.«

»Wurde Ihnen eine lukrative Geldanlage offeriert?«

Ich hole den Flyer, der zwischen den Reisetipps lag.

Der jüngere von beiden blickt mich an. »Neun Prozent? Haben Sie das geglaubt?«

Ich werde verlegen. »Nun ja, ein bisschen viel ist das schon, bei den derzeitigen Zinsen.«

»Haben Sie bereits Geld angelegt?«

»Nein!«

»Hören Sie, uns liegt eine Anzeige vor wegen Anlagebetrugs, deshalb sind wir überhaupt hier. Den Flyer nehmen wir mit. Und Sie halten sich zu unserer Verfügung.«

Als die beiden endlich von uns weg sind, beobachten wir, wie sie zum Haus gegenüber gehen. Bevor sie dort jedoch klingeln, öffnet sich ein Fenster neben der Eingangstür und eine ältere Dame streckt den Kopf heraus. Ich eile aus dem Haus, um die Unterhaltung mitzuhören. Nachdem die Polizisten meinen Mann verdächtigen, gehen mich ihre Ermittlungen wohl auch etwas an.

»Also, gell, da war gestern so ein komisches Auto. Das hat da hinten gewartet, das habe ich ganz genau gesehen.«

»Sie sehen wohl viel.«

»Das können Sie laut sagen, gell. Da ist fast nichts, was ich nicht sehe. Ich kann seit einiger Zeit nicht mehr aus dem Haus. Und im Fernsehen kommt ja nur Mist! Andauernd diese Wiederholungen von Filmen, die mir damals schon nicht zugesagt haben. Ja, was meinen denn die Leute, die wo dieses Fernsehen machen, was man sich anschauen will? Aber mich fragt ja keiner. Und dann dauernd diese Krimis. Auf allen Kanälen Krimis. Das will doch keiner sehen! Also, wenigstens nicht andauernd. Und da schaue ich halt aus dem Fenster, gell. Das regt mich viel weniger auf und dann kann ich besser schlafen. So schaut das nämlich aus.«

»Und was war an dem Auto komisch?«

»Ja, also, da ist ein Mann auf dem Gehweg gelaufen, gell, der von gegenüber. Da ist dann aus dem Auto, das ein Stück weiter vorne gehalten hat, einer ausgestiegen. Danach ist das Auto angefahren, gell.«

»Das kam Ihnen komisch vor.«

»Genau. Weil es nämlich gleich wieder angehalten hat. Und dann hat der Mann, der davor ausgestiegen ist, dem, der gelaufen ist, auf den Kopf gehauen.«

»Und da rufen Sie nicht die Polizei?«

»Da mischt man sich doch nicht ein! Gute Nachbarschaft hat man, wenn man sich in nichts einmischt, gell. Und bei dem da drüben schon gar. Das ist nämlich kein Guter, gell. Da war nämlich erst neulich einer da und hat vor dem Haus herumgeschrien. Da ging es irgendwie um Geld, das der Mann wiederhaben will. Und überhaupt ist der Nachbar da drüben komisch. Der schleicht sich aus seinem eigenen Haus aus dem Keller heraus. Der meint wohl, ich sehe das nicht.« Sie kichert.

»Können Sie das Auto beschreiben?«

»Also, gell, mit Autos, da kenn ich mich nicht aus. Das hat schon mein Alfons, Gott hab ihn selig, gell, immer gesagt. Der hat immer gesagt ...«

»Welche Farbe hatte es denn?«

»Hell. So hell war es.«

»War es eine Limousine oder ein Karavan?«

»Hä?«

Der Beamte wird zunehmend ungeduldiger. »Aber es hatte vier Räder?«

»Fünf.« Sie strahlt.

»Wieso fünf?«

»Na! Mit dem Lenkrad!« Sie kichert über ihren eigenen Scherz.

»Wenn Ihnen doch was einfällt zu dem Auto, rufen Sie mich bitte an.« Er überreicht ihr resigniert eine kleine Karte und wendet sich bereits ab.

»Das Kennzeichen? Wollen Sie das nicht wissen?«
»Kennzeichen?« Er dreht sich wieder zu ihr um.
»Das ist so eine Art Hobby von mir, gell. Ich schreib nämlich, seit ich hier immer am Fenster sitze, alle Nummern auf von denen, die da parken, gell. Einfach so. Hab ja sonst nichts zu tun.« Sie humpelt nach hinten, um kurz darauf mit einem schwarz gebundenen Heft wieder am Fenster zu erscheinen. »Schauen Sie, das war gestern. Die drittletzte Nummer, die ist es.«
Er schaut auf die mit gleichmäßigen Zügen fein säuberlich beschrifteten Seiten. »Wie können Sie denn die Kfz-Kennzeichen so genau ablesen?«
Stolz zeigt sie ihm ihr Fernglas. »Das hat mir der Sohn von meinem Neffen gebracht. Damit kann ich sogar nachts was sehen. Wissen Sie, der schaut auf mich, der Bub, gell.«

Ich habe genug gehört. Dieser Mensch hat offenbar mehrere Leute betrogen und uns beinahe auch. Die, die ihn entführt haben, und jene, von denen die Anzeige kam. Und dann dachte die Polizei tatsächlich, mein Mann hätte etwas mit seinem Verschwinden zu tun. Als ob mein Mann ein Entführer wäre. Wer glaubt denn so was? Also, wenn man ihm so eine üble Straftat unterstellt, völlig zu Unrecht natürlich, halte ich selbstverständlich zu ihm. Da lasse ich nichts auf uns kommen! Erst kam diese Marja mit ihrem haltlosen Verdacht und dann diese Entführung, die die Beamten ihm zugetraut haben. Ich werde diesen Urlaub an der Bergstraße gemeinsam mit meinen Mann beenden und mit ihm nach Hause reisen. Wenn es darauf ankommt, halten wir nämlich zusammen. Und was wird aus meinen Plänen, Witwe zu werden? Ach was, die verschiebe ich auf den nächsten Urlaub. Wir reisen ja schließlich gerne!

*

Alla, dann! Geben Sie gut auf sich acht! Vielleicht sieht man sich im wirklichen Leben? Etwa bei einer Lesung 125 ?

FREIZEITTIPPS:

115 Künstlergruppe Walldorf; 1948 als »Malergruppe« gegründet, wurde sie 2011 umbenannt in Künstlergruppe Walldorf. Längst sind die Mitglieder nicht nur Vertreter klassischer Maltechniken; mit dem Zeitgeist hat sich auch die Gruppe weiterentwickelt und zählt inzwischen 28 KünstlerInnen verschiedener Sparten – Zeichnung, Comic und Illustration, Pastell, Aquarell, Öl- und Acrylmalerei, Enkaustic sowie Bildhauerei – zu ihren Mitgliedern. Die seit 2016 von Andrea Tewes geleitete Gruppe lebt vom spannenden Austausch. Neben regelmäßigen Arbeitstreffen und gemeinsamen Kunstfahrten werden Einzel- und Gruppenausstellungen sowie Gemeinschaftsprojekte in der Rhein-Neckar-Region konzipiert. www.kuenstlergruppe-walldorf.de

116 Historische Stadt-Apotheke; Bertha Benz steuerte das Automobil, welches ihr Mann gebaut hatte. Begleitet von ihren beiden Söhnen fuhr sie von Mannheim über Wiesloch bis zu ihrer Geburtsstadt Pforzheim. Diese historische Route kann heute nachgefahren werden. Die »Bertha Benz Memorial Route« ist etwas über 100 Kilometer lang. Bei der Hinfahrt ging der couragierten Frau der Treibstoff aus, sie kaufte in Wiesloch »Sprit« und machte die Stadt-Apotheke damit zur »ersten Tankstelle der Welt«.

Zum Wieslocher Stadtfest (Anfang Juli) und zum Weihnachtsmarkt (an den Adventswochenenden) ist die historische Stadt-Apotheke nachmittags und abends geöffnet. Es ist auch möglich, sie für Vortragsveranstaltungen über diesen Ort der Geschichte zu buchen. www.stadt-apotheke-wiesloch.de

117 Mannheim; im Band »Wer mordet schon in Mannheim?«, ebenfalls im Gmeiner-Verlag erschienen, erfolgte die »Geburt« der Serienfiguren Edelgard und Norbert mit dem Kurzkrimi »Dumm gelaufen«.

118 Erfinder-Stadt; nicht nur Carl Benz machte seine bahnbrechende Erfindung in Mannheim. Auch Karl Freiherr von Drais war in den Quadraten tätig, er erfand die Laufmaschine und vieles mehr. Beide Erfinder stammen aus Karlsruhe, wo sie auch studierten. Karl von Drais, nach dem eine Schule in Hirschberg benannt wurde, starb verarmt im Odenwald.

119 Bücher Dörner; die Buchhandlung mit Leseecke und Garten in Wiesloch, Hauptstraße 84, gibt es seit einiger Zeit auch in Walldorf, in der Bahnhofstraße 8. www.buecher-doerner.buchhandlung.de
Die Buchhandlung Eulenspiegel ist in der Hesselgasse 26 in Wiesloch zu finden. www.buchhandlung-eulenspiegel.net

120 St.-Laurentius-Kirche; die katholische Kirche wurde in der Mitte des 18. Jahrhunderts im barocken Stil erbaut. Der Bau war für die Katholiken Wieslochs notwendig geworden, da die ursprünglich dem Heiligen geweihte Kirche den Reformierten zugeordnet wurde. Die St.-Laurentius-Kirche überzeugt durch ihren schönen Baustil.

121 Wieslocher Schloss; der Turm direkt an der Wieslocher Polizeistation zeugt noch vom Wieslocher Schloss. Im Pfälzischen Erbfolgekrieg, der eine Spur der Verwüstung durch die Kurpfalz zog, wurde auch das Schloss Wiesloch zerstört. Was blieb, ist der Schlossturm.

122 Stadtkirche in Wiesloch; sie wurde, nach einigen Konfessionswechseln in der Kurpfalz, zu Beginn des 18. Jahrhunderts den Reformierten zugesprochen. Der Innenraum mit dem schönen gotischen Chor ist schlicht gehalten. Der genaue Baubeginn der Kirche ist nicht bekannt. Vermutlich liegt ihr Ursprung im 10. Jahrhundert.

123 Leimbach; der bei Balzfeld entspringende Bach verbindet mehrere badische Orte. So fließt er ab Wiesloch weiter nach Walldorf, von wo aus Johann Jakob Astor einst in die Neue Welt auswanderte und dort sehr reich wurde. Nachfahren von ihm bauten das berühmte Waldorf-Astoria-Hotel in New York. Weiter fließt der Leimbach durch Nussloch und nach Oftersheim durch Schwetzingen, dort direkt am Schloss vorbei, welches einst den pfälzischen Kurfürsten Karl Philipp und Karl Theodor als Sommerresidenz diente. Direkt gegenüber der Brühler Kohlerinsel, einem beliebten Ausflugsziel, mündet der Leimbach in den Rhein.

124 Hochseilgarten Wiesloch; hier ist Klettern für jedermann möglich. Lust, es mal auszuprobieren? Nähere Informationen unter: www.fun-4-you.net

125 Lesung; möchten Sie die Autorin gerne mal live erleben? Dann buchen Sie eine ihrer Lesungen, bei denen sie die Geschichten um Edelgard & Norbert kabarettistisch vorträgt. Egal, zu welchem Anlass: ob Firmenfeier, öffentliche Lesung oder eine Wohnzimmerlesung in privatem Rahmen etwa zum Geburtstag als besonderes Geschenk. Gerne auch an ungewöhnlichen Orten! Buchungsanfragen können Sie direkt an die Autorin senden, unter der E-Mail-Adresse: kontakt@ClaudiaSchmid.de

DANKSAGUNG

Besonders herzlicher Dank gilt Testleserin Tanja Kaluza, die mir ein konstruktives Feedback zum gesamten Text gab.

Doris Schweitzer M. A. weihte mich in die Hintergründe des Nibelungenliedes ein. Sie hat »Kriemhilds Erbe« vorab gelesen. Hans Ludwig Herder wies mich auf einige Sehenswürdigkeiten in Heppenheim hin. Auch diesen beiden vielen Dank.

Dank gebührt auch dem gesamten Team des Gmeiner-Verlags, mit dem die Zusammenarbeit immer wieder eine Freude ist!

Last but not least Dank meinem lieben Ehemann, der mich in Zeiten intensiver Manuskriptarbeit stets abends herausragend gut bekocht.

*Weitere Titel finden Sie auf den
folgenden Seiten und im Internet:*

WWW.GMEINER-VERLAG.DE

Tödliche Pilgerwege

Claudia Schmid; Fenna Williams; Leila Emami
Mörderischer Jakobsweg
Krimineller Freizeitführer
220 Seiten, 12 x 20 cm
Paperback
ISBN 978-3-8392-2323-9
€ 12,00 [D] / € 12,40 [A]

Dieser »mörderische Wanderführer« macht neugierig auf die vielfältigen Möglichkeiten, die vor der eigenen Haustür liegen, will man dem heiligen Jakobus entgegenwandern. Sämtliche der hier versammelten Krimis spielen auf Pilgerwegen, die ohne große Vorbereitung erlaufen werden können. Am besten im gemächlichen Tempo, denn entlang der Mosel, der Lahn und des Rheins warten viele Sehenswürdigkeiten und Abenteuer. Pilgern Sie mit durch Hessen, die Pfalz und Niedersachsen bis hinein ins Elsass!

GMEINER SPANNUNG

WWW.GMEINER-VERLAG.DE
Wir machen's spannend

Hessens
wilde Mitte

© Andrea Reidt

Andrea Reidt
Vogelsberg und Wetterau
Lieblingsplätze
192 Seiten, 14 x 21 cm
Paperback
ISBN 978-3-8392-2286-7
€ 16,00 [D] / € 16,50 [A]

Vogelsberg und Wetterau: Hier steinige Anhöhen, tiefe Wälder, sprudelnde Bäche. Dort fruchtbare Ebene mit Auen, Äckern, Streuobstwiesen. Der Vogelsberg ist ein Outdoor-Eldorado: Ausritt, Skitour, Wassersport – alles möglich. Zudem gibt es idyllische Dörfer und Städtchen wie Schotten, Schlitz, Alsfeld oder Lauterbach zu erkunden. Die Wetterau präsentiert sich leicht mondän in der Jugendstilstadt Bad Nauheim und baugeschichtlich spannend, etwa in der Festungsstadt Büdingen. Zu Schlössern, Burgen und Seen, auf Wander- und Radwege, auf Bauernhöfe und Märkte, in Museen und Wirtshäuser führt Sie Andrea Reidt in beiden Regionen.

GMEINER KULTUR

WWW.GMEINER-VERLAG.DE
Mensch, Kultur, Region